青少年播音主持训练教程
（第2版）

Qingshaonian Boyin Zhuchi Xunlian Jiaocheng
(Di-er Ban)

张洁 陈静 编著

中国传媒大学出版社
·北京·

编者的话

《青少年播音主持训练教程》（第2版）是一本根据青少年特点量身定制的播音主持训练教材，是一本拿来就能看得懂，听着光盘就能读出来的快速入门教材。

青少年朋友们有着热情、好学的特点，对感兴趣而又未接触过的播音主持专业有很强的好奇心，急于了解其中的奥妙，希望能掌握播音主持的技巧。然而他们课业繁忙，没有时间和机会接受长时间的系统专业学习。这本书就是一本入门书，帮助他们在短时间学会声音训练的方法，指引他们进一步深入学习播音主持的技巧。本书训练的重点放在了发音基础及有声语言创作部分，为的是青少年朋友能够夯实基础；还专门遴选了符合青少年的心理特点以及时代发展的示例篇章及训练材料，为的是青少年朋友更容易理解、感受，从而达到播读时兴趣盎然、朗朗上口的效果；随书配备的光盘录音时间长、内容多、质量高，为的是让青少年朋友们在更大范围的专业学习中得到示范、引导，并达到触类旁通之效。总而言之，本书的写作宗旨，是从青少年自身特点出发，一切为青少年朋友服务！

本书参照了多本研究播音主持理论的书籍，并以全国广播电视播音员主持人资格考试大纲制定的知识要点为依据，在此向这些作者表示真诚的感谢！同时需要感谢的还有本书示例及训练材料的作者，没有他们的妙笔生花，我们无法实现声音的"二度创作"。随书配备的录音由中国传媒大学播音主持艺术专业硕士研究生陈静、阚成伟、傅洁、王昇、付丽媛录制，他（她）们有着丰富的一线主持经验和扎实的理论功底，一直活跃在中央电视台、北京电视台等各大媒体以及播音主持教学实践中,他(她)们认真细致、不厌其烦的工作态度以及虚心好学、潜心研究的创作态度,正是播音员主持人敬业、乐业精神的体现,在此对他们的辛勤工作表示衷心的感谢,并祝愿他们前程美好。中国传媒大学出版社的赵欣、师景编辑对这本书的修订给予了极大的支持和帮助,他们耐心细致地编辑、校对,使得本书得以顺利再版。也在这里由衷地感谢本书的前期策划陈丹、历景润、赵雪梅,他们提出了很多有建设性的意见,录音师赵向鹏、黄威的辛苦劳动加快了本书与读者见面的进程。

《青少年播音主持训练教程》(第2版)经过几个月的修改,终于和广大青少年朋友们见面了。由于编写仓促,谬误、纰漏在所难免,敬请读者和专家批评指正。

目 录

扫码畅听音频

第一讲　让我们说标准的普通话 / 1
一、理论基础 / 1
　　（一）声母 / 1
　　（二）韵母 / 4
　　（三）声调 / 6
　　（四）语流音变 / 7
二、实践练习 / 9
　　（一）平翘舌音不分——z、c、s 与 zh、ch、sh、r / 10
　　（二）鼻音与边音不分——n 与 l / 13
　　（三）唇齿音与舌根音不分——f 与 h / 15
　　（四）前后鼻韵不分——an、en、in 与 ang、eng、ing / 17
　　（五）声调练习 / 20

第二讲　让我们说好听的普通话 / 24
一、理论基础 / 24
　　（一）你的声音从哪儿来 / 24
　　（二）好听声音的标准 / 24
　　（三）口腔控制 / 25
　　（四）吐字归音 / 26
二、实践练习 / 26
　　（一）活动你的口腔 / 26
　　（二）吐字归音练习 / 29

第三讲　让我们控制声音的动力 / 49
一、理论基础 / 49
二、实践练习 / 50
　　（一）锻炼呼吸肌肉群 / 51
　　（二）训练气息下沉 / 51
　　（三）呼气控制能力训练 / 52
　　（四）气息的通畅持久训练 / 53
　　（五）换气训练 / 54
　　（六）气息综合训练 / 57

第四讲　让我们的声音富于变化 / 60
一、理论基础 / 60
二、实践练习 / 61
　　（一）音域拓展训练 / 61
　　（二）共鸣训练 / 63
　　（三）声音变化练习 / 66

第五讲　如何准备稿件 / 72
一、理论基础 / 72
　　（一）广义备稿 / 72
　　（二）狭义备稿 / 73
二、实践练习 / 77
　　（一）诗词 / 77
　　（二）文章 / 78
　　（三）新闻 / 81

第六讲　调动思想感情的方法之情景再现 / 84
一、理论基础 / 84
二、实践练习 / 87
　　（一）片段练习 / 87
　　（二）文章 / 90

第七讲　调动思想感情的方法之内在语 / 95
一、理论基础 / 95
二、实践练习 / 100

第八讲　调动思想感情的方法之对象感 / 109
一、理论基础 / 109
二、实践练习 / 112

第九讲　表达思想感情的方法之停连 / 119
一、理论基础 / 119
（一）如何确定停连的位置 / 120
（二）停连的方式 / 120
二、实践练习 / 123
（一）句段练习 / 123
（二）文章 / 124

第十讲　表达思想感情的方法之重音 / 130
一、理论基础 / 130
（一）重音的确定方法 / 130
（二）强调重音的方法 / 132
二、实践练习 / 133
（一）句段练习 / 133
（二）文章 / 135

第十一讲　表达思想感情的方法之语气 / 143
一、理论基础 / 143
（一）语气的思想感情 / 143
（二）语气的声音形式 / 143
二、实践练习 / 146

第十二讲　表达思想感情的方法之节奏 / 158
　　一、理论基础 / 158
　　二、实践练习 / 160
　　　　(一)节奏的类型 / 160
　　　　(二)运用节奏的方法 / 168

第十三讲　综合练习之文学作品朗读专项训练 / 172
　　一、理论基础 / 172
　　　　(一)诗歌 / 172
　　　　(二)散文 / 174
　　　　(三)寓言童话 / 177
　　二、实践练习 / 179
　　　　(一)诗歌 / 179
　　　　(二)散文 / 185
　　　　(三)寓言童话 / 189

第十四讲　综合练习之新闻消息的播读专项训练 / 191
　　一、理论基础 / 191
　　　　(一)了解新闻的定义，明确播读的要求 / 191
　　　　(二)抓住新闻价值的线索，激发播读新闻的兴趣 / 195
　　　　(三)掌握新鲜感的语言特征 / 198
　　　　(四)把握新闻文体，重点处理导语 / 200
　　二、实践练习 / 201

第十五讲　节目主持训练 / 204
　　一、理论基础 / 204
　　　　(一)节目主持艺术概说 / 204
　　　　(二)掌握常见节目类型的主持 / 206
　　二、实践练习 / 208
　　　　(一)将下列材料改编为新闻评论类节目 / 208
　　　　(二)将下列材料改编为服务类节目 / 212
　　　　(三)模拟主持 / 216

第十六讲　即兴口语表达训练 / 217
一、理论基础 / 217
　　（一）说什么 / 217
　　（二）怎么说 / 221
二、实践练习 / 226
　　（一）素材积累 / 226
　　（二）思维训练 / 227
　　（三）阅读材料后,按照结构模式重新整理并表达 / 227
　　（四）运用模式即兴说话 / 234

友情提示 / 235
一、如何科学合理地练声 / 235
　　（一）练声的时间和地点 / 235
　　（二）练声状态和情绪 / 235
　　（三）练声顺序与内容 / 236
　　（四）学会保护嗓音 / 236
二、体态语练习 / 236
　　（一）表情 / 237
　　（二）眼神 / 237
　　（三）手势 / 238
　　（四）动作 / 238

补充练习材料 / 239
　　一、诗词 / 239
　　二、文章 / 244
　　三、新闻 / 264

参考文献 / 269

音频目录 / 271

第一讲　让我们说标准的普通话

一、理论基础

普通话是我们国家通用语言,青少年朋友们能用准确、清晰、规范的普通话表达与交流,那可是非常自豪的事情呢!随着中国的强盛和国际地位的提高,现在好多外国人都在学习汉语普通话。如果套用广告语形容普通话,就是"普通话,语言中的战斗机!"

普通话是"以北京语音为标准音,以北方话为基础方言,以典范的现代白话文著作为语法规范的现代汉民族共同语",这个定义从语音、词汇、语法三个方面提出了普通话的标准。要注意的是,虽然普通话以北京语音为标准音,但就其整个语音体系来说,并不包括北京的一些土语、土音,比如北京方言说"老师",常说成"lǎoer",说"吝啬"是"抠门儿",这都是不规范的,朋友们可不能简单地理解为北京话就是普通话啊。

汉语一般分为八大方言区,北方方言、吴方言、湘方言、赣方言、客家方言、粤方言、闽北方言、闽南方言,他们与汉语普通话在语法、语音、语调方面存在很大差异。

大家都学习过汉语拼音,知道普通话有:声母 21 个,韵母 39 个,声调 4 个。一个汉字就是一个音节,声母是音节开头的辅音,韵母是音节中声母后面的部分。声调是构成音节非常重要的成分,即使声母韵母相同,如果它们的声调不同,就成了不同的音节,代表不同的意义。

(一)声母

1. 声母的发音部位

普通话有 21 个声母,按照发音部位分为七类:

(1)双唇音:b、p、m

b　双唇紧闭,气流经口腔破唇而出,但不是用力送气,例如"宝贝"(bǎo bèi)的声母就是双唇音 b。

p 部位、方法同上,但要用力将气送出。例如"批判"(pī pàn)的声母就是双唇音 p。

m 鼻音。紧闭双唇,嗓子用力,气流经过鼻腔,由鼻孔透出。例如"美妙"(měi miào)的声母就是双唇音 m。

(2)唇齿音:f

f 上门牙轻触下嘴唇的边缘,气流从唇齿间摩擦而出。例如"丰富"(fēng fù)的声母就是唇齿音 f。

(3)舌面音:j、q、x

j 舌尖下垂抵住下齿背,舌面前部向上隆起,贴紧硬腭前部,然后微微放松,气流从窄缝中摩擦而出,但不是用力送气。例如"简洁"(jiǎn jié)的声母就是舌面音 j。

q 部位、方法同上,但要将气流用力送出。例如"亲切"(qīn qiè)的声母就是舌面音 q。

x 舌尖下垂抵住下齿背,舌面前部向上隆起,接近硬腭前部,气流从窄缝中摩擦而出。例如"学习"(xué xí)的声母就是舌面音 x。

(4)舌根音:g、k、h

g 舌根抵住软腭,猛然离开,气流冲出,但不是用力送气。例如"改革"(gǎi gé)的声母就是舌根音 g。

k 部位、方法同上,但要将气流用力送出。例如"刻苦"(kè kǔ)的声母就是舌根音 k。

h 舌根接近软腭,气流从中间摩擦而出。例如"黄河"(huáng hé)的声母就是舌根音 h。

(5)舌尖前音:z、c、s

z 舌尖向前伸,抵住上门牙背后,然后微微放松,气流从窄缝中摩擦而出,但不是用力送气。例如"藏族"(zàng zú)的声母就是舌尖前音 z。

c 部位、方法同上,但要将气流用力送出。例如"猜测"(cāi cè)的声母就是舌尖前音 c。

s 舌尖向前伸,接近上门牙背后,气流从窄缝中摩擦而出;但不是用力送气。例如"三思"(sān sī)的声母就是舌尖前音 s。

(6)舌尖中音:d、t、n、l

d 舌尖抵住门牙后的上牙床,猛把舌尖离开,气流冲出;但不是用力送气。例如"到达"(dào dá)的声母就是舌尖中音 d。

t 部位、方法同上,但要将气流用力送出。例如"淘汰"(táo tài)的声母就是舌尖中音 t。

n 舌尖抵住上门牙后的上牙床,气流经过鼻腔,由鼻孔透出。例如"牛奶"(niú nǎi)的声母就是舌尖中音 n。

l　舌尖抵住上门牙后的上牙床,嗓子用力,气流由舌的两边透出。例如"玲珑"(líng lóng)的声母就是舌尖中音 l。

(7)舌尖后音:zh、ch、sh、r

zh　舌尖翘起抵住硬腭最前端(上牙床之后),然后微微放松,气流从窄缝中摩擦而出,但不是用力送气。例如"庄重"(zhuāng zhòng)的声母就是舌尖后音 zh。

ch　部位、方法同上,但要将气流用力送出。例如"长城"(cháng chéng)的声母就是舌尖后音 ch。

sh　舌尖翘起,接近硬腭最前端(上牙床之后),气流从窄缝中摩擦而出。例如"山水"(shān shuǐ)的声母就是舌尖后音 sh。

r　部位、方法同上,但发音时嗓子用力(浊音)。例如"软弱"(ruǎn ruò)的声母就是舌尖后音 r。

2. 声母的发音方法

声母的发音方法体现在:发音部位阻碍气流的方式、发音时气流强弱、发音时声带是否颤动。

(1)发音部位阻碍气流的方式

根据发音部位阻碍气流的方式,可将声母分为五类:

塞音　发音时,两个发音部位完全闭合,阻住气流,然后打开闭合部位使气流迸裂而出,爆发成音。普通话的塞音有:b、p、d、t、g、k。

擦音　发音时,两个发音部位接近但不完全闭合,形成一条窄缝,气流从窄缝中挤出,摩擦成音。普通话的擦音有:f、h、x、sh、r、s。

塞擦音　是"塞音"和"擦音"两种发音方法的结合。发音部位先阻塞,然后气流把阻碍部分冲出一条窄缝,摩擦成音。普通话的塞擦音有:j、q、z、c、zh、ch。

鼻音　发音时,口腔的两个发音部位完全闭合,软腭下垂,鼻腔开启,使气流完全从鼻腔透出成音。普通话的鼻音有:m、n。

边音　发音时,鼻腔闭塞,舌尖抵住上齿龈。软腭上升,让气流从舌头两边透出成音。发边音的时候一定要紧闭鼻腔。普通话的边音有:l。

(2)气流强弱

根据发音时气流强弱不同,可将塞音和塞擦音分为两类:

送气音　塞音、塞擦音发音时,口腔呼出的气流比较强,形成送气音。普通话的送气音有:p、t、k、q、c、ch。

不送气音　塞音、塞擦音发音时,口腔呼出的气流比较弱,形成不送气音。普通话的不送气音有:b、d、g、j、z、zh。

(3)声带是否颤动

根据发音时声带是否颤动,可将声母分为两类:

清声母 发音时,声带不颤动,透出的气流不带音。普通话的清声母有:b、p、f、d、t、g、k、h、j、q、x、z、c、s、zh、ch、sh。

浊声母 发音时,声带颤动,透出的气流带音。普通话的浊声母有:m、n、l、r。

(二)韵母

1. 韵母的分类

普通话韵母共有39个,按语音结构分为单韵母、复韵母、鼻韵母。

(1)单韵母

单韵母有10个,从发音开始到发音结束,舌位、唇形、开口度始终不变。分别是a、o、e、i、u、ü、ê、-i(前)、-i(后)、er(儿化韵)。

(2)复韵母

复韵母有13个,由两个或三个元音复合而成,发音特点是从一个元音的发音状况快速过渡到另一个元音的发音状况,舌位的高低前后、口腔的开合、唇形的圆展,都是逐渐变动的,而不是突变的、跳动的,中间应该有一串过渡音,同时气流不中断,中间没有明显的界限,发的音围绕一个中心,形成一个整体。有:ai、ei、ao、ou、ia、ie、ua、uo、üe、iao、iou、uai、uei。

(3)鼻韵母

鼻韵母有16个,由一个或两个元音后面带上鼻辅音构成,发音特点是元音与鼻辅音韵尾之间的复合。在复合过程中,鼻音色彩不断增加,逐渐由元音的发音状态向鼻辅音过渡,最后发音部位闭合,形成鼻辅音。有:an、en、uan、ian、uen、in、ün、üan、ang、eng、uang、iang、ueng、ing、ong、iong。

2. 韵母的发音

a　　口大开,舌下降,嗓子用力,气流放出。如:妈妈、发达。

o　　口半合,舌后部半升,嘴唇略圆,嗓子用力,气流放出。如:伯伯、磨破。

e　　方法同上,嘴唇不圆,嘴角向两边微展。如:客车、特色。

i　　上下齿相对,口略闭,嘴唇扁平,舌前部上升,嗓子用力,气流放出。如:笔记、启迪。

u　　口腔近乎闭拢,嘴唇收缩最圆,舌后部上升,嗓子用力,气流放出。如:朴素、服务。

ü　　舌前部上升,和i一样,但是口合拢,嘴唇收缩最圆。嗓子用力,气流放出。如:聚居、雨具。

ê　　口半开,舌前部半降,舌尖微触下齿背,舌面前部隆起,嘴角两边微展,嗓子用力,气流放出。如:欸。ê随i、u、ü之后,构成复韵母ie、üe。

ai　　先发a音,舌的位置稍靠前(舌尖抵下门牙背后),声音较长、较强,然后把舌向

	上移动,到能发接近 i 的音时停止。如:白菜、采摘。
ei	先发 e 音,位置向前,略高,然后把舌向前向上移动,声音较长,较强,到能发接近 i 的音时停止。如:北美、配备。
ao	先发 a 音,位置稍向后(舌略后缩),声音较长,较强,然后把舌向上移动,到能发 o 音时停止(嘴唇更收敛些)。如:报道、高潮。
ou	先发 o 音,但是嘴唇不太圆,声音较长,较强,然后把舌向上移动,到能发接近 u 的音时停止。如:口头、抖擞。
ia	先发较短的 i 音,然后把舌向下移动,发较长较强的 a 音。如:假牙、恰恰。
ie	先发较短的 i 音,然后把舌向下移动,发较长较强的 ê 音。如:贴切、斜街。
iao	先发较短的 i 音,然后移动舌头发 ao 音。如:缥缈、小巧。
iou	先发较短的 i 音,然后移动舌头,发 ou 音。(前拼声母时可将 iou 简写成 iu)如:优秀、牛油。
ua	先发较短的 u 音,然后把舌向下移动,唇形由圆变展,发较长较强的 a 音。如:画画、耍滑。
uo	先发较短的 u 音,然后把舌向下移动,发较长较强的 o 音。唇形始终为圆唇,开始唇形收缩稍紧,收尾时唇形开度稍大。如:错过、蹉跎。
uai	先发较短的 u 音,然后移动舌头,发 ai 音。如:摔坏、怀揣。
uei	先发较短的 u 音,然后移动舌头,发 ei 音。(前拼声母时可将 uei 简写成 ui)如:水位、回归。
üe	先发较短的 ü 音,然后把舌向下移动,发较长较强的 ê 音。如:雀跃、月缺。
an	先发 a 音,舌的位置靠前,舌尖抵下门牙背后,然后舌面前部贴向硬腭前部,发纯粹鼻音 n。如:安然、赞叹。
en	先发 e 音,舌的位置不在后,而在中央,然后舌面前部贴向硬腭前部,发纯粹鼻音 n。如:认真、振奋。
ang	先发 a 音,舌的位置稍靠后,然后把舌根抵住软腭,发纯粹鼻音 ng。如:昂扬、沧桑。
eng	先发 e 音,舌的位置不在后而变得稍前些、低些,然后把舌根抵住软腭,发纯粹鼻音 ng。如:丰盛、升腾。
ong	先发 o 音,嘴唇稍稍收敛,然后把舌根抵住软腭,发纯粹鼻音 ng。如:公共、空中。
ian	先发较短的 i 音,然后移动舌头,发 an 音。但其中 a 音有变化,舌的位置下降不太低,发音接近 ê 音,口形半开。如:先贤、天边。
in	先发 i 音,然后舌面升高,舌面前部贴向硬腭前部,发纯粹鼻音 n。如:邻近、拼音。

iang　先发较短的 i 音,然后移动舌头,发 ang 音。如:亮相、湘江。

ing　先发 i 音,然后把舌根抵住软腭,发纯粹鼻音 ng。如:精灵、倾听。

iong　先发较短的 i 音,然后移动舌头,发 ong 音。如:炯炯、汹涌。

uan　先发较短的 u 音,然后移动舌头,发 an 音。如:传唤、婉转。

uen　先发较短的 u 音,然后移动舌头,发 en 音。(前拼声母时可将 uen 简写成 un)如:温存、春笋。

uang　先发较短的 u 音,然后移动舌头,发 ang 音。如:狂妄、装潢。

ueng　先发较短的 u 音,然后移动舌头,发 eng 音。如:渔翁、水瓮。

üan　先发较短的 ü 音,然后把舌位降到次低前元音[æ]略后就开始升高,接续鼻音 n。如:全权、圆圈。

ün　先发 ü 音,唇形稍展开,展唇应在接续鼻音 n 时开始。ün 与 in 的发音过程相似,只是唇形变化不同,in 的唇形始终是展唇。如:军训、均匀。

(三)声调

声调指的是声音的高低升降,它主要是由音高决定的。声调也可以用音阶来模拟,但要注意,声调的音高是相对的,不是绝对;声调的升降变化是滑动的,不是从一个音阶到另一个音阶那样跳跃式地移动。

普通话语音里,声调有四个,分别是:

(1)阴平(如 ā) 念高平调,用五度标记法来表示,就是从 5 到 5,写作 55。声带绷到最紧,始终无明显变化,保持音高。

(2)阳平(如 á) 念高升调,起音比阴平稍低,然后升到高。用五度标记法表示,就是从 3 升到 5,写作 35。声带从不松不紧开始,逐步绷紧,直到最紧,声音从不低不高到最高。

(3)上(shǎng)声(如 ǎ) 念降升调,起音半低,先降后升,用五度标记法表示,就是从 2 降到 1 再升到 4,写作 214。声带从略微有些紧张开始,立刻松弛下来,稍稍延长,然后迅速绷紧,但没有绷到最紧。

(4)去声(如 à) 念全降调,起音高,接着往下滑,用五度标记法表示,是从 5 降到 1,写作 51。声带从紧开始到完全松弛为止,声音从高到低。

调值的描写,一般采用五度标记法。就是用五度竖标来标记调值相对音高的一种方法。具体做法是用一条竖线作标尺,自上而下分为高、半高、

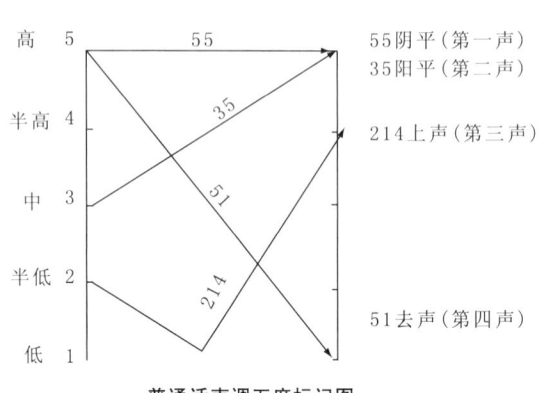

普通话声调五度标记图

中、半低、低等五度。然后分别用横线、斜线、折线按声调的实际读法标明它们的升降起止度数。

(四)语流音变

在语流(句子)中,由于受到相邻音节的相邻因素的影响,一些音节的声母、韵母或声调会发生语音的变化,我们称之为语流音变。

普通话中最典型的语流音变是轻声、儿化、变调(上声变调、去声变调和"一"、"不"的变调)、语气词"啊"的音变以及词的轻重格式。

1. 轻声

在句子里失去了原有的声调念成较轻、较短的调子,叫做轻声。如"妈妈"、"能耐"、"你们"等。但是,重叠名词绝不能读轻声,如:家家户户。

普通话中的轻声往往有区别词性和词义的作用,如:

东西(xī)——方位词,东边和西边的意思。如:有着"神州第一街"之称的长安街,也是北京市的一条东西轴线。

东西(xi)——名词,泛指各种具体的或抽象的物,有时带有厌恶或喜爱的感情。如:这个小东西(猫)真可爱!

轻声只存在于词语和句子中。规律性强、比较容易判断的轻声词主要有以下几种情况:

(1)结构助词"的、地、得"和动态助词"着、了、过"。如:好好的、看着、偷偷地、走得动、睡了、去过。

(2)语气助词"吧、吗、呢、啊"等。如:去吧、沉吗、还早呢、谁啊。

(3)名词和代词的后缀"子、头、们、巴、么"等。如:燕子、孩子、拳头、嘴巴、人们、怎么。

(4)叠音词或动词的重叠形式后面的字。如:弟弟、星星、伯伯、打听打听、收拾收拾。

(5)用在名词、代词后面表示方位的词"上、下、边、面、里"等。如:脸上、脚下、南边、里面、下面。

(6)用在动词、形容词后面的趋向动词"来、去、开、起来、下去"等。如:出去、进来、躲开、跑起来、做下去。

(7)嵌在词语中的"一、不"。如:坐一坐、好不好。

(8)约定俗成的轻声词。如:眼睛、扫帚、事情、巴掌、葡萄、舒服、鹌鹑。

2. 儿化韵

儿化韵起着修饰语言色彩的作用。儿化韵不是在音节之后加一个单独"er"的音节,而是在音节末尾最后一个音素上附加个卷舌动作,使韵母发生变化。如:"点儿"不是发成两个音节 diǎn ér,而是发成一个音节 diǎr。儿化韵的变化规律,有以下几类:

(1) 韵母或韵尾是 a、o、e、u 的,原韵不变,直接加"r"。例如:小兔儿(xiǎotùr)、唱歌儿(chànggēr)。

(2) 韵尾是 i、n(in、ün 除外),丢掉韵尾,在主要元音上加"r"。例如:小孩儿(xiǎohár)、宝贝儿(bǎobèr)。

(3) 韵母是 in、ün 时,丢掉韵尾 n,加"er"。例如:皮筋儿(píjiēr)、合群儿(héquér)。

(4) 韵母是 i、ü 时,在原韵母后直接加"er"。例如:小鸡儿(xiǎojiēr)、玩意儿(wányièr)。

(5) 韵母是-i(前)、-i(后)时,去掉主要元音,在声母后直接加上"er"。例如:瓜子儿(guāzěr)、树枝儿(shùzhēr)。

(6) 韵尾是-ng(ing 除外),丢掉 ng,加"r",并使主要元音鼻化。例如:药方儿(yàofār)、蛋黄儿(dànhuár)。

(7) 韵母是 ing,丢掉 ng,加鼻化的"er"。例如:花瓶儿(huāpiér)、门铃儿(ménliér)。

3. 变调

音节在连续读时,相邻音节声调发生变化的现象叫变调。常见的变调有:上声的变调、去声的变调、"一"的变调、"不"的变调。

(1) 上声的变调

上声在跟上声相连或跟别的声调相连的时候,都要念变调。

① 念半上——上声在阴平、阳平、去声和轻声前面念半上,调值由 214 变成 21 或 211,也就是只降不升,由于上声的起音就低,所以近似低平调。例如:广播　喜欢　美丽　宝贵　暖流

② 念阳上,像阳平一样——上声跟上声相连,前面的上声变成升调,听起来跟阳平一样(或近似阳平)。调值由 214 变成 24 或 35。例如:美好　奖品　手表　勇敢　演讲

(2) 去声变调规律

去声音节在非去声音节前一律不变,在去声音节前则由全降变成半降,调值由 51 变成 53。如:救护、制胜。

(3) "一"的变调规律

① 非去声音节前变去声。如:一年(yì nián)、一般化(yì bān huà)。

② 去声音节前变阳平。如:一部(yí bù)、一个人(yí gè rén)。

③ 夹在重叠词中间念轻声。如:看一看(kàn yi kàn)、想一想(xiǎng yi xiǎng)。

④ 单念、词尾或数词中不变调。如:统一(tǒng yī)、第一期(dì yī qī)。

(4) "不"的变调规律

① 单用或在词句末尾,以及在阴平、阳平、上声前念本调——去声。如:不能(bù néng)。

②在去声音节前变阳平。如：不露声色(bú lù shēng sè)。

③夹在词语中间念轻声。如：好不好(hǎo bu hǎo)。

4. 语气词"啊"的音变规律

(1)前面音节的末尾音素是u(包括ao、iao)的，"啊"读作"哇"(wa)。如：你在哪里住啊(zhùwa)、他人挺好啊(hǎowa)、口气可真不小啊(xiǎowa)。

(2)前面音节的末尾音素是a、o(除ao、iao)、e、i、ü、ê的，"啊"读作"呀"(ya)。如：快去找他啊(tāya)、你去说啊(shuōya)、今天好热啊(rèya)。

(3)前面音节的末尾音素是n的，读作"哪"(na)。如：早晨的空气多清新啊(xīnna)、多好的人啊(rénna)、你猜得真准啊(zhǔnna)。

(4)前面音节的末尾音素是ng的，"啊"读作"啊"(nga)。如：你可真能啊(néngnga)、注意听啊(tīngnga)、最近太忙啊(mángnga)。

(5)前面音节的末尾音素是-i(前)的，"啊"读作"啊"(za)。如：今天来回几次啊(cìza)；前面音节的末尾音素是-i(后)以及r和er(包括儿化韵)时，"啊"读作"啊"(ra)。如：你有什么事啊(shìra)、你怎么撕了一地纸啊(zhǐra)。

掌握"啊"的变读规律，并不需要一一硬记，只要将前一个音节顺势连读"a"(像念声母与韵母拼音一样，其间不要停顿)，自然就会念出"a"的变音来。

5. 词的轻重格式

词的轻重格式是指多音节词的几个音节有约定俗成的轻重强弱差别，轻与重是相对而言，短且弱的音节称为轻，长且强的音节称为重，介于中间的称为中。普通话中，两字词多为中重格式，如：播音、汽车等；三字词多为中中重格式，如共产党、航空港等。发音是听和说的结合，由于轻重格式是约定俗成的规律，学习的途径一定是多听、多练、多积累。

二、实践练习

我国于1998年推出了全国推广普通话宣传周活动，此后每年9月第三周成为固定的推广宣传周，而且还有推广普通话形象大使，先是邀请了中央电视台主持人王小丫担任，后来又邀请了知名演员王刚和王小丫共同担任，提高了推普工作的贴近性和吸引力，有了更多的青少年朋友们参与到普通话的推广和应用中来。经过不断的训练和提高，大家的普通话水平那是相当得好呀！现在只是针对学习普通话常见的问题，我们一起来进行训练。

(一)平翘舌音不分——z、c、s 与 zh、ch、sh、r

1. 词语

z—zh 辨音对比训练

造势—肇事	栽花—摘花	自力—智力	资源—支援
阻力—主力	自愿—志愿	钻营—专营	赠品—正品
姿势—知识	赞歌—战歌		

c—ch 辨音对比训练

彩铃—拆零	从简—重睑	曾经—乘警	惨淡—产蛋
擦车—叉车	蹭课—乘客	村庄—春装	促全—出拳
粗纺—出访	木材—木柴		

s—sh 辨音对比训练

素菜—蔬菜	森林—身临	三角—山脚	私教—视角
塑身—束身	私塾—时蔬	搜集—手机	素有—书友
私人—诗人	桑叶—商业		

2. 绕口令

三山四水(s、sh)

三山撑四水,四水绕三山。
三山四水春常在,四水三山四时春。

买柿子(z、s、zh、sh)

四个小孩子,抱着小篮子。
来到小集市,要买红柿子。
每人买四只,回家乐滋滋。

天上有个日头(zh、sh、r)

天上有个日头,地下有块石头,
嘴里有个舌头,手上有五个手指头。
不管是天上的热日头,地下的硬石头,
嘴里的软舌头,手上的手指头,
还是热日头,硬石头,软舌头,手指头,
反正都是练舌头。

朱叔锄竹笋(s、zh、sh)

朱家一株竹,竹笋初长出。

朱叔处处锄,锄出笋来煮。

锄完不再出,朱叔没笋煮,竹株又干枯。

弟子和师父(s、sh)

山里有个寺,山外有个市,

弟子三十三,师父四十四。

三十三的弟子在寺里练写字,

四十四的师父到市里去办事。

三十三的弟子用了四十四小时,

四十四的师父走了三十三里地。

走了三十三里地就办了四十四件事,

用了四十四小时才写了三十三个字。

3. 诗词

赠汪伦

李 白

李白乘舟将欲行,忽闻岸上踏歌声。

桃花潭水深千尺,不及汪伦送我情。

莲的心事

席慕蓉

我

是一朵盛开的夏荷

多希望

你能看见现在的我

风霜还不曾来侵蚀

秋雨也未滴落

青涩的季节又已离我远去

我已亭亭

不忧
也不惧

现在
正是我最美丽的时刻
重门却已深锁
在芬芳的笑靥之后
谁人知我莲的心事

无缘的你啊
不是来得太早
就是
太迟

4. 文章

天使的吻痕
〔美〕詹姆斯·摩尔

大学时代,我认识了一个年轻人,他脸上有一块巨大而丑陋的胎记。紫红的胎记从他的左侧眼角一直延伸到嘴唇,好像有人在他脸上竖着划了一刀。英俊的脸由于胎记而变得狰狞吓人。但外表的缺陷掩盖不了这个年轻人友善、幽默、积极向上的性格,凡是和他打过交道的人,都会不由自主地喜欢上他。他还经常参加演讲。刚开始,观众的表情总是惊讶、恐惧,但等到他讲完,人人都心悦诚服,场下掌声雷动。每当这时,我都暗暗叹服他的勇气。那块胎记一定曾给他深深的自卑,并不是每个人都能克服这么严重的心理障碍,在众人惊疑的目光里言谈自如。

我们成为最好的朋友后,有一天,我向他提出了藏在心里的疑问:"你是怎么应付那块胎记的呢?"我言下之意是:你是怎么克服那块胎记带给你的尴尬和自卑的?他的回答我一辈子也不会忘记。

他说:"应付?我向来以它为荣呢!很小的时候,我父亲就告诉我:'儿子,你出生前,我向上帝祷告,请他赐给我一个与众不同的孩子,于是,上帝给了你特殊的才能,还让天使给你做一个记号。你脸上的标记是天使吻过的痕迹,他这样做是为了让我在人群中一下子就能找到你。当看到你和别的婴儿一起睡在婴儿室里时,我立刻知道,你是我的!'"

他接着说:"小时候,父亲一有机会就给我讲这个故事,所以我对自己的好运气深信不疑。我甚至会为那些脸上没有红色'吻痕'的孩子难过。我当时以为,陌生人的惊讶是出于羡慕。于是我更加积极努力,生怕浪费上帝给我的特殊才能。长大以后,我仍然觉得父亲当年没有骗我,每个人都从上帝那儿得到特殊的才能,而每个孩子对父母来说都是与众不同的。而正因为有了这块胎记,我才会不断奋斗,取得今天的成绩,它何尝不是天使的吻痕、幸运的标记呢!"

(二)鼻音与边音不分——n 与 l

1. 词语

n—l

内敛	纳凉	奶酪	脑力	嫩绿	能量
尼龙	年轮	农历	暖炉	努力	南岭
逆旅	浓烈	奴隶	女郎	女篮	凝练

l—n

老农	履诺	烂泥	老年	历年	冷暖
理念	连年	恋念	粮农	两难	辽宁
鲁南	来年	留念	落难	流脑	羚牛

n—l 辨音对比训练

纳米—厘米　　无奈—无赖　　女客—旅客
脑子—老子　　年夜—连夜　　留念—留恋
浓重—隆重　　大娘—大梁　　牛年—流年
泥巴—篱笆　　难住—拦住　　南宁—蓝领
男女—褴褛　　黏液—连夜　　南天—蓝天

2. 绕口令

小丽小齐学捏梨(n、l)

盘里放着一个梨,桌上放块橡皮泥,小丽小齐学捏梨,
眼看梨,手捏泥,一会儿捏成一个梨。
比一比,真梨假梨差不离。

老奶牛(n、l)

你能不能把公路柳树下的老奶牛,
拉到牛南山下牛奶站的挤奶房来,
挤了牛奶拿到柳林村,
送给岭南乡托儿所的刘奶奶。

妞妞牛牛(n、l)

牛牛要吃河边柳,妞妞赶牛牛不走。
妞妞护柳扭牛头,牛牛扭头瞅妞妞。
妞妞扭牛牛更拗,牛牛要顶小妞妞。
妞妞捡起小石头,吓得牛牛扭头走。

3. 诗词

陋室铭
刘禹锡

山不在高,有仙则名。水不在深,有龙则灵。斯是陋室,惟吾德馨。苔痕上阶绿,草色入帘青。谈笑有鸿儒,往来无白丁。可以调素琴,阅金经。无丝竹之乱耳,无案牍之劳形。南阳诸葛庐,西蜀子云亭。孔子云:何陋之有?

柳
寇 准

晓带轻烟间杏花,晚凝深翠拂平沙。
长条别有风流处,密映钱塘苏小家。

4. 文章

珍珠鸟
冯骥才

真好!朋友送我一对珍珠鸟,放在一个简易的竹条编成的笼子里,笼内还有一卷干草,那是小鸟舒适又温暖的巢。

有人说,这是一种怕人的鸟。

我把它挂在窗前。那儿还有一大盆异常茂盛的法国吊兰。我便用吊兰长长的、串生着小绿叶的垂蔓蒙盖在鸟笼上,它们就像躲进深幽的丛林一样安全,从中传出的笛儿般又细又亮的叫声,也就格外轻松自在了。

阳光从窗外射入,透过这里,吊兰那些无数指甲状的小叶,一半成了黑影,一半被照透,如同碧玉,斑斑驳驳,生意葱茏。小鸟的影子就在这中间隐约闪动,看不完整,有时连笼子也看不出,却见它们可爱的鲜红小嘴从绿叶中伸出来。

我很少扒开叶蔓瞧它们,它们便渐渐敢伸出小脑袋瞅瞅我。我们就这样一点点熟悉了。

三个月后,那一团越发繁茂的绿蔓里边,发出一种尖细又娇嫩的鸣叫。我猜到,是它们有了雏儿。我呢,决不掀开叶片往里看,连添食加水时也不睁大好奇的眼去惊动它们。过不多久,忽然有一个更小的脑袋从叶间探出来。哟,雏儿! 正是这小家伙!

它小,就能轻易地由疏格的笼子里钻出来。瞧,多么像它的父母:红嘴红脚,灰蓝色的毛,只是后背还生出珍珠似的圆圆的白点。它好肥,整个身子好像一个蓬松的球儿。

起先,这小家伙只在笼子四周活动,随后就在屋里飞来飞去,一会儿落在柜顶上,一会儿神气十足地站在书架上,啄着书背上那些大文豪的名字,一会儿把灯绳撞得来回摇动,跟着逃到画框上去了。只要大鸟在笼里生气地叫一声,它立即飞回笼里去。

我不管它。这样久了,打开窗子,它最多只在窗框上站一会儿,决不飞出去。

渐渐它胆子大了,就落在我书桌上。它先是离我较远,见我不去伤害它,便一点点挨近,然后蹦到我的杯子上,俯下头来喝茶,再偏过脸瞧瞧我的反应。我只是微微一笑,依旧写东西。它就放开胆子跑到稿纸上,绕着我的笔尖蹦来蹦去,跳动的小红爪子在纸上发出"嚓嚓"的响声。

我不动声色地写,默默享受着这小家伙亲近的情意。这样,它完全放心了,索性用那涂了蜡似的小红嘴,"嗒嗒"啄着我颤动的笔尖,我用手抚一抚它细腻的绒毛,它也不怕,反而友好地啄两下我的手指。

白天,它这样淘气地陪伴我;天色入暮,它就在父母再三的呼唤声中,飞向笼子,扭动滚圆的身子,挤开那些绿叶钻进去。

有一天,我伏案写作时,它居然落到我的肩上。我手中的笔不觉停了,生怕惊跑它。待一会儿,扭头看,这小家伙竟趴在我的肩头睡着了,银灰色的眼睑盖住眸子,小红爪子刚好被胸脯上长长的绒毛盖住。我轻轻抬一抬肩,它没醒,睡得好熟! 还呷呷嘴,难道在做梦?

我笔尖一动,流泻下一时的感受:信赖,往往创造出美好的境界。

(三)唇齿音与舌根音不分—f 与 h

1. 词语

f—h

符号	防护	丰厚	孵化	负荷	奉还
风化	凤凰	返还	发话	返回	分化
腐化	符合	发狠	饭盒	分红	富豪

h—f

划分	化肥	话锋	花房	豪放	洪峰
恢复	挥发	海防	哈佛	盒饭	合法
画舫	黄蜂	回访	寒风	耗费	何妨

2. 绕口令

方幌子,黄幌子(f、h)

方幌子,黄幌子,方幌子是黄幌子,黄幌子是方幌子。
晃动方幌子,是晃动黄幌子,晃动黄幌子,是晃动方幌子。

画凤凰(f、h)

粉红墙上画凤凰,凤凰画在粉红墙。
红凤凰、粉凤凰,红粉凤凰、花凤凰。

化肥会挥发(f、h)

化肥会挥发。黑化肥发灰,灰化肥发黑。
黑化肥发灰会挥发,灰化肥挥发会发黑。
黑化肥发灰挥发会花飞,灰化肥挥发发黑会飞花。

3. 诗词

花非花
白居易

花非花,雾非雾, 夜半来,天明去。
来如春梦几多时?去似朝云无觅处。

一代人
顾 城

黑夜给了我黑色的眼睛
我却用它寻找光明

4. 文章

壶口的黄河
肖 铁

在中国看水,看中国的水,最好到黄河。九寨沟的水显得太清秀,俏得有些西方的味道;太湖的水又有点小,文人味太重,不像是水,倒像是供人把玩的装饰物。也许,中国的水应是黄色的,和我们中国人的皮肤一样;而黄河也只有到了这儿,才成了真正的黄河!

车行山谷中,远远便听见阵阵低沉的轰鸣,在左右山壁间碰撞,心也随之律动,未见其影,先闻其声,知道壶口到了。

天渐渐成了黄色,水汽丰富得似乎凭空能捏出一把汗来。

等真正站在她的旁边,所有的人都惊呆了:地竟陷下一层,天也高了一尺,山谷形似壶嘴,水若浊酒,倾泻而下,一仰难尽的气势,充溢胸口,心跳得能蹦出来,耳朵渐渐聋了,只能看见对方开口,却听不见声音;眼也花了,弥漫着的皆是黄色的旋涡,像是从河里蒸腾地上升,又像是奋不顾身地下降。河底升起硝烟一样的股股黄雾,天宇间充涨着黄色带水的颗粒,碰撞在脸上,散发在天上。脑子里一片空白,什么也不敢想,只看着山被水层层劈开,天也被这股黄流斩断。水从天而降,拍打在谷底,响遏在云里。

想黄河从巴颜喀拉山流下的时候,水也该是清的吧?毕竟是雪水的汇集,是上天的洗礼;下游也会清些,因为地势渐平,流速渐缓,黄沙也会慢慢沉在河底。可你看看现在的黄河,刚刚从黄土高原的千沟万壑流过,厚重得带着大地的表皮,圣水也染上了中国的颜色,水里一定还有与大地摩擦而生的余热,当然还有陕北的信天游溶在里面,歌曲带着水旋转。黄河在这里最黄,金黄得如同太阳也落在里面。

黄河之水天上来,如果说往前往后的黄河都是平面的话,到了壶口,黄河一下子像愤怒像高昂像要直抒胸臆地站了起来。这时的黄河,是立体的黄河了,像猴子站起来是人进化的重要标志,黄河站立起来也是一个飞跃,就像个顶天立地的人活了。活了便要说话,那浪涛卷起雷鸣般的吼声,便是她第一声啼哭,第一声就不同凡响。注视着从上而下的水,第一次看到自然里的生命在毫无羁绊的状态下的兴奋和放纵。那啪啪的水击之声便是欢笑,真正的快感,真正的淋漓尽致。看久了,心也会溶进那飞溅的黄色水流里。

抬起头,极目四望,北方,阳光打过去,一片白色,水和天连在一起,汪洋恣肆在那里;下游,水会渐渐宽阔,毕竟快到海了,快到生命的终结抑或是升华的地方了,便也心平气和。只有在这里,给予黄河的天地竟仅仅小到一个壶口,考验也就在这里了。过去了,黄河便拐了一直角,再往后便没有什么能挡住她的了,一泻千里,奔流到海不复还。看看空中的水汽,听听大地的回音,便会知道黄河的自信和决心。跃过去,一跃就是五千年,或七十万年,或是一百七十万年,肯定还要久远。司马迁会不会从这里受到了鼓舞,而将那汉代的竹简写尽写穿?易水该是黄河的分支吧,要不荆轲怎么会有壮士一去不复还的气概和性格?

这才是中国的河。西南就是周文王的岐山,就是周武王的丰镐,就是大秦的咸阳,就是盛唐的长安。半坡人该是在这儿舀过水吧?秦嬴政该是从这里出过兵饮过马吧;有这样的水,还有什么可怕的呢?还有什么不可征服的呢?

路德维希为尼罗河作传,也该有人为黄河作传的,那应是中国人的自传。

(四)前后鼻韵不分——an、en、in 与 ang、eng、ing 🎧

1. 词语

an—ang 辨音对比训练

搬家—帮助	盘绕—旁边	隐瞒—很忙	船帆—正方
担心—当然	海滩—鸡汤	反问—访问	兰花—郎中
寒冷—杭州	看到—康复		

en—eng 辨音对比训练

陈旧—成就	深沉—生成	神人—圣人	分针—风筝
清真—清蒸	诊治—整治	粉刺—讽刺	瓜分—刮风
木盆—木棚	人参—人生		

in—ing 辨音对比训练

亲近—清静	红心—红星	人民—人名	信服—幸福
金质—精致	印象—映象	亲生—轻声	金鱼—鲸鱼
贫民—平民	弹琴—谈情		

2. 绕口令

严眼圆与严圆眼(an)

山前有个严圆眼,山后有个严眼圆,二人山前来比眼,不知是严圆眼的眼圆,还是严眼圆比严圆眼的眼圆?

陈和程(en、eng)

陈是陈,程是程,姓陈不能说成姓程,姓程也不能说成姓陈。禾旁是程,耳朵是陈。程陈不分,就会认错人。

小金和小京(in、ing)

小金到北京看风景,小京到天津买纱巾。看风景,用眼睛,还带一个望远镜;买纱巾,带现金,到了天津把商店进。买纱巾,用现金;看风景,用眼睛。巾、金、精、津、睛都要分得清。

3. 诗词

送友人

李 白

青山横北郭,白水绕东城。
此地一为别,孤蓬万里征。
浮云游子意,落日故人情。
挥手自兹去,萧萧班马鸣。

出 塞

王昌龄

秦时明月汉时关,万里长征人未还。
但使龙城飞将在,不教胡马度阴山。

乡 愁

余光中

小时候
乡愁是一枚小小的邮票
我在这头
母亲在那头

长大后
乡愁是一张窄窄的船票
我在这头
新娘在那头

后来啊
乡愁是一方矮矮的坟墓
我在外头
母亲在里头

而现在
乡愁是一湾浅浅的海峡
我在这头
大陆在那头

4. 文章

孝心无价

毕淑敏

　　我不喜欢一个苦孩子求学的故事。家庭十分困难,父亲逝去,弟妹嗷嗷待哺,可他大学毕业后,还要坚持读研究生,母亲只有去卖血……我以为那是一个自私的学子。求学的路很漫长,一生一世的事业,何必太在意几年蹉跎?况且这时间的分分秒秒都苦涩无比,需用母亲的鲜血灌溉!一个连母亲都无法挚爱的人,还能指望他会爱谁?把自己的利益放在至高无上位置的人,怎能成为为人类献身的大师?我也不喜欢父母重病在床,断然离去的游子,无论你有多少理由。地球离了谁都照样转动,不必将个人的力量夸大到不可思议的程度。在一位老人行将就木的时候,将他对人世间最后的期冀斩断,以绝望之心在寂寞中远行,那是对生命的大不敬。

我相信每一个赤诚忠厚的孩子,都曾在心底向父母许下"孝"的宏愿,相信来日方长,相信水到渠成,相信自己必有功成名就衣锦还乡的那一天,可以从容尽孝。

可惜人们忘了,忘了时间的残酷,忘了人生的短暂,忘了世上有永远无法报答的恩情,忘了生命本身有不堪一击的脆弱。

父母走了,带着对我们深深的挂念。父母走了,遗留给我们永无偿还的心情。你就永远无以言孝。

有一些事情,当我们年轻的时候,无法懂得。当我们懂得的时候,已不再年轻。世上有些东西可以弥补,有些东西永无弥补。

"孝"是稍纵即逝的眷恋,"孝"是无法重现的幸福。"孝"是一失足成千古恨的往事,"孝"是生命与生命交接处的链条,一旦断裂,永无连接。

赶快为你的父母尽一份孝心。也许是一处豪宅,也许是一片砖瓦。也许是大洋彼岸的一只鸿雁,也许是近在咫尺的一个口信。也许是一顶纯黑的博士帽,也许是作业簿上的一个红五分。也许是一桌山珍海味,也许是一只野果一朵小花。也许是花团锦簇的盛世华衣,也许是一双洁净的旧鞋。也许是数以万计的金钱,也许只是含着体温的一枚硬币……但"孝"的天平上,它们等值。

只是,天下的儿女们,一定要抓紧啊!趁你父母健在的光阴。

(五)声调练习

大家在练习时可以假设标有5个刻度的竖线移到自己的前胸,最高处5在锁骨窝处,最低点1在腰带上方。你在这5个刻度之间上下滑动,从5—5是阴平,从3—5是阳平,从2—1—4是上声,从5—1是去声,体会一下声调高低升降的变化。

1. 词语

阴平

| 安插 | 安居 | 安康 | 八方 | 班机 |
| 邦交 | 包抄 | 卑微 | 背包 | 丰收 |

阳平

| 昂然 | 昂扬 | 拔除 | 白旗 | 鼻梁 |
| 驳回 | 勃勃 | 才华 | 嘈杂 | 人民 |

上声

| 把酒 | 百感 | 版本 | 绑匪 | 榜眼 |
| 饱览 | 宝典 | 保暖 | 北纬 | 友好 |

去声

| 奥秘 | 懊恨 | 罢赛 | 败仗 | 办案 |
| 棒喝 | 报告 | 暴富 | 背后 | 庆贺 |

2. 绕口令

妈妈妞妞

妈妈骑马,马慢,妈妈骂马。
妞妞轰牛,牛拧,妞妞拧牛。

扁担长,板凳宽

扁担长,板凳宽,
扁担没有板凳宽,板凳没有扁担长,
扁担绑在板凳上,板凳不让扁担绑在板凳上,
扁担偏要绑在板凳上。

黄毛猫偷吃灌汤包

王家有只黄毛猫,偷吃汪家灌汤包,
汪家打死王家的黄毛猫,
王家要汪家赔黄毛猫,汪家要王家赔灌汤包。

3. 诗词

鹿　柴
王　维

空山不见人,但闻人语响。
返景入深林,复照青苔上。

雨　巷
戴望舒

撑着油纸伞,独自
彷徨在悠长、悠长
又寂寥的雨巷,
我希望逢着
一个丁香一样的

结着愁怨的姑娘。

她是有
丁香一样的颜色,
丁香一样的芬芳,
丁香一样的忧愁,
在雨中哀怨,
哀怨又彷徨;

她彷徨在这寂寥的雨巷,
撑着油纸伞
像我一样,
像我一样地
默默彳亍(chìchù)着,
冷漠,凄清,又惆怅。

她默默地走近
走近,又投出
太息一般的眼光,
她飘过
像梦一般的,
像梦一般的凄婉迷茫。

像梦中飘过
一枝丁香的,
我身旁飘过这女郎;
她静默地远了,远了,
到了颓圮的篱墙,
走尽这雨巷。

在雨的哀曲里,
消了她的颜色,
散了她的芬芳,
消散了,甚至她的
太息般的眼光,
丁香般的惆怅。

撑着油纸伞,独自
彷徨在悠长,悠长
又寂寥的雨巷,
我希望飘过
一个丁香一样的
结着愁怨的姑娘。

4. 文章

匆　匆
朱自清

　　燕子去了,有再来的时候;杨柳枯了,有再青的时候;桃花谢了,有再开的时候。但是,聪明的,你告诉我,我们的日子为什么一去不复返呢?——是有人偷了他们罢:那是谁?又藏在何处呢?是他们自己逃走了罢:现在又到了哪里呢?

　　我不知道他们给了我多少日子;但我的手确乎是渐渐空虚了。在默默里算着,八千多日子已经从我手中溜去;像针尖上一滴水滴在大海里,我的日子滴在时间的流里,没有声音,也没有影子。我不禁头涔涔而泪潸潸了。

　　去的尽管去了,来的尽管来着;去来的中间,又怎样地匆匆呢?早上我起来的时候,小屋里射进两三方斜斜的太阳。太阳他有脚啊,轻轻悄悄地挪移了;我也茫茫然跟着旋转。于是——洗手的时候,日子从水盆里过去;吃饭的时候,日子从饭碗里过去;默默时,便从凝然的双眼前过去。我觉察他去的匆匆了,伸出手遮挽时,他又从遮挽着的手边过去。天黑时,我躺在床上,他便伶伶俐俐地从我身上跨过,从我脚边飞去了。等我睁开眼和太阳再见,这算又溜走了一日。我掩着面叹息。但是新来的日子的影儿又开始在叹息里闪过了。

　　在逃去如飞的日子里,在千门万户的世界里的我能做些什么呢?只有徘徊罢了,只有匆匆罢了;在八千多日的匆匆里,除徘徊外,又剩些什么呢?过去的日子如轻烟,被微风吹散了,如薄雾,被初阳蒸融了;我留着些什么痕迹呢?我何曾留着像游丝样的痕迹呢?我赤裸裸来到这世界,转眼间也将赤裸裸地回去罢?但不能平的,为什么偏要白白走这一遭啊?

　　你聪明的,告诉我,我们的日子为什么一去不复返呢?

第二讲 让我们说好听的普通话

一、理论基础

播音员、主持人的声音很动人,很好听,除去有天生的原因之外,后天的练习也很重要。从现在开始,我们就进入到播音发声系统的学习中,只要你掌握住播音发声的要领,刻苦练习,就能够有好听的声音!

(一)你的声音从哪儿来

在开始学习这一讲之前,先来问问大家"你的声音从哪儿来?"多数朋友会回答"嗓子"、"喉咙",还有的说是"肺部"、"丹田"。没错,声音确实是从嗓子里发出的,而且还需要肺部提供气息作为动力。但是,仅仅这样回答是不完整的,尤其是想要发出好听的声音,一定离不开你的思维活动和情感运动。比如,郁闷的时候和高兴的时候说话声音是不一样的。前者是消极被动的,低沉的;后者是积极主动的,明亮的。还有,你早上刚睡醒时,接电话,对方一听就会说"你刚睡醒吧",为什么能听出来呢?就是因为这时你的大脑还没运转开来,当然了,在它指挥下的嗓子也还没醒,声音也会带着"被窝味儿"了。根据生活中的这些例子,大家可以明确:声音发出的过程是发声器官在大脑的支配下发出的声音。

可见,思维和情感是我们发出好听声音的重要前提,这也是克服播音主持常见的"读书腔"、"蹦字"等问题的根源。从现在开始,我们做练习就要保证一定是"心动"带着"嘴动",而不仅仅只是"嘴动"了。这就是我们常说的言为心声,只有这样,你说的话才有感染力、有亲和力。

(二)好听声音的标准

1. 准确规范、清晰流畅

播音员主持人是受众的普通话老师,声音准确规范是必须的。为了能够让大家听清楚听明白,表达过程中不能堆字、蹦字,要自然流畅。

2. 圆润集中、朴实明朗

这是对声音色彩的基本要求,播音员声音要润泽不干涩,吐字要玉润珠圆,声音集中而不散,字音饱满而不瘪。

3. 刚柔并济、虚实结合

发音吐字要有韧性、弹性,能强能弱、能刚能柔、有虚有实、有轻有重。

4. 色彩丰富、变化自如

根据稿件的不同,播读者的感情随之不断变化,声音的色彩也相应发生变化。声音的色彩是在对比变化中体现出来的,声音色彩的层次越丰富、细致,就越有表现力。

用一句话描述播音员发声的基本要求就是准确规范,富于变化。

(三)口腔控制

要想达到准确规范,富于变化的基本要求,我们先从口腔控制开始。正如战士的武器是枪,我们的武器是口腔。"工欲善其事,必先利其器",口腔也是需要控制训练的。大家注意到播音员说话时不是满嘴用力,那该怎么用劲呢? 记住三个要领,下面我们就来学习:

1. 第一个要领是打开口腔

俗话说"大鼓大响,小鼓小响",想要声音响亮,创造出一个"大鼓"的内部环境,就需要打开口腔,而不是张开口腔。请记住四个动词:提、打、挺、松。

提——提起颧肌

提颧肌不是做成微笑的状态,而是颧肌稍有紧张的感觉就可以。颧肌提起的时候,口腔的前部以及上腭的顶部有展宽的感觉,同时我们的鼻孔也会略为张大,尤其是上唇会感觉到紧贴牙齿,使唇的运动有了依托,这样容易发挥力量,这样对吐字的清晰明亮会产生积极的影响。

打——打开牙关

主要是指口部双侧向上向后仰,保持向上提起的感觉,这样做也是为了加大口腔的开度,丰富口腔共鸣。想象上下后槽牙之间有一指厚的海绵垫,撑起了牙关和两颊肌肉。

挺——挺起软腭

指抬起上腭后部软腭部分的动作,可以加大口腔后部的空间,同时减小鼻腔出路的入口,以避免声音过多地灌入鼻腔而造成浓重的鼻音。男生用半打呵欠和干杯痛饮的动作体验挺软腭;女生可用倒吸冷气的体验找到挺软腭的感觉。

松——放松下巴

前三步做到位之后,你会感觉到自己的上口盖主动地往上方提了起来,这时,你只要不刻意地往下收紧下巴就可以了,这样就做到了"放松下巴"。

2. 第二个要领需要我们掌握的是唇舌的灵活，力量的集中

唇舌的灵活是口齿灵活的前提。唇的力量要集中到唇的中央三分之一处；舌的力量要集中在舌的前后中纵线上。

3. 第三个要领是应当明确声音发出的路线和字音的着力位置

我们发出的声音，应该沿着软腭、硬腭的中纵线，推到硬腭的前部。想象自己的声音就像出膛的子弹，有一个清晰的抛物线痕迹直至靶心（麦克风）。

(四)吐字归音

当完成口腔控制后再来试着说说"一"，声音会比以前响亮。可是有些朋友依然存在吐字不清、含混吃字的问题，为了让字音清晰、饱满、有力度，我们现在来进行吐字归音的练习。要掌握吐字归音，就要先了解汉语音节的结构。在吐字的过程当中，对字头、字腹、字尾的处理，分别叫做出字、立字和归音。即，一个汉字（音节）bao＝字头 b＋字腹 a＋字尾 o。

想象每一个汉字的吐字发声过程是一个枣核形状，两头尖中间鼓。三个部位有不同的要求：字头出字，要求叼住弹出；字腹立字，要求拉开立起；字尾归音，要求弱收到位。

二、实践练习

【提示】练习时带面小镜子，随时观察自己的口腔器官在发声时的变化，这样能帮助你快速掌握正确的发音部位和培养打开口腔的习惯。

(一)活动你的口腔

与舞蹈演员每天要练习基本功（比如压腿）一样，播音员主持人也要做基本功的训练。老话说：一天不练自己知道，三天不练同行知道，十天不练观众知道。为了拥有动听美妙的声音，朋友们开始练习吧！

第一步　打开口腔：如果你刚刚起床，还在半睡半醒之间徘徊，那就伸伸懒腰，舒服地打个哈欠吧，记得，打哈欠时不要压紧下巴，尽量使口腔的上口盖随着两嘴角向上提起，上下唇和舌头不要刻意使劲，放松即可。

第二步　活动肌肉：张口咀嚼与闭口咀嚼结合进行，舌头自然放平。

第三步　双唇练习：用发"u"音的方法使双唇撮紧，向前、后、左、右、上、下转圈。

第四步　舌的练习，有以下几种方法：

(1)舌尖顶下齿背，舌面逐渐上翘；

(2)舌尖在口内左右顶口腔壁，在门牙上下转圈；

(3) 舌尖伸出口外向前伸,向左右、上下伸;
(4) 舌在口腔内左右立起;
(5) 舌尖的弹练,弹硬腭、弹口唇,将舌尖顶住硬腭,然后突然弹开,发出类似"de"的响声;
(6) 舌尖与上齿龈接触打响,即舌尖顶住上齿龈,体会用力发"打"(dɑ)音时,再突然放开,爆发出"te"的音;
(7) 舌根与软腭接触打响,即舌根抬起至软硬腭交界处,体会用力发"gɑ"音时,再突然放开,爆发出"ke"的音。

第五步 综合练习:以记录速度播读新闻稿件,进行口腔控制练习。"记录速度是指可以保证听众记录的速度,一般每一句话要播三次,一分钟播 25 个字,生字、词以及容易混淆的同音字、词还应该给予解释,并且要读出箭头、标点符号以及分段。用记录速度播读新闻的时候,语气表达方式指的是语气、重音、停顿等等,应该和正常速度播读一样,但是轻声音节要重读,只有这样才可以使记录者听清、听懂。"[①]

【新闻 1】

3000 名中外游客观礼台上看升旗

昨天清晨,3000 多名中外游客在庄严的天安门观礼台上观看了 2013 年的第一次升旗。

早晨 7 点 36 分,伴随着激昂的国歌和初升的朝阳,五星红旗在天安门广场上空冉冉升起。当五星红旗迎风飘扬的那一刻,一万只和平鸽一起飞向蓝天,白色的身影在朝阳的映衬下格外美丽。升旗仪式结束后,游客们还登上了天安门城楼进行参观。

昨天观看升旗仪式的游客包括外国游客、港澳台游客以及社会各界群众,大部分人是通过团队报名、电话报名、网上预约、旅行社组织等途径征集而来。特别值得一提的是,昨天还有来自八个民主党派的近 500 名党外人士一起观看了升旗仪式。

去年以来,北京市旅游发展委员会已经推动包括天安门观礼台在内的 106 家单位设立旅游开放日。自从 2012 年元旦首次向普通游客开放以来,天安门观礼台于每月 1 日向各界游客开放,一年的时间里累计接待国内外游客 3 万余人。

(选自《北京青年报》2013 年 1 月 2 日)

[①] 吴郁主编:《播音学简明教程》,中国传媒大学出版社 2004 年 1 月第 2 版。

【新闻2】

我国将免费为农村中小学生配备《新华字典》

新华社北京1月5日电(记者璩静)根据财政部、教育部最新确定的国家免费提供教科书范畴,自2013年寒假开学起,我国将为全国农村地区中小学1~9年级在校生免费提供《新华字典》。

记者5日获悉,新闻出版总署要求各地出版发行集团配合做好免费《新华字典》政府采购工作,确保字典"及时足量供应到位",严禁"以其他工具书替代《新华字典》"。

商务印书馆相关负责人表示,为及时将免费《新华字典》送到农村中小学生手中,出版方正在组织全国30多家印刷单位积极生产、保证供应,预计2013年全年将为农村在校中小学生提供《新华字典》近1亿册,2014年以后每年为农村小学一年级新生提供《新华字典》约2000万册。

新闻出版总署还要求,各地要继续组织开展打击工具书侵权盗版专项整治,特别是加大对地州市以下出版物市场和校内、校园周边书店的清查力度,严厉查处非法印刷、运输、储藏、销售盗版工具书的行为。

2011年以来,为解决农村中小学工具书匮乏问题,新闻出版总署相继出台一系列措施,掀起了新闻出版系统及社会各界踊跃为中西部贫困地区农村中小学生捐赠《新华字典》活动的热潮,有效缓解了中西部贫困地区农村中小学生字典短缺状况。

(选自《中国青年报》2013年1月6日)

【新闻3】

上海天津等30余城市年内实现公交卡通刷

昨天,记者从住房和城乡建设部了解到,今年内,天津、济南、郑州、长沙、福州等城市将加入公交"一卡通"互联平台,市民持卡可在全国30多个城市内乘坐公交车,部分城市内还可享受乘坐轮渡、租赁自行车的服务。

日前,国务院发布《关于城市优先发展公共交通的指导意见》,其中提出,要逐步实现跨市域公共交通"一卡通"的互联互通。

据了解,全国城市一卡通互联互通项目是指,本地城市IC卡能够实现在其他城市刷卡消费,持卡人能够享受当地刷卡的优惠政策。该项目由住房和城乡建设部组织推进。

昨天,记者从住房和城乡建设部IC卡应用服务中心了解到,去年,上海、宁波、绍兴、湖州、台州、常熟、兰州、白银8个城市已实现"一卡通"的互联互通。市民持"一卡通"可在8个城市内随意乘坐公交车,同时,上海开通了乘坐轮渡、地铁的功能,在宁波市民还可刷卡租赁自行车。

今年,天津、杭州、济南、郑州、长沙、福州、西安、南昌、乌鲁木齐、昆明、三亚等20余个城市将加入互联互通大平台,届时,全国实现异地刷卡的城市可达30多个。预计到"十二五"末,全国城市一卡通互联互通的应用城市将达到60个。

(选自《京华时报》2013年1月7日)

(二)吐字归音练习

1. 咬住字头——发音部位准确,叼住弹出

双唇音 b p m	上 唇—下 唇
唇齿音 f	上 齿—下 唇
舌尖前音 z c s	舌 尖—上齿背
舌尖中音 d t n l	舌 尖—上齿龈
舌尖后音 zh ch sh r	舌 尖—硬 腭
舌面音 j q x	舌 面—硬腭前
舌根音 g k h	舌 根—软 腭

(1)双唇音 b p m

发音时力量应集中在双唇中央三分之一,不要全唇用力,不要双唇抿起,唇部收紧,接触有力。

b	宝贝	背包	备播	博大精深	闭月羞花	兵强马壮
p	品牌	拼命	批判	披荆斩棘	铺天盖地	排山倒海
m	茂密	美妙	盲目	满山遍野	闷闷不乐	马到成功

盆和棚(p)

天上一个盆,
地下一个棚,
盆碰棚,棚碰盆,
棚倒了,盆碎了,
是棚赔盆,
还是盆赔棚?

说眼皮(p)

眼睛上长眼皮,上有上眼皮,下有下眼皮。
上眼皮真调皮,没事欺负下眼皮。
左眼上眼皮打左眼下眼皮,

右眼上眼皮打右眼下眼皮。
左眼上眼皮打不着右眼下眼皮，
右眼下眼皮打不着左眼上眼皮，
左眼下眼皮打不着右眼上眼皮，
右眼上眼皮打不着左眼下眼皮。

长扁担，短扁担(b)

长扁担，短扁担，
长扁担比短扁担长半扁担；
短扁担比长扁担短半扁担。
长扁担绑在短板凳上，
长板凳不能绑在比短扁担长半扁担的长扁担上；
短板凳也不能绑在比长扁担短半扁担的短扁担上。

两只猫(b、p、m)

白庙外蹲着一只白猫，
白庙里有一顶白帽。
白庙外的白猫看见了白帽，
叼着白庙里的白帽跑出了白庙。

送 别
王 维

下马饮君酒，问君何所之？
君言不得意，归卧南山陲。
但去莫复问，白云无尽时。

回 答
北 岛

卑鄙是卑鄙者的通行证，
高尚是高尚者的墓志铭，
看吧，在那镀金的天空中，
飘满了死者弯曲的倒影。

冰川纪过去了，
为什么到处都是冰凌？

好望角发现了,
为什么死海里千帆相竞?

我来到这个世界上,
只带着纸、绳索和身影,
为了在审判之前,
宣读那些被判决的声音。

告诉你吧,世界
我——不——相——信!
纵使你脚下有一千名挑战者,
那就把我算作第一千零一名。

我不相信天是蓝的,
我不相信雷的回声,
我不相信梦是假的,
我不相信死无报应。

如果海洋注定要决堤,
就让所有的苦水都注入我心中,
如果陆地注定要上升,
就让人类重新选择生存的峰顶。

新的转机和闪闪星斗,
正在缀满没有遮拦的天空。
那是五千年的象形文字,
那是未来人们凝视的眼睛。

(2)唇齿音　f

f　芬芳　　肺腑　　发放　　分秒必争　　飞沙走石　　防患未然

一条裤子八条缝(f)

一条裤子八条缝,
横缝上面有竖缝,
缝了横缝缝竖缝,
缝了竖缝缝横缝。

费和会(f)

手艺学不会,
材料用得费。
正是会的不费,
费的不会。

奋发商店卖混纺(f)

奋发商店卖混纺,
有红混纺,黄混纺,粉红混纺,花混纺,
纷繁的混纺让大娘着了慌。
仿佛进了混纺的大海洋,
眼也花,手也忙。
吩咐女儿快挑混纺。

大风歌

刘　邦

大风起兮云飞扬,
威加海内兮归故乡。
安得猛士兮守四方?

戈壁的风

我幸福地降生在西北
戈壁的风伴我长大
呼啸而过的风声
让大地震撼
而它却成了
婴孩最好的催眠曲
曲调千百年不变
无论急、缓、高、低

戈壁的风
如西北的汉子
——粗犷豪迈
声声吼叫着唤醒了

如妻儿般沉睡一冬的白杨、小草
我曾恳求：
戈壁的风
请
就像对待沙粒一样
送我去
可以到达的任何地方

风无语
但有声
虔诚的心打动了它
它真的带我去了远方
一夜的跨越
恍若隔世
满眼都是绿山绿水
秀色可餐

总以为南方无风
西北才是风的家
然而 南方的风
温柔 细腻 善解人意
被它轻抚过
曾灼伤的心灵
从此没了痛感
让人忘了回家的路

我幸运地降生在了西北
荒凉寂静伴我长大
我从没有感到孤单 寂寞
因为有风
风为我梳发
从不忍心拒绝
任它轻梳狂扯
梳出它满意的发式来

我曾和风有了约会
却趁它不备时夹进书中

珍藏在游离多年的心
回归时忽然想起了
打开书页
它已溜得没有痕迹
没了遗憾
没了失落
戈壁的风

(3) 舌尖前音 z c s

z	藏族	组织	自足	罪魁祸首	孜孜不倦	自作自受
c	仓促	措辞	粗糙	藏龙卧虎	才疏学浅	此起彼伏
s	诉讼	洒扫	随俗	所向无敌	四通八达	随机应变

桑树和枣树(z、c、s)

操场前面有三十三棵桑树，
操场后面有四十四棵枣树。
张三把三十三棵桑树认作是枣树，
赵四把四十四棵枣树认作是桑树。

子词丝(z、c、s)

四十四个字和词，
组成了一首子、词、丝的绕口词。
桃子李子梨子栗子桔子柿子槟子榛子，
栽满院子村子和寨子。
刀子斧子锯子凿子锤子刨子尺子，
做出桌子椅子和箱子。
名词动词数词量词代词副词助词连词，
造成语词诗词和唱词。
蚕丝生丝热丝缫丝染丝晒丝纺丝织丝，
自制粗丝细丝人造丝。

四数字(s)

四和十、十和四，
四十和四十，
十四和十四。

说好四个数字,
全靠舌头和牙齿。
谁说四十是"细席",
他的舌头没用力;
谁说十四是"实世",
他的舌头没伸直。
认真学,常练习,
十、四、十四、四十、四十四。

祖国啊,我亲爱的祖国
舒　婷

我是你河边上破旧的老水车,
数百年来纺着疲惫的歌;
我是你额上熏黑的矿灯,
照你在历史的隧洞里蜗行摸索;
我是干瘪的稻穗,是失修的路基;
是淤滩上的驳船
把纤绳深深
勒进你的肩膊,
—— 祖国啊!

我是贫穷,
我是悲哀。
我是你祖祖辈辈
痛苦的希望啊,
是"飞天"袖间
千百年未落到地面的花朵,
—— 祖国啊!

我是你簇新的理想,
刚从神话的蛛网里挣脱;
我是你雪被下古莲的胚芽;
我是你挂着眼泪的笑涡;
我是新刷出的雪白的起跑线;
是绯红的黎明

正在喷薄；
——祖国啊！

我是你十亿分之一，
是你九百六十万平方的总和；
你以伤痕累累的乳房
喂养了
迷惘的我、深思的我、沸腾的我；
那就从我的血肉之躯上
去取得
你的富饶、你的荣光、你的自由；
——祖国啊，
我亲爱的祖国！

(4) 舌尖中音 d t n l

d	断定	当代	道德	大功告成	点石成金	动人心弦
t	探讨	天堂	体贴	推波助澜	同舟共济	铁石心肠
n	男女	能耐	恼怒	难能可贵	南征北战	怒发冲冠
l	玲珑	留恋	绿柳	劳苦功高	离题万里	两全其美

搭房子(d、l)

红红的好朋友蓝蓝会搭红房子，
蓝蓝的好朋友红红会搭蓝房子。
会搭红房子的蓝蓝，
愿帮会搭蓝房子的红红搭红房子，
会搭蓝房子的红红，
愿帮会搭红房子的蓝蓝搭蓝房子。

楼头吊刀(d、t、l)

楼头倒吊短单刀，
单刀刀倒楼头吊，
盗贼楼头盗单刀，
对对单刀掉到道。

白石塔（d、t、l）

白石白又滑，
搬来白石搭白塔。
白石塔，
白石搭，
白石搭白塔，
白塔白石搭。
搭好白石塔，
白塔白又滑。

无 题
李商隐

相见时难别亦难，东风无力百花残。
春蚕到死丝方尽，蜡炬成灰泪始干。
晓镜但愁云鬓改，夜吟应觉月光寒。
蓬山此去无多路，青鸟殷勤为探看。

教我如何不想她
刘半农

天上飘着些微云，
地上吹着些微风。
啊！
微风吹动了我头发，
教我如何不想她？

月光恋爱着海洋，
海洋恋爱着月光。
啊！
这般蜜也似的银夜，
教我如何不想她？

水面落花慢慢流，
水底鱼儿慢慢游。
啊！

燕子你说些什么话?
教我如何不想她?

枯树在冷风里摇,
野火在暮色中烧。
啊!
西天还有些儿残霞,
教我如何不想她?

(5)舌尖后音 zh ch sh r

zh	战争	政治	挣扎	咫尺天涯	振振有词	争先恐后
ch	出产	拆穿	初春	叱咤风云	长篇大论	成竹在胸
sh	神圣	设施	膳食	世外桃源	神清气爽	声势浩大
r	融入	仍然	柔韧	若无其事	仁至义尽	日积月累

说 日(r)

夏日无日日亦热,冬日有日日亦寒。
春日日出天渐暖,晒衣晒被晒褥单。
秋日天高复云淡,遥看红日迫西山。

学时事(sh)

史老师,讲时事,
常学时事长知识。
时事学习看报纸,
报纸登的是时事,
心里装着天下事。

上山下山(sh)

上一山,下一山,
跑了三里三米三,
登了一座大高山,
山高海拔三百三。
上了山,大声喊:
我比山高三尺三。

山居秋暝

王 维

空山新雨后,天气晚来秋。
明月松间照,清泉石上流。
竹喧归浣女,莲动下渔舟。
随意春芳歇,王孙自可留。

冬天的池沼

艾 青

冬天的池沼,
寂寞得像老人的心——
饱历了人世的辛酸的心;
冬天的池沼,
枯干得像老人的眼——
被劳苦磨失了光辉的眼;
冬天的池沼,
荒芜得像老人的发——
像霜草般稀疏而又灰白的发;
冬天的池沼,
阴郁得像一个悲哀的老人——
佝偻在阴郁的天幕下的老人。

(6) 舌面音 j q x

j	即将	建交	积极	价廉物美	驾轻就熟	箭在弦上
q	恰巧	崎岖	情趣	千山万水	气吞山河	七上八下
x	新鲜	雪花	勋章	心花怒放	弦外之音	兴致勃勃

七加一和七减一(q、j)

七加一、七减一,
加完减完等于几?
七加一、七减一,
加完减完还是七。

漆匠和锡匠(j、q、x)

七巷一个漆匠,西巷一个锡匠。
七巷漆匠偷了西巷锡匠的锡,
西巷锡匠拿了七巷漆匠的漆。
七巷漆匠气西巷锡匠偷了漆,
西巷锡匠讥七巷漆匠拿了锡。
请问漆匠和锡匠,
谁拿谁的锡?谁偷谁的漆?

天上七颗星(q、x)

天上七颗星,
地上七块冰,
台上七盏灯,
树上七只莺,
墙上七枚钉。
吭唷吭唷拔脱七枚钉。
喔嘘喔嘘赶走七只莺。
乒乒乓乓踏坏七块冰。
一阵风来吹灭七盏灯。
一片乌云遮掉七颗星。

鹊桥仙
秦 观

纤云弄巧,飞星传恨,银汉迢迢暗度。
金风玉露一相逢,便胜却人间无数。

柔情似水,佳期如梦,忍顾鹊桥归路。
两情若是长久时,又岂在朝朝暮暮!

青 春
〔西班牙〕阿莱桑德雷

你轻柔地来而复去,
从一条路
到另一条路。

你出现，
而后又不见。
从一座桥到另一座桥。
——脚步短促，
欢乐的光辉已经黯淡——

青春也许是我，
正望着河水逝去，
在如镜的水面，你的行踪
流淌，消失。

(7)舌根音 g k h

g	规格	灌溉	公告	光彩夺目	功德无量	感人肺腑
k	苛刻	夸口	坎坷	空口无凭	慷慨激昂	口口声声
h	黄海	幻觉	缓和	花言巧语	焕然一新	荒无人烟

哥挎瓜筐过宽沟(g、k)

哥挎瓜筐过宽沟，
赶快过沟看怪狗，
光看怪狗瓜筐扣，
瓜滚筐空哥怪狗。

华华和红红(h)

华华有两朵黄花，
红红有两朵红花。
华华要红花，
红红要黄花。
华华送给红红一朵黄花，
红红送给华华一朵红花。

古老街上胡古老(g、h)

古老街上胡古老，
古老街下古老胡。
古老街上的胡古老，
找古老街下的古老胡比古老。

结果不知是胡古老的古老比古老胡的古老古老,
还是古老胡的古老比胡古老的古老古老?

咏 鹅
骆宾王

鹅、鹅、鹅,曲项向天歌。
白毛浮绿水,红掌拨清波。

我为少男少女歌唱
何其芳

我为少男少女们歌唱。
我歌唱早晨,
我歌唱希望,
我歌唱那些属于未来的事物,
我歌唱正在生长的力量。

我的歌呵,
你飞吧,
飞到年轻人的心中,
去找你停留的地方。

所有使我像草一样颤抖过的快乐或者好的思想,
都变成声音飞到四方八面去吧,
不管它像一阵微风或者一片阳光。

轻轻地从我琴弦上关掉了成年的忧伤,
我重新变得年轻了,
我的血流得很快,
对于生活我又充满了梦想,充满了渴望。

2. 拉开字腹——体会字头滑向字腹的动程,字腹拉开,立起,饱满有力,气息均匀

根据普通话韵母发音特点来分类,可分为四呼。四呼是按韵母起头元音的唇形特点进行的分类。

开口呼 没有韵头,韵腹不是 i、u、ü 的韵母,普通话中有 15 个:a、o、e、ai、ei、ao、ou、an、en、ang、eng、ê、-i(前)、-i(后)、er。

齐齿呼 韵头或韵腹是 i 的韵母,普通话中有 9 个:i、ia、ie、iao、iou、ian、in、

iang、ing。

合口呼 韵头或韵腹是 u 的韵母,普通话中有 10 个:u、ua、uo、uai、uei、uan、uen、uang、ueng、ong。

撮口呼 韵头或韵腹是 ü 的韵母,普通话中有 5 个:ü、üe、üan、ün、iong。

(1)开口呼　a　ai　an　ang　ao　e　ei　en　eng　er　o　ê　ou　-i(前)　-i(后)

毛毛和涛涛(ao)

毛毛和涛涛,
跳高又练跑,
毛毛教涛涛快跑,
涛涛教毛毛跳高,
毛毛学会了跳高,
涛涛学会了快跑。

沁园春·雪

毛泽东

北国风光,
千里冰封,
万里雪飘。
望长城内外,
惟余莽莽;
大河上下,
顿失滔滔。
山舞银蛇,
原驰蜡象,
欲与天公试比高。
须晴日,
看红装素裹,
分外妖娆。

江山如此多娇,
引无数英雄竞折腰。
惜秦皇汉武,
略输文采;

唐宗宋祖,
稍逊风骚。
一代天骄,
成吉思汗,
只识弯弓射大雕。俱往矣,
数风流人物,
还看今朝。

(2)齐齿呼　i　ia　ian　iang　iao　ie　in　ing　iou

防近视(i、iao、ie)

史小石,学写字,
脸贴书本眼斜视,
歪歪扭扭字碰字。
司老师,教小石,
端正姿势身坐直;
离纸一尺防近视,
爱护眼睛要坚持。

乌衣巷

刘禹锡

朱雀桥边野草花,乌衣巷口夕阳斜。
旧时王谢堂前燕,飞入寻常百姓家。

桥

艾　青

当土地与土地被水分割了的时候,
当道路与道路被水截断了的时候,
智慧的人类伫立在水边:
于是产生了桥。

苦于跋涉的人类,
应该感谢桥啊。

桥是土地与土地的连系;
桥是河流与道路的爱情;

桥是船只与车辆点头致敬的驿站；
桥是乘船者与步行者挥手告别的地方。

(3)合口呼　u　ua　uai　uan　uang　uei　uen　ueng　uo　ong

小花鼓(u、ua)

一面小花鼓，鼓上画老虎。
宝宝敲破鼓，妈妈拿布补。
不知是布补虎，还是布补鼓！

帆　船(uan)

大帆船，小帆船，
竖起桅杆撑起船。
风吹帆，帆引船，
帆船顺风转海湾。

(4)撮口呼　ü　üan　üe　ün　iong

养　鱼(ü)

大渠养大鱼不养小鱼，
小渠养小鱼不养大鱼。
一天天下雨，
下了一天雨。
大渠水流进小渠，
小渠水流进大渠。
大渠里有了小鱼不见大鱼，
小渠里有了大鱼不见小鱼。

3. 归音到位——要求干净利落，保证字音的完整性
(1)-n　-ng

踢毽子(-n)

小燕子踢毽子，
小建子数毽子，
毽子上，毽子下，
毽子上上又下下，

累坏了数数的小建子,
乐坏了踢毽子的小燕子。

船和床(-n、-ng)

那边划来一艘船,
这边漂去一张床。
船床河中互相撞,
不知船碰床,还是床撞船。

关山月

李 白

明月出天山,苍茫云海间。
长风几万里,吹度玉门关。
汉下白登道,胡窥青海湾。
由来征战地,不见有人还。
戍客望边色,思归多苦颜。
高楼当此夜,叹息未应闲。

守 岁

董思恭

岁阴穷暮纪,献节启新芳。
冬尽今宵促,年开明日长。
冰消出镜水,梅散入风香。
对此欢终宴,倾壶待曙光。

(2)u

西湖与泥壶(u)

杭州有个西湖,
宜兴出产泥壶,
西湖店铺卖宜兴泥壶。
宜兴泥壶上画着西湖,
是游了西湖买宜兴泥壶,
还是买了宜兴泥壶再游西湖。

早春呈水部张十八员外
韩 愈

天街小雨润如酥,草色遥看近却无。
最是一年春好处,绝胜烟柳满皇都。

(3) o

张果老(o)

张果老,张果老,
张果老的门前有棵白核枣,
白的多,红的少,看的多,买的少,
凭你说得快,一口气也说不完一百个枣。
一个枣,两个枣,三个枣……一百个枣。

卜算子·咏梅
毛泽东

风雨送春归,飞雪迎春到。
已是悬崖百丈冰,犹有花枝俏。
俏也不争春,只把春来报。
待到山花烂漫时,她在丛中笑。

(4) i

小 鸡(i)

小小鸡,叽叽叽,
翅膀短,穿黄衣,
只会走,不会飞。
爱吃小虫和小米。

游子吟
孟 郊

慈母手中线,游子身上衣。
临行密密缝,意恐迟迟归。
谁言寸草心,报得三春晖。

(5)秃尾音节 a、e(即只有韵腹没有韵尾的音节)

花青蛙(a)

花青蛙,叫呱呱,西瓜地里看西瓜,
西瓜夸青蛙背背花,青蛙夸西瓜长得大。

登幽州台歌
陈子昂

前不见古人,后不见来者。
念天地之悠悠,独怆然而泪下!

第三讲　让我们控制声音的动力

一、理论基础

　　这一讲大家将要学习到不同于以往的一种呼吸方式——胸腹联合式呼吸方法,这种方法的好处是能够让你说话时气息稳劲、持久、自如,便于灵活的控制。方法是很容易掌握的,只不过在大家没有习惯它之前会感觉到运用得不自然。比如有的朋友在刚刚学习后,运用胸腹联合式呼吸的动作要领进行练习,就说"我现在用胸腹式呼吸,都没气了"。"没气"这是不可能的,但凡你在说话时,气息就承担着我们发音的动力任务,声音的大小、快慢等变化都与气息有关的。所以,没有气息,就没有声音的动力了,自然就不会发出声音了。只要出声,一定是有气息作为动力支持发声的。

　　学习新知识之前,我们先来回顾在中学时曾经学过的呼吸原理:"当胸腔扩张时,肺就膨胀,空气经气管进入肺部,像风箱一抽气,气就进入风箱一样,这种现象就叫做'吸';当胸腔放松时,肺就收缩,收缩的肺使它的容量减小,气息就从肺里被排出,这种现象叫做'呼'。肺本身并没有扩张与收缩的功能,空气的吸入和呼出必须借助其他力量才能进行。肺的周围是胸腔,下面是横膈膜。横膈膜(膈肌)是由呈放射状的肌肉构成,附着在胸腔下部的胸廓上。肺和这些器官之间只隔着两层紧贴在一起的胸膜,因而这些器官的活动必然带动着肺。胸腔就像是一个由肋骨和肌肉组成的笼子,横膈膜好比是笼子的底。当肋骨附近的肌肉和横膈膜收缩时,一方面胸腔的前方从低垂的位置向上提起,使胸腔从扁的形状变得较圆;另一方面横膈膜下降,使胸腔容积扩张,这时空气就自然经管道吸入肺泡。呼气过程是这样的:在肺泡周围除了血管网外,还有一层由纵横交错的弹性纤维组织成的网。它们像一条条橡皮筋一样,当胸部和横膈膜的肌肉收缩时,它们随着肺泡的膨胀而被绷紧。当这些肌肉放松不再拉紧时,它们又缩短,压迫肺泡,把肺泡里的气息排出。"

　　胸腹联合式呼吸方式从字面上看,是和胸、腹有关,的确,它是调动了所有胸腹的呼吸肌肉一起运动,不仅扩大了胸腔容量,而且便于控制。吸气量大,是建立在胸腔、腹腔隔膜综合作用的基础上，由此而产生坚实响亮的声音，是多种音色变化的基础。

现在利用"吹气球"来解释胸腹联合式呼吸。

如果把肺部比喻为气球的话，这个气球在勤奋地工作，不停地充满气体而后又排出气体。呼吸是在双重作用下进行活动，一方面它是自动的，像心脏的跳动，尽管没有想到它，它仍在不停地进行。但呼吸又不像心脏跳动那样完全不能被意识加以控制。在一定限度之内，呼吸的深度和频率是可以改变的。胸腹联合式呼吸动用了胸腔前后左右的力量，不仅让肺部这个"气球"充满了气体，气息吸得深了，还使得"气球"周围的力量均衡对抗，气球一点点往外撒气，这样，呼吸更加持久。

具体怎么做呢？

(1)吸气的要领：吸到肺底，两肋打开，腹壁"站定"。

站、坐姿皆可，两肩放松，两眼平视前方，下巴微收。想象闻到空气中飘来的花香或是饥饿时闻到了可口饭菜的香味，你不自觉地深深吸了口气，把香味吸到了肺底。两肩依然很放松，切记不要耸肩。这时你感觉到腰部周围渐渐地向四周膨胀，把腰带撑紧了，尤其是两后腰处向外扩张，这时一定要保持住，小腹随着吸气过程的结束渐渐绷紧不动了，不要快速地呼气放松，坚持 5 到 10 秒钟。

(2)呼气的要领：稳劲、持久、变化。

呼气的过程是需要大家"全程控制"的，利用胸腹联合式呼吸方法吸气的气息量大，但这并不是目的，因为我们不是在练"憋气"。气息通畅、均匀、灵活地运用才是根本。气息的控制意味着呼气不能一下子放松两肋呼出气体，而是有意识地掌握呼出的速度和时长。两肋向外扩张的力量和小腹微收站定的状态使得肺部这个气球一点点往外撒气，感觉是气息托着字走，从而避免说话时头几个字就用完了所有的气息的问题。随着气流的缓慢呼出，小腹逐渐放松，但最后仍不失去收住的感觉，而横隔和两肋在此控制下逐渐恢复自然状态。

(3)换气的要领：两句话之间，可以从容换气。

句首换气，吸气无声，换了就用，留有余地，句尾余气托送。而在句子中间可以进行少量补充(偷气)。

换气的方法并不拘泥于此规律，可根据稿件的不同感情色彩和文章结构进行换气。

二、实践练习

【提示】青少年朋友们常常反映气息很难把握，摸不着看不见的。其实气息的训练既不玄虚，也不高深莫测，你还可以用自己的身体感觉得到呢！来，试试看：站姿(站直，重心在两脚之间)或坐姿(坐硬椅子的前 1/3，胸微含，腰挺直)，两肩放松，不用想着主动吸气。将双手背后交叉，手掌分别放在腰带上方(后腰处)，手掌稍稍用点力气向后腰处推，同时,你的两后腰为了抵抗手掌的外力,也用力将手掌推开,这时感觉到后腰处膨胀,你此时体会到的就是深吸气的"两肋打开"动作的感觉。这时一定要控制不动,保持片刻,体会"小腹微收站定"与"两肋打开"之间的对抗感觉。好,心里默数1、2、3、4、5后,慢慢放松。这就是一次胸腹联合式呼吸吸气和呼气的基本感觉。

还要提醒朋友们,气息训练是在情感情绪带动下的练习,"兴奋从容两肋开,不觉吸气气自来",可以理解为当你精神饱满、心情愉悦时,口鼻同时进气,气息自然而然地吸到了肺底。想想看,你经过层层选拔,挑战各个环节,被录取为电视台的主持人了,兴高采烈地看着通知书时,情不自禁地大声说:"耶,太好了!"这时你的声音饱满有力度,气息稳劲,不挤捏不干涩,能够体会到"气生于情而融于情,气随情动,声随情走"。

(一)锻炼呼吸肌肉群

1. 练习腹肌

由于胸腹联合式呼吸调动了胸腹的所有呼吸肌肉一起运动,肌肉的训练必不可少,尤其女生的腹肌力量较为薄弱,可用仰卧起坐锻炼腹肌。

2. 练习膈肌

深吸气后,连续发扎实的"hei"音。

深吸气后,连续发扎实的"ha hei hou"音。

(二)训练气息下沉

1. 发"唉"延长音练习

按照胸腹联合式呼吸吸气的动作要领,吸气七八成,长长地叹口气,同时很放松地发出"唉"的延长音。不要提着气叹气,是真真切切地叹下去。

2. 发元音延长音练习

按照胸腹联合式呼吸吸气的动作要领,吸气七八成,匀速而持久地发单元音"a、o、e、i、u、ü"延长音。

3. 发上声音练习

按照胸腹联合式呼吸吸气的动作要领,吸气七八成,夸大发上声字练习。

(1)ǎ ǐ ǎi ǎo ǔ

(2)宝 岛 好 美 满 场 响 氧

(3)蚂蚁与米老鼠一起表演。

(三)呼气控制能力训练

1. 数数

按照胸腹联合式呼吸吸气的动作要领,吸气七八成,匀速而持久地数数,"1,2,3,4,5……"小腹渐渐收缩,两肋一点点地放松,不偷气,不漏气。数数的过程放松自然,好像是在点数,比如在数自己有几个好朋友,有多少种兴趣爱好等等。一开始你可能数不了几个,随着控制能力的增强,女生一般能数到 25 左右,男生一般能数到 35 左右。朋友们,加油啊!

2. 气息绕口令

打 枣

出东门儿,过大桥,大桥底下一树枣儿,拿着竿子去打枣儿,青的多,红得少,一个枣儿,两个枣儿,三个枣儿,四个枣儿,五个枣儿,六个枣儿,七个枣儿,八个枣儿,九个枣儿,十个枣儿,十个枣儿,九个枣儿,八个枣儿,七个枣儿,六个枣儿,五个枣儿,四个枣儿,三个枣儿,两个枣儿,一个枣儿。这是一个绕口令儿,一口气说完才算好。

一个葫芦两块瓢

一口气数不了二十四个葫芦四十八块瓢,一个葫芦两块瓢,两个葫芦四块瓢,三个葫芦六块瓢,四个葫芦八块瓢,五个葫芦十块瓢,六个葫芦十二块瓢,七个葫芦十四块瓢,八个葫芦十六块瓢,九个葫芦十八块瓢,十个葫芦二十块瓢,十一个葫芦二十二块瓢,十二个葫芦二十四块瓢,十三个葫芦二十六块瓢,十四个葫芦二十八块瓢,十五个葫芦三十块瓢,十六个葫芦三十二块瓢,十七个葫芦三十四块瓢,十八个葫芦三十六块瓢,十九个葫芦三十八块瓢,二十个葫芦四十块瓢,二十一个葫芦四十二块瓢,二十二个葫芦四十四块瓢,二十三个葫芦四十六块瓢,二十四个葫芦四十八块瓢。

数红旗

广场上,飘红旗,看你能数多少面旗,一面旗,两面旗,三面旗,四面旗,五面旗,六面旗,七面旗,八面旗,九面旗,十面旗……

七样果

一,一个一,
一二三三二一,
一二三四五六七,
七六五四三二一,

六五四，三二一，
五四三二一，
四三二一三二一，
二二一，
一，一个一。
一棵树，长着七个枝，
七个枝，结的七样果，
结的是
苹果、葡萄、石榴、柿子、李子、栗子、梨。

(四)气息的通畅持久训练

1. 夸张四声练习

运用声调的高低升降变化，体会气息上下通畅的感觉。尤其是用夸张的"上声"体会气息下沉较为明显。"阴平"练习时注意平稳；"阳平"上升时气要拉住，这时口腔要立起，力度要加强，避免高音窄、挤；"去声"下降时气要托住，口腔要有控制。这个练习反复练习多次，可用快吸气来练，也可用慢吸气来练，字音要清楚准确，也可逐渐改变声音的高低、强弱、快慢并调节好气息。

bā — bá — bǎ — bà
mā — má — mǎ — mà
dī — dí — dǐ — dì
mī — mí — mǐ — mì

博大精深	义正词严	视死如归	铁面无私	大义灭亲
神采飞扬	气宇轩昂	雄姿英发	生龙活虎	饱经风霜
心旷神怡	欢天喜地	喜出望外	垂头丧气	眉飞色舞
声情并茂	抑扬顿挫	谈笑风生	字正腔圆	胡编乱造
春意盎然	烈日当空	秋高气爽	雪兆丰年	三九严寒
日新月异	焕然一新	百废俱兴	欣欣向荣	赏心悦目
承上启下	大同小异	出生入死	弄假成真	温故知新

2. 用中等速度说绕口令

绕口令的练习不要求快。理解意思后，饶有兴致、轻松自然地练习。

春雨贵如油

春雨贵如油，渠水是美酒，
美酒灌麦田，醉得麦苗绿油油。

望月空,满天星

望月空,满天星,光闪闪,亮晶晶,
好像那,小银灯,仔细看,看分明,
大大小小,密密麻麻,闪闪烁烁,数也数不清。

颠倒歌

太阳从西往东落,听我唱个颠倒歌。
天上打雷没有响,地下石头滚上坡;
江里骆驼会下蛋,山上鲤鱼搭成窝;
腊月酷热直流汗,六月爆冷打哆嗦;
姐在房中头梳手,门外口袋把驴驮。

(五)换气训练

1. 古诗词训练

古诗押韵且语言凝练,包含丰富的感情色彩,需要根据诗词的意思安排气口,没有一定之规。换气处不得破坏语句的连贯,影响表情达意。

渔歌子
张志和

西塞山前白鹭飞,
桃花流水鳜鱼肥。
青箬笠,绿蓑衣,
斜风细雨不须归。

虞美人
李 煜

春花秋月何时了?
往事知多少。
小楼昨夜又东风,
故国不堪回首月明中。

雕栏玉砌应犹在,
只是朱颜改。

问君能有几多愁？

恰似一江春水向东流。

望　岳

杜　甫

岱宗夫如何？齐鲁青未了。

造化钟神秀，阴阳割昏晓。

荡胸生曾云，决眦入归鸟。

会当凌绝顶，一览众山小。

2. 句段练习

(1)无论才能、知识多么卓著，如果缺乏热情，则无异于纸上画饼充饥，无补于事。

(2)你可以选择这样的"三心二意"：信心、恒心、决心；创意、乐意。

(3)只有一条路不能选择——那就是放弃的路；只有一条路不能拒绝——那就是成长的路。

(4)京城已连续3天空气质量六级污染。雾霾仍盘踞京城，2013年1月13日上午9时空气质量监测数据显示，除定陵、八达岭、密云水库外，北京其余区域空气质量指数AQI全部达到极值500，为六级严重污染中的"最高级"污染。

(5)如果我们做与不做都会有人笑，如果做不好与做得好还会有人笑，那么我们索性就做得更好，来给人笑吧！

(6)2013年1月18日，位于拉萨市娘热路与林廓北路十字路口的过街人行天桥竣工并投入使用，成为拉萨市首座竣工的过街人行天桥。为缓解拉萨市内部分拥堵路段交通压力，同时方便信教民众转经，拉萨市于2012年6月18日开始在人流量多、车流量大的十字路口建设过街人行天桥，目前计划建设十座过街人行天桥，预计投资5000万元。

(7)就在我向街对面的快餐店跨出第一步的时候，从旁边的街区里走出一个小女孩儿，卷卷的头发，红红的脸颊，天真快乐的笑容在脸上荡漾。她手里抱着一个芭比娃娃，蹦蹦跳跳朝我走来。我有些意外，收住了脚步。

(8)2013年1月19日夜间到20日白天，北京会出现明显降雪过程，届时空气质量会随之好转。环保部门提醒，雪前北京将保持晴稳天气，空气质量下降明显，市民应尽量减少户外活动，儿童、老年人等敏感人群尽量避免外出，同时呼吁大气污染物排放单位采取措施，减少污染物排放，市民尽量绿色出行。

(9)2013年元旦期间天气预报

元旦期间，受冷空气活动影响，全国多雨雪天气，3日北方转晴，南方雨雪依旧，局部地区有冰冻。12月30日下午，中国气象局举行新闻发布会，向公众介绍了近期天气情况。

中国气象局应急减灾与公共服务司司长、新闻发言人陈振林介绍，元旦期间，一股中等强度冷空气将影响我国大部分地区，外出需注意雨雪、降温、大风等不利天气条件。

其中，1月1日至2日，全国多雨雪天气，其中西北地区东南部、华北地区北部、东北地区南部、山东半岛有小到中雪；西南地区大部、江淮、江南地区西部、华南地区西部有小到中雨。

3日，北方将转晴，气温较低，风力不大；而南方则雨雪依旧，其中江淮、江南地区北部、贵州等地将出现雨转雪天气，局部地区有冰冻。另外，西藏南部局部有大到暴雪，东部地区有6—7级偏北风。

预计未来10天，影响我国的冷空气活动较频繁，除了元旦之外，还有一股中等强度的冷空气将在5至8日影响我国，给西北地区东部、华北、东北、黄淮地区带来降雪、降温天气过程。中东部大部分地区平均气温较常年同期偏低1—2℃。

3. 贯口练习

(1) 现在向大家介绍一下中国和外国的舞蹈种类：

送鼓舞、彩鼓舞、恒鼓舞、童鼓舞、手鼓舞、长鼓舞、太平鼓舞、面具舞、祭祀舞、宫廷舞、霍拉舞、拉鼓舞、秧歌舞、红绸子舞、水袖舞、草帽舞、狮子舞、顶龙舞、盾牌舞、旱船舞、龙升舞、鞍带舞、探戈舞。

伦巴舞、恰恰舞、多榔舞、芭蕾舞、跳脚舞、扁担舞、水萍舞、踢踏舞、欧亚舞、达漫溢舞、织布舞、多耶舞、拍手舞、扇子舞、孔雀舞、韩波舞、天鹅舞。

轮舞、象舞、盆舞、圣舞、赞舞、伞舞、花舞、弓舞、蛇舞、罐舞、竹马灯舞、花鼓灯舞、采茶灯舞、康布拉舞、珍珠舞、南旺武角灵舞、乡村舞、净演舞、恭驭舞、社交舞、中将舞、体育舞、农作舞、草编舞、插秧舞、丰收舞。

面巾舞、集锦舞、青春舞、宗匠舞、荷花舞、盘子舞、纱巾舞、中峦舞、群燕舞、蔷薇舞、红花舞、种瓜舞、拍球舞、达曼衣舞、波罗多舞、布泽美舞、啊西跳跃舞、迪斯科舞、西班牙斗牛舞。

(2) 出国旅游：

进老挝、万象、暹罗、曼谷、缅甸、仰光、孟加拉、印度、加尔各答、孟买、新德里，过巴基斯坦、阿富汗、伊朗、伊拉克、叙利亚、黎巴嫩、土耳其、安卡拉，过黑海，到俄罗斯、乌克兰、(加快)斯大林格勒、列宁格勒、莫斯科、爱沙尼亚、拉脱维亚、立陶宛、波罗的海，到芬兰、瑞典、斯德哥尔摩、挪威、丹麦、德国、柏林、波兰、华沙、捷克斯洛伐克、匈牙利布达佩斯、罗马尼亚、保加利亚索非亚，希腊、阿尔巴尼亚、南斯拉夫、意大利、瑞士、瑞典、法国巴黎、马赛、地中海、直布罗陀、葡萄牙、西班牙、马德里，过英吉利海峡、到伦敦、英格兰、苏格兰、爱尔兰、冰岛，过了大西洋到美洲！

(六)气息综合训练

【新闻1】

北京曲剧送戏进校园

由老舍先生亲自命名的北京唯一地方戏——北京曲剧,诞生虽已60载,但仍旧被很多人与曲艺混为一谈。近日,老舍先生的《正红旗下》以独特的京腔京韵响彻位于昌平区的中国政法大学礼堂,由北京曲剧艺术中心与昌平文委联合举办的首届曲剧艺术节,让曲剧第一次大规模挺进高校。

前些年,曲剧《茶馆》曾以不输人艺《茶馆》的艺术水准而被业内所津津乐道。前年,他们又参与了林兆华剧作《老舍五则》的演出,平日以唱念为主的曲剧演员演起京味儿话剧甚至得到了香港观众的认可。可即便如此,观众对于曲剧的认知度仍旧很低。如何让曲剧这一以北京流行的曲艺单弦牌子曲为主发展而成的剧种走出深闺,曲剧人想到了举办艺术节、走进高校的策略。北京曲剧艺术中心负责人孙东兴表示,"我们大胆起用国戏刚刚毕业的2008级曲剧表演班的学生,以他们为主排演了《歌唱》、《'乡'约青春》等剧,这次在政法大学的演出,就是由青春面孔担纲"。

艺术节中,北京曲剧艺术中心还将介绍剧种的展览送进了校园,并进行了会员俱乐部的招募。据悉,目前俱乐部中的大学生会员已近2000人。

(选自《北京青年报》2013年1月18日)

【新闻2】

英国大雪影响百姓生活

英国18号普降大雪,对人们的生活造成巨大影响,交通运输受到严重不利影响,一些地区停止供电,学校停课。英国广播公司(BBC)报道称,伦敦希思罗机场北边的跑道被临时关闭,179架航班被取消。伯明翰的机场18号上午被关闭。航空公司建议旅客在出行前查询航班信息。铁路运输也受到了很大影响。伦敦和布鲁塞尔之间的欧洲之星列车取消了四趟,其他一些铁路运输公司限制车票发售,并印发了修改后的时刻表,以方便旅客查询。

在英格兰和威尔士,已有超过3000所学校关闭。威尔士南部1万户居民的供电被切断。一些公路被关闭,很多铲雪车正在清理路面。由于本次降雪量非常大,英国气象部门发布了罕见的红色预警,即使在伦敦也出现了漫天鹅毛大雪的场景。BBC天气预报员麦克·西尔弗斯通18号说,本周末天气会非常寒冷,苏格兰、北爱尔兰以及英格兰东北部地区降雪将持续。

(选自新华网2013年1月19日)

【文章1】

一个人的双人舞

真的记不起来他们的名字了,却一直记得他们的爱情。

他们是世界闻名的双人花样滑冰运动员,生活中是恩爱的夫妻,滑冰场上是最佳拍档。他们的表演配合默契,珠联璧合,多次在大赛中获奖。

所谓天妒佳缘,一次意外,丈夫去世了,这对于常人,无疑是一次致命的打击,对于她打击更是加倍的。

因为她失去的不仅是生活上的伴侣,也是艺术上的合作伙伴。她从此远离了滑冰场。沉寂几年后,她突然宣布,要进行一次花样滑冰表演。这次,是她一个人。

舞姿还是那样的熟,还是那样的优美,她还是以前的她,沉寂数年,丝毫也没有影响到她的艺术水准,她依然是滑冰场上轻盈的精灵。

但是所有看懂的人都落泪了。

滑冰场上虽然只是一个人在旋转在腾跃,但她的动作,却是两个人的。她的身侧,似乎总是有另一个人的影子。她举臂,似乎有人在与她牵手;她抬腿,似乎有人在为她支撑;她腾飞似乎有人在扶她的腰;她旋转似乎有人在与她同行;她微笑似乎是对着那个人……是一个人的独舞,她的动作,却总是双人舞的动作。一如从前。

最后的造型,是他们当年的经典。现在,却只有她一个人,另一半,是空虚,是残缺,是伤痛……

她凝固成一尊塑像,一动不动,只有泪水,缓缓而下。

那是一个人的双人舞,是残缺的完美,是爱情的绝唱。

一去经年,时光流转,物是人非。但在滑冰场上,在她的心中,爱人一直都在,一刻也不曾远离。

【文章2】

我很在乎未来

李嘉诚

我从来都不太明白,为什么大家常常说以前总比今日好。是因为往日和现实有很巨大的差异令人无奈,难以适应?还是我们在昔日痛苦和难过的回忆中,总能找到点滴温馨,转化为今天新的动力?

我1928年在潮安出生。在家乡的十二年,我有太多甜酸苦辣的回忆。还记得我六岁那年的夏天,晚饭后一家人陪伴祖母在家里的小院子纳凉聊天,叔叔告诉我们城中的老板如何富有,人们估计他有二十万枚龙银(以古董价计算,今天约值人民币三亿元)的总资产,祖母低沉地自说:"不知我们哪一代的子孙,才可能像别人那样。"一个老百姓期求安逸的平常盼望。我心爱的祖母早已离世,长埋在她最爱的韩江岸旁,七十八年过去,我也曾在扫墓时倚在祖母的墓上,低声地向她说:"我们已经做到了。"

如果你认为一个失去求学机会,没有任何资源,穷得只剩下希望的小伙子对"命运"巨碾从未惧怕,那我要告诉你事实并非如此。对贫穷的人,忧虑是一个体验至深的折磨。

也许你们都听过我如何挣扎求存,对抗命运变幻无常的故事,但你们可能不知道,我在你们同龄的时候,多次拒绝放弃理想以换取"无发展空间"的眼前安逸,我一直深信,如果世界上有任何"成功秘方",其中最关键的元素必定是你对成功的欲望远远大于对失败的恐惧。这心态像是刀锋——锐化你对什么是"可能"的触觉和激发你的梦想;这心态像是预警系统,令你对自满情绪和停滞时刻警惕,令你审慎律己、敢爱、敢说实话、敢当万绿丛中那点红。

当你在我的年龄,你不会想带着后悔和遗憾去感慨:曾经是开朗、热情、自信的你,却选择无梦和无理想地过了一辈子;你曾经是正直无畏,真诚和至诚烙印在你那颗赤子心上,但面对生活冷酷的考验,你选择放弃原则和目标,在道德路上迷失了你的灵魂、你的谦卑和爱贡献的心。

人生命运必然是你一生作出选择的总结,懂得如何选择和承担后果是谱写自己命运的入门法则。

爱因斯坦在普林斯顿大学的办公室门上挂着这句话:"不是所有可以计算的东西都是重要的,也不是所有重要的东西都可以被计算。"

那你问我当年订立的目标是什么,我的答案:"建立自我,追求无我",希望你们与命运也许下承诺,凭仗智慧和勇气,实现你的梦想及为我们心爱的祖国大地和我们彼此共存的世界做贡献。

第四讲　让我们的声音富于变化

一、理论基础

播读不同感情色彩和内容的稿件时,声音有抑扬顿挫、高低起伏、轻重缓急的变化。这种声音的变化不是固定不变的,更不是想当然的千变万化,一定是根据稿件产生思维情感的运动继而使声音富于变化。可以理解为,不同的稿件要求声音就像是有弹性一样,能发生各种状态的变化。有弹性的声音是在自然的声音基础上逐步培养出一种富于色彩、有感染力的声音。这样的声音更能与作品融合,适应作品思想感情的变化。这样的声音使听众听起来舒服、悦耳,伸缩性好,变化多,而且不生硬,不直接。

想要拥有富于变化的声音,除了坚持不懈地练习口腔控制、呼吸控制,还要通过共鸣练习调整自己的声音。人们常常把共鸣好的播音员形象地比喻为"自带音箱"。的确,共鸣不仅有对声音的扩大和美化作用,而且共鸣腔在调节过程中能形成不同的声音形式,完成不同感情色彩的表情达意。

我们的共鸣器官主要有:

(1)口腔——是可调节共鸣腔。它是非常重要的共鸣腔。强调打开口腔,使之在发音过程中处于积极状态。同时要求各咬字器官的力量集中,尤其是唇、舌力量的集中,舌位要准确、鲜明,过程要流畅、完整。

(2)鼻腔——不可调节共鸣腔。首先注意处理好鼻腔共鸣在区分鼻音与非鼻音的区别意义上的作用。其次,使用鼻腔共鸣要适度,否则会降低语音清晰度,音色混浊,有堵、腻的感觉。

(3)胸腔——不可调节共鸣腔。它对低频声波共鸣作用明显。胸腔共鸣可以扩大音量,增加低泛音,使声音听起来洪亮、浑厚、结实。

(4)头腔——鼻腔以上的共鸣。不可调节共鸣腔。发声时,在高音区会产生头面部的振动感。

根据以上各个共鸣腔体的特点,结合播音发声的需要:音域在自然音域内,中声区偏低的部分运用较多;音色要朴实大方、圆润集中,明朗干净;装饰音较少,很少使用假声;强度不大、幅度不大、层次丰富多样的音量等,这几方面决定播音员主持人的共鸣方式是以口腔共鸣为主,以胸腔共鸣为基础的声道共鸣方式。虽然每个人受先天的嗓音条件所限,但是后天的"共鸣调节"能让声音美化。

除了共鸣调节以外,还可以通过调节吐字、呼吸、用声驾驭自己的声音,呈现出声音的强与弱、高与低、刚与柔、明与暗、虚与实等变化,达到声音富于变化的目的。

二、实践练习

【提示】训练要从文字内容和感情出发,内容决定形式,形式反作用于内容,二者相辅相成。如果没有"预热",没让思维和感情动起来,生硬的声音变化练习不仅起不到作用,还会对声带造成损伤呢!

(一)音域拓展训练

1. 单元音练习
练习:舒服地发出 a 和 i 音。
【方法】想象自己的身体是柱子,声音从底端(小腹)向上环绕,不挤不捏,低处时,不压喉;高处时,不嘶喊。到顶端(眉心)处再向下环绕。

2. 短句练习
练习:伟大的祖国伟大的人民。
【方法】从自己的中音开始不断重复朗读,每一次都要比上一次提高一点儿音高,直到不能再高;再从自己的中音开始不断重复朗读,每一次都要比上一次降低一点儿音高,直到不能再低。可以想象声音分别在五个高度发声:井底——地面——桌面——天花板——蓝天白云之上。

3. 片段练习
(1)录音带电影《叶塞尼亚》台词片段

叶塞尼亚(以下简称"叶"):当兵的,你不等我了? 你不守信用。

奥斯瓦尔多(以下简称"奥"):我已经等了三天了。

叶:呵呵呵,我没跟你说我要来。那现在,你去哪?

奥:我想到你们那儿去,去找你。非要让你……

叶:怎么? 哦,瞧你呀,你要是这么板着脸去,连怀抱的孩子也要吓跑了,哈哈哈。

奥:你就是喜欢捉弄人,对不对? 我可是不喜欢人家取笑我,我现在要教训教训你。

叶:不,不,放开我,放开! ……我教训教训你,倒霉蛋。你以为对吉普赛人想怎么着就怎么着,那你就错了。我,我不想再看见你了。听见吗! ……怎么他流血了?

你这是活该,怪谁呢?怎么你死了?不,你这家伙别这样,求求你把眼睛睁开,你知道,你要是死了,我就得去坐牢的。

奥:你想杀死我?

叶:是的,是你逼得我。

奥:你就这么讨厌我亲你?

叶:只有两相情愿,才是愉快的。如果强迫,只能让人厌恶。

奥:好吧,对不起,我不该这样,可这还是你的错。

叶:我的错?

奥:你没有发现自己长得很美吗?这能怪我吗?

叶:你要是再来亲我的话,我马上就砸碎你的脑袋。我们吉普赛人说了算。

奥:不,我只想看看你眼睛。

叶:我,我不是来看你眼睛的,你别胡思乱想了。

奥:谢谢。

叶:还疼吗?

奥:你的手真重,可我心里的创伤比头上的伤还重。没想到我会这么喜欢你。我不像你那么会算命,可我觉得我配得上你。我爱你,吉普赛人。我们认识不过才一个月,虽然时间不长,可我越来越爱你了,叶塞尼娅。

叶:奥斯瓦尔多,我们必须分手了,以后别见面了。

奥:必须分手?!为什么?

叶:我们的人,绝不会答应的!

奥:不,你不用担心。我爱你!无论谁,无论什么,都不能把我们分开!

叶:我也爱你!……我爱你!奥斯瓦尔多!

4. 诗词练习

炉中煤
——眷念祖国的情绪

郭沫若

一

啊,我年轻的女郎!
我不辜负你的殷勤,
你也不要辜负了我的思量。
我为我心爱的人儿
燃到了这般模样!

二

啊,我年轻的女郎!
你该知道了我的前身?
你该不嫌我黑奴卤莽?
要我这黑奴的胸中
才有火一样的心肠。

三

啊,我年轻的女郎!
我想我的前身
原本是有用的栋梁,
我活埋在地底多年
到今朝才得重见天光。

四

啊,我年轻的女郎!
我自从重见天光
我常常思念我的故乡,
我为我心爱的人儿
燃到了这般模样!

断 章

卞之琳

你站在桥上看风景,
看风景的人在楼上看你。
明月装饰了你的窗子,
你装饰了别人的梦。

(二)共鸣训练

1. 口腔共鸣

(1)打点练习

在口唇外一尺左右的距离找一个目标,发音时,在意念上像打靶似的,让声音集中打在目标上。整体感觉是:子弹从口腔里射出,击中某一个目标,音要从上腭打到硬腭前端,然后送出。发音时鼻腔要关闭(先用手捏住鼻子试几次,就感觉到了)。这个练习可以帮助找到"声挂前腭"的感觉。

　　bā—dā—gā　　　　　bā—dā—gā

pā—tā—kā　　　　　pā—tā—kā
bā—dā—gā　　　　　pā—tā—kā
peng　　pa　　pi　　pu　　pai
pai　　pu　　pi　　pa　　peng

| 吧嗒嗒 | 滴溜溜 | 咕隆隆 | 噼啪啪 | 哗啦啦 |
| 当啷啷 | 乒乓乓 | 刷拉拉 | 蔫呼呼 | 绿油油 |

(2) 弹发练习

一二三四，二二三四，三二三四，四二三四

好好学习，天天向上

保护环境，人人有责

节约资源，减少污染

(3) 字词练习

【提示】开口音稍闭，闭口音稍开，体会共鸣的调节。

开口音与闭口音指的是复韵母舌位动程大小之间的对比关系，直接表现在韵腹元音舌位高低的对比上，普通话有6组相对的复韵母：ai—ei；ao—ou；ia—ie；ua—uo；iao—iou；uai—uei

白雪——背离	排场——佩服	来来往往——累死累活
贸易——谋划	跑堂——剖析	浩瀚无边——厚此薄彼
下课——斜角	假期——杰出	下不为例——歇斯底里
瓦片——窝藏	划船——火车	刮目相看——国计民生
销售——休息	敲门——秋天	娇小玲珑——九霄云外
外国——微笑	怀揣——威信	歪七扭八——惟妙惟肖

2. 胸腔共鸣

用中音区发声，想象是给琴调弦一样，先发出舒服的 a 音，接着向自己声音的最高和最低处发 a 音，调试后，从中音起，体会胸腔共鸣。

(1) 诗词

我爱这土地

艾　青

假如我是一只鸟，

我也应该用嘶哑的喉咙歌唱：

这被暴风雨所打击着的土地，

这永远汹涌着我们的悲愤的河流，

这无止息地吹刮着的激怒的风，

和那来自林间的无比温柔的黎明……
——然后我死了,
连羽毛也腐烂在土地里面。

为什么我的眼里常含泪水?
因为我对这土地爱得深沉……

一剪梅
李清照

红藕香残玉簟秋。
轻解罗裳,独上兰舟。
云中谁寄锦书来?
雁字回时,月满西楼。
花自飘零水自流。一种相思,两处闲愁。
此情无计可消除,才下眉头,却上心头。

(2)散文

最苦与最乐
梁启超

人生什么最苦呢? 贫吗? 不是。失意吗? 不是。老吗? 死吗? 都不是。我说人生最苦的事莫苦于身上背着一种未来的责任。人若能知足,虽贫不苦;若能安分(不多作分外希望),虽失意不苦;老、病、死乃人生难免的事,达观的人看得很平常,也不算什么苦。独是凡人生在世间一天,便有一天应该做的事,该做的事没有做完,便像是有几千斤重担子压在肩头,再苦是没有的了。为什么呢? 因为受那良心责备不过,要逃躲也没处逃躲呀!

答应人办一件事没有办,欠了人的钱没有还,受了人的恩惠没有报答,得罪了人没有赔礼,这就连这个人的面也几乎不敢见他;纵然不见他的面,睡里梦里都像有他的影子来缠着我。为什么呢? 因为觉得对不住他呀! 因为自己对于他的责任还没有解除呀! 不独对于一个人如此,就是对于家庭,对于社会,对于国家,乃至对于自己,都是如此。凡属我受过他好处的人,我对于他便有了责任。凡属我应该做的事,而且力量能够做得到的,我对于这件事便有了责任。凡属我自己打主意要做一件事,便是现在的自己和将来的自己立了一种契约,便是自己对于自己加一层责任。有了这责任,那良心便时时刻刻监督在后头。

这种苦痛却比不得普通的贫、病、老、死,可以达观排解得来。所以我说人生没有苦痛便罢,若有苦痛,当然没有比这个更加重的了。

翻过来,什么事最快乐呢?自然责任完了,算是人生第一件乐事。古语说得好:"如释重负",俗语亦说:"心上一块石头落了地"。人到这个时候,那种轻松愉快,真是不可以言语形容。责任越重大,负责的日子乃越长;到责任完了时,海阔天空,心安理得,那快乐还要加几倍哩!大抵天下事,从苦中得来的乐才是真乐。人生须知道有负责任的苦处,才能知道有尽责任的乐处。这种苦乐循环,便是这有活力的人间一种趣味;却是不尽责任,受良心责备,这些苦都是自己找来的。

(三)声音变化练习

1. 情境练习

(1)想象距离的远近和场景的不同,朗读古诗《望庐山瀑布》,这首山水小诗,写得有声有色,情景交融,深深地激发着人们对庐山风光的向往和对祖国山河的热爱。

望庐山瀑布

日照香炉生紫烟,
遥看瀑布挂前川。
飞流直下三千尺,
疑是银河落九天。

情境1:自己轻声低吟。

情境2:设置不同的距离,让对方能够听见。5米——10米——50米

情境3:想象自己站在舞台中央,台下有数百名观众听你朗诵。

情境4:随着诗歌的意思,感觉自己的声音也跟着变化。

(2)结合不同情境,声音随之发生变化,试着发出不同的声音。

情境1:阿毛是你五岁的小表弟,虎头虎脑的,很可爱,他就站在距你几步远的门口,你亲切地招呼了他一声:"来,阿毛。"

【用声提示】较小的音量,声音明朗而柔和,气息适中。

情境2:阿毛走了过来,边走边喊着:"我要出去玩,我要出去玩!"由于奶奶在隔壁房间午休,你担心阿毛的喊声吵醒了奶奶,忙竖起手指放在嘴唇上,说:"小声点,阿毛。"

【用声提示】小音量,低弱声,声音虚而弱。

情境3:你连忙带他下楼,他和小朋友们玩皮球。几个小伙伴一起争抢着一个皮球,阿毛也挤在里面,你略带呵斥地说:"阿毛,回来!"

【用声提示】较大音量,中等强度的声音,声音较响亮,清晰度较高。

情境4:阿毛不听话,好像就没听见你的话,依然夺抢着皮球,你高声喊:"阿毛!"

【用声提示】大音量,高强度的声音,声音靠前,气息下沉。

情境5:抢到皮球的阿毛为了躲避小伙伴的追赶,抱着球就朝马路对面跑去,正好一

辆汽车飞驰而来,你惊慌地喊:"小心,阿毛!"

【用声提示】高强的呼喊声,声音靠前偏虚,气息压力增大。

2. 片段练习

电视剧《奋斗》台词片段

每个人都只能年轻一次,这是人生最邪恶的地方。有一天啊,你变老了,你可以不再轻信自己或者别人,你可以逃过很多伤害,但你也因此失去了活力,失去了猛地撞向尖刀那种切切实实地灼痛!没错,最终你是得到了平安、世故,那是逃避永恒痛苦的唯一方式。

话剧《恋爱的犀牛》台词片段

明明,我想给你一切,可我一无所有。我想为你放弃一切,可我又没有什么可以放弃。如果是中世纪,我可以去做一个骑士,把你的名字写上每一座被征服的城池;如果在沙漠中,我会流尽最后一滴鲜血去滋润你干裂的嘴唇;如果我是天文学家,有一颗星星会叫做明明;如果我是诗人,所有的声音都只为你歌唱;如果我是法官,你的好恶就是我最高的法则;如果我是神父,再没有比你更好的天堂;如果我是个哨兵,你的每一个字都是我的口令;如果我是西楚霸王,我会带着你临阵脱逃任由人们耻笑;如果我是杀人如麻的强盗,他们会祈求你来让我俯首帖耳——可我什么也不是。一个普通人,一个像我这样普通的人,我能为你做什么呢?

3. 诗词练习

短歌行
曹 操

对酒当歌,人生几何!
譬如朝露,去日苦多。
慨当以慷,忧思难忘。
何以解忧?唯有杜康。
青青子衿,悠悠我心。
但为君故,沉吟至今。
呦呦鹿鸣,食野之苹。
我有嘉宾,鼓瑟吹笙。

明明如月,何时可掇?
忧从中来,不可断绝。
越陌度阡,枉用相存。

契阔谈䜩,心念旧恩。
月明星稀,乌鹊南飞。
绕树三匝,何枝可依?
山不厌高,海不厌深。
周公吐哺,天下归心。

橄榄树
三 毛

不要问我从哪里来,
我的故乡在远方。
为什么流浪,
流浪远方,流浪。
为了天空飞翔的小鸟,
为了山间轻流的小溪,
为了宽阔的草原,
流浪远方,流浪。
还有还有,为了梦中的橄榄树。

不要问我从哪里来,
我的故乡在远方。
为什么流浪,
为什么流浪远方,
为了我梦中的橄榄树。

不要问我从哪里来,
我的故乡在远方,
为什么流浪,
流浪远方,流浪。

4. 段落练习

(1)为了对付高一,我们已经累得瘦了一圈。而现在,又坐在这里参加什么"编班考试"。吓人!偌大一个教室一坐60人绰绰有余,这时候,只摆三行,每行5座。行与行之间可以跑汽车。每行一个监考官,全室一个总监考官。总监考官脸上毫无暖气,只有杀机。说:今天的考试是超级的。超级意味着什么?我们心里明白。这个编班考试是决定我们前途和命运的一招。

(节选自张立士:《校花 校草》)

(2)一位外国朋友告诉我,他旅游西南某地的时候,偶于餐馆进食,忽闻壁板砰砰作响,其声清脆,密集如连珠炮,向人打听才知道是邻座食客正在大啖其糖醋排骨。这一道菜是餐馆的拿手菜,顾客欣赏这个美味之余,顺嘴把骨头往旁边喷吐,你也吐,我也吐,所以把壁板打得叮叮当当响。

(节选自梁实秋:《吃相》)

(3)江南江北,黄河内外,早已习惯了浪迹和沉浮,早已分不清何处是异乡,而哪里才是故乡。异乡的屋檐下,有我家园的殷殷挂念,故土的小窗前,却是客枕的灯火阑珊,唯有这雨夜,每每陪伴在漂泊的岁月,唯有这雨打芭蕉的声音,始终萦绕在心头。

(节选自石望湘:《巴山夜雨》)

(4)那日的太阳极好,红得眼睛也难以睁开,喉咙冒烟,嘴唇干裂,浑身的皮也明显地觉得发紧。车上的司机告诉说,地表温度最高时是70摄氏度,那才叫个烤呀!

5. 小说片段

孤独与奋斗
改编自海明威的《老人与海》

女:那老人再一次扛起他的桨,朝海边走去。

男:已经85天了,一条鱼都没打到,我好像已经老了,开始背运了,可是我的胳膊倒还是有着劲的。

女:他慢慢地升起那张补过的旧帆,那帆看上去就像一面永不失败的旗帜。

男:太阳升起来了,耀眼的阳光已经把我的眼睛刺痛了一辈子,我感到我有点力不从心了,可年轻的时候我曾经是个好的水手啊!

女:船划得久了,汗珠从脊背上一滴滴地流淌下来,老人想……

男:我可以任船漂流,打一个盹儿或系个绳扣,把鱼绳系在脚上。

女:他没有那样做,他相信那条大鱼就藏在附近的什么地方。不知过了多久,老人发现,那绿色的浮杆急速地往水底沉去,他拉了拉鱼绳,感到了沉重的分量。

男:我钩住的是一条什么样的鱼呀?!我还从来没有见过有这么大劲儿的,它只要一跳或向前一蹿,也许它会要了我的命。

女:老人全身心地等待着他和那条大鱼最后的搏斗,他想他这辈子再也不会遇到这么大的鱼了,他要最后再赢一次。太阳落下去了,夜晚来临,那鱼拖着他的小船在海上游了一夜,他没想到等待一场搏斗需要那么长的时间。

男:我已经感到了你的力量,让我们面对面地斗一斗吧,我们谁也没有帮手,这很公平。来吧,我早已做好了准备,我不会后悔我死在一条金枪鱼的手里。

女:夜幕再次降临,老人精疲力尽。

男:它不会有那么大,不会的!

女：它就是那么大，大得出乎老人的意料。

男：我只有一次机会，这是生死决斗，不是我叉死它，就是它撕碎我！

女：老人觉得自己快要撑不住了，他用绵软的双手努力握紧他的鱼叉，将鱼叉举过头顶，他把鱼叉举到了不可能再高的高度。

男：来吧！冲着这儿来吧！让我们来做临死前的最后一次决斗吧。我老了，没什么力气了，我跟你磨了三天，我等了你一辈子了，老兄，我这儿从来没见过比你更大更美更沉着的鱼呢。来吧，让我们来看看究竟谁杀死谁！！

女：那条大鱼挣扎着向老人的小船冲过来，老人拼尽他最后的生命将鱼叉扎入了大鱼胸鳍后面的鱼腰里，那鳍挺在空中，高过老人的胸膛。老人扎中了大鱼的心脏，那鱼生气勃勃地做了最后一次挣扎，而后"轰隆"一声落入水中。啊……老人赢了，他战胜了自己，战胜了那条大鱼，他没有发现一群无所畏惧的鲨鱼正嗅着血迹向这里涌来。

男：你们这群厚颜无耻的家伙，真会选择时机，但我不怕你们，不怕你们。人并不是生来就要给你们打败的，你可以消灭他，可就是打不败他，你们打不败他！

女：成群结队的鲨鱼向船边的大鱼发起猛攻，那撕咬鱼肉的声音，使老人再一次站立起来，他决心捍卫自己的战利品，就像捍卫他的荣誉。当老人终于回到他出海的那个港口，天空第三次黑暗下来。

男：人并不是生来就要给你们打败的，你可以消灭他，可就是打不败他，打不败他。

女：老人在船上睡着了，他梦见年轻时的非洲，他梦见了狮子。

两枚硬币的分配

李耿源

1945年10月，男孩出生于巴西伯南布哥州的一个农民家庭。因家里穷，从4岁起，他就得到街上贩卖花生，但仍衣不蔽体，食不果腹。上小学后，他常和两个小伙伴在课余时间到街上擦鞋，如果没有顾客就得挨饿。

12岁那年的一个傍晚，一家洗染铺的老板来擦鞋，三个小男孩都围了过去。老板看着三个孩子渴求的目光，很是为难。最后，他拿出两枚硬币说："谁最缺钱，我的鞋子就让他擦，并且支付他两元钱。"

那时擦一双皮鞋顶多20分钱，这十倍的钱简直是天上掉馅饼。三双眼睛发出异样的光芒。

"我从早上到现在都没吃东西，如果再没钱买吃的，我可能会饿死。"一个小伙伴说。

"我家里已经断粮三天，妈妈又生病了，我得给家人买吃的回去，不然晚上又得挨打……"另一个小伙伴说。

男孩看了看老板手里的两元钱，顿了一会儿，说："如果这两元钱真的让我挣，我会分给他们一人一元钱!"

男孩的回答让洗染铺老板和两个小伙伴大感意外。

男孩说:"他们是我最好的朋友,已经饿了一天了,而我至少中午还吃了点花生,有力气擦鞋。您让我擦吧,我一定让您满意。"

老板被男孩感动了,待男孩擦好鞋后,他真的将两元钱付给了男孩。而男孩并不食言,直接将钱分给了两个小伙伴。

几天后,老板找到男孩,让男孩每天放学后到他的洗染铺当学徒工,还管晚饭。虽然学徒工工资很低,但比擦鞋强多了。

男孩知道,是因为自己向比自己窘困的人伸出援手,才有了改变命运的机会。从此,只要有能力,他都会去帮助那些生活比自己困难的人。后来他辍学进入工厂当工人,为争取工人的权益,他21岁加入工会,45岁创立劳工党。2002年,他提出"让这个国家所有的人一日三餐有饭吃"的竞选纲领,赢得了选民的支持,当选总统。2006年,他竞选连任,又再次当选总统,任期4年。

八年来,他践行"达则兼济天下"的承诺,使这个国家93%的儿童和83%的成年人一日三餐都得到了食物。而他带领的巴西也从"草食恐龙"变成了"美洲雄狮",一跃成为全球第十大经济体。

没错,他就是2010年底任期届满而卸任的巴西前总统卢拉。

(选自《做人与处世》2011年12月28日)

第五讲　如何准备稿件

一、理论基础

这一讲的内容是准备稿件(简称备稿),乍一看,大家并不陌生,就像是语文课上的分析课文。只不过,在播音主持的专业学习中,我们更多的是从符合播音主持创作的角度来备稿,为的是播音员主持人能达到"有稿播音锦上添花,无稿播音出口成章"的目标。

播音员主持人的每一次播出任务都是"有备而来",他们通畅流利、侃侃而谈地表达来自于备稿的充分与认真。如何把稿件(或即兴表达)和自己的声音结合为一体,是需要动脑子的。如果只是简单地把文字变成了语音,那可就成了"读字机器人"了,现在有好多机器合成的语音留言,如查询手机余额,会听到"您的账户余额是五十七元六角,有效期至2013年6月1日"。声音一字一顿的,听得很别扭,这就是没有经过"二度创作"的语言。

有感而发、有动于衷、有的放矢、有声有色的语言才是二度创作的结果。在"理解稿件——具体感受——形之于声——及于受众"的过程中,第一步就是理解稿件。理解的目的是为了表达,不能只是自己看懂了就行,你必须让别人能够听明白。稿件的种类有很多,内容包罗万象,形式多种多样,这就要求朋友们在备稿上狠下功夫,才能做到应付自如,把稿件变成自己要说的话,准确清晰地传达稿件内容,为受众服务。

备稿分为广义备稿和狭义备稿。

(一)广义备稿

广义备稿是播音创作的基础,播音员主持人掌握稿件、表达稿件的思想文化基础及语言基本功的锤炼,实质上反映出播音员主持人的文化修养。这就要求播音员主持人平时要注意各方面的学习和积累,培养较高的思想政治觉悟和理论水平;积累广博的文化知识和生活体验;具备较丰富的艺术修养和熟练的语言表达技巧。为播音再创作提供坚实的基础。

广义备稿是这个职业永远的朋友,需要大家时时积累,处处留意,要备稿的不仅仅是本专业的知识、某一稿件的内容,更主要是在培养良好的职业习惯与准确的职业判断。广义备稿不能急于求成,要趁年轻多学多听多看。白岩松在回答做主持人需要具备的条件时曾经说过:"做好做长跑的准备,不能以短跑姿态参加到长跑的比赛之中。甚至根本就不是一个比赛,而是一个人的赛跑,必须按照长跑节奏。如果按照短跑节奏,流星瞬间消失可能很容易。做恒星做长跑必须做好这种准备。"[①]让我们做好准备,开始长跑吧!

(二)狭义备稿

狭义备稿是指播音员主持人播出一篇稿件的具体准备方法、要求和步骤。我们把狭义备稿概括为六个步骤,简称"备稿六步"。

第一步,划分层次。

指稿件的布局,结构。拿到一篇稿件后,首先要对稿件的句、段进行整理,将内在联系紧密的文字归类。稿件的自然段,是从写作角度形成的,层次是为了播音的需要形成的,层次是对自然段的进一步整理。

第二步,概括主题。

主题不是主要事实,是指主要事实中包含的思想意义,也称"稿件的中心思想"。主题有利于揭示出深刻思想含义和调动播讲者的思想感情。一般用"通过……表扬(或批评)揭示了……"的句型来概括主题。

第三步,联系背景。

主要指文章的播出背景。是为了更好地把握稿件中的政策精神和播音的针对性。包括两方面的内容:一方面,是指党的路线、方针、政策;另一方面,是指国际、国内的形势,各方面的现实情况及其变化。

第四步,明确目的。

知道了针对什么而读的文章后,还要明确通过朗读达到什么宣传目的。解决的是为什么要朗读这篇文章。明确目的可以调动朗读愿望,加强与听众的交流感。

第五步,分清主次。

找出重点,由大处着手。重点一般是直接表现主题、体现目的、抒发感情、感染听众的地方。在重点上下功夫,其他只是重点的陪衬,为重点服务。

第六步,确定基调。

基调,是指文章总的感情色彩和分量。播音时总的态度倾向,不是指某一句或一段的感情色彩和分量,不是声音的高低。基调体现的是播音员主持人对文章认识、感受的整体结果。基调的概括要贴切,态度要鲜明,要注意整体感。

---

① 央视著名主持人白岩松做客搜狐总编在线(实录) http://business.sohu.com/42/49/article212054942.shtml。

【备稿六步示例分析1】

听课嘉宾

邓必彦

1. 哥哥从家里去广州做工,特地到学校来看我。

2. 哥只大我一岁,他很喜欢画漫画。高三那年,他没考上美术学院。眼看着我也要上高三,弟升高一,哥对妈说:"弟妹读书要很多钱,我不读了,我去广东打工吧。"钱啊,妈也没办法。哥这一去到如今,5年了,他用每个月刷油漆、做木雕的1000块钱供着我和弟弟读书。

3. 哥站在我面前,笑着说:"大学生,带我去你们课堂上听听,看你们都学些什么东西。"

4. 这节是古诗创作与鉴赏课,同学们一如既往地聊天、睡觉、看小说。哥哥惊奇地问我:"你们这些大学生就是这样上课的呀?也太浪费家里的钱了吧?"他无奈地摇摇头,认真听起课来。

5. "孔夫子"老师大声说道:"虽说古诗的形式已经不适应今天的时代趋势了,啊,可是能写出好句子、能品出好诗的神韵,可不是三脚猫的文学修养可以办得到的啊! 来来来,今天谁能对出我的下句,我就违反教学纪律——提前下课!"

6. 教室里顿时轰叫起来。"孔夫子"大叫:"乾坤容我静——"

7. 大家安静了一秒,又吵闹起来。哥哥很兴奋,然后好一会儿没做声,眨眨眼睛,在纸上写了几个字,推推我说:"阿妹,你试试这一句。"

8. 我一看,立刻举起了手。"孔夫子"眼睛一亮,指着我:"想必是位才女,念来听听!"同学们都笑着叫道:"才女,提前下课就靠你啦!"我却使劲推哥哥,小声催他站起来念。大家都惊奇地看着我俩。哥哥涨红了脸,只好站起来大声说:"乾坤容我静,名利任人忙!"

9. 全堂哗然! 大家忽然鼓起掌来,"孔夫子"眼睛大放光彩:"难得,难得! 才思敏捷,对仗工整,意境高超,实在难得! 你叫什么名字? 把学号报上来,我要给你加分!"

10. 课堂上一阵哄笑,"他是中央派来的听课嘉宾!""孔夫子"连连称道:"那更是难得!"

11. 哥哥激动地坐下来,我知道,他很开心。

12. 下一节课,我们到多媒体教室去上外国文学史。哥哥看着墙上的电脑投影画面,很羡慕地说:"你们可真幸福,能享受这么现代的教学,怪不得学费这么贵!"

13. 我还带哥哥去上网,看我们学院的"容谷"网站,打开漫画频道让他看学生的作品,鸟山明风格的有,北条司风格的也有,还有蔡志忠的。哥哥仔细看完后,扭过头很认真地跟我说:"阿妹,要是我像你们一样有空,我绝对比他们画得都好,你信吧?""那当然!"

14. 哥哥的神情却黯淡了下来:"我要是能上美术学院,现在或许已小有成就了。"我鼻子一酸:"哥,以后你把你画的画寄过来,我帮你传到网上去,让别人也看到你的作品,还可以投稿呢。"哥哥长吁了一口气,伸出手来给我看:"这么久雕木头、刷油漆,我的手指都硬了,拿笔的感觉没以前灵敏了。"他又笑起来,"不过一有空,我还会画的"。

15. 晚上我送哥哥去车站搭汽车,车快开时,哥哥忽然从又臭又闷的车厢里探出身子来,叫我到面前来小声说道:"阿妹,认真听点课,挺好听的,别浪费钱。行了,你回去吧。"

16. 我站在车窗边抽着鼻子,不争气地流着眼泪。长大以后,我还没在哥哥面前哭过。我看着车子走了,我知道哥哥回去后,就像许多年少出门打工的人们一样,常常只靠成龙、周星驰的影片来获取短暂畅快的笑声。电影结束后,明天的劳苦又在等待着他们,冷酷而沉默。

(本文有删改)

第一步,划分层次。

这是一篇记叙文,有16个自然段,从字面上看,自然段落多。备稿不仅仅是像中学语文分析课文结构,而是要找到稿件的线索,使内容紧凑、清晰、集中,让没有看过稿件的受众通过你的语言表达能够听明白故事的来龙去脉。

本文的线索是哥哥"听课"的过程,全文的层次可以划分为:

全篇稿件
- 第一部分　第1~2自然段
  交代哥哥辍学打工的背景
- 第二部分　第3~14自然段
  哥哥"蹭课"的整个过程
  - 层次一　第3自然段
    哥哥对大学的学习生活很感兴趣,要"听课"。
  - 层次二　第4~11自然段
    哥哥课堂上的优异表现
  - 层次三　第12~14自然段
    哥哥对学校的向往
- 第三部分　第15~16自然段
  哥哥对妹妹的期许

第二步,概括主题。

通过辍学打工的哥哥到妹妹所在大学听课的故事,鞭挞了一部分现代大学生不珍惜学习机会的不良学风。

第三步,联系背景。

一方面,党中央、国务院对实施科教兴国和可持续发展战略进行了全面部署,特别是全教会提出了深化教育改革,全面推进素质教育的目标和要求。近年来,高等教育对经济发展、社会进步和技术创新的重大作用,已经得到社会各界的高度认同。另一方面,多数大学生积极进取,学习自觉性不断增强,学习氛围愈见浓厚。但是仍有部分学生学风不正,致使"挂科"补考。

第四步,明确目的。

呼吁加强高校学风建设,呼吁大学生珍惜学习光阴。

第五步,分清主次。

重点层次是第二层。

第六步,确定基调。

细腻真诚,意味深长。

【备稿六步示例分析2】

政府领导升迁先考"环保" 没完成任务追究责任

今后,污染物总量控制、环境质量改善情况等主要环保指标将挂钩各级政府领导的任用、升迁。同时,本市将对未完成目标任务考核的地区实施区域限批,暂停审批该地区除民生、基建等外的新项目。此外,对没有完成环保任务的地区,将约谈政府主要负责人并追责领导。

市政府日前出台《关于贯彻落实国务院加强环境保护重点工作文件的意见》,着力解决影响群众身体健康和环境安全的突出问题。据介绍,本市将把污染物总量控制、环境质量改善等主要环保指标纳入各级政府绩效考核,考核结果作为领导班子和领导干部综合考核评价的重要内容,作为干部选拔任用、监督管理、绩效评定的重要依据。严格实行环境保护行政问责制和一票否决制。今后区县环保部门负责人的任免必须事先征求市环保部门意见。环保部门将做好重大环境问题的监督管理,统一发布重大环境信息,经济综合部门在政策制定和综合协调中要落实环境优先原则。

第一步,划分层次。

消息的结构特点是倒金字塔,最重要的是最前面的导语,也就是本文的第一段交代了主要的事实。接下来是主体、背景、结尾。一般需要划分层次的是主体部分。

全篇稿件
- 第一层　第1自然段
  "环保"成绩将对各级政府领导任用、升迁有直接的影响及制约。
- 第二层　第2自然段 又细分为两个层次
  - 第一至三句话
    市政府日前出台《关于贯彻落实国务院加强环境保护重点工作文件的意见》的目的,及其具体内容。
  - 第四至五句话
    环保部门监督管理职责的加大。

第二步,概括主题。

通过报道"环保"成绩将影响制约各级政府领导的任用、升迁这样一个事实,来加强政府领导对环保工作的重视。

第三步,联系背景。

我国《国民经济和社会发展第十二个五年规划纲要》(简称"十二五"规划)第六篇明确提出,要"建设资源节约型、环境友好型社会",其中第二十四章"加大环境保护力度"又指明了具体方向:强化污染物减排和治理、防范环境风险、加强环境监管。由此,加强环境监管已经成了各级政府迫切需要重视的工作。

此外,我国的环境保护工作做得仍然不够。面对日益恶化的生存环境,还需要各企事业单位、广大民众的共同参与,所以,环保工作关系到每一个人。

第四步,明确目的。

加强各级政府领导对环保工作的重视。

第五步,分清主次。

重点为第1自然段。

第六步,确定基调。

沉稳、坚定。

二、实 践 练 习

(一)诗词

元 日

王安石

爆竹声中一岁除,
春风送暖入屠苏。
千门万户曈曈日,
总把新桃换旧符。

【提示】这首诗赞美了新事物的诞生如同"春风送暖"那样充满生机。基调喜悦明快,其中也含有深刻哲理,指出新生事物总是要取代没落事物这一规律。

水调歌头

苏 轼

丙辰中秋,欢饮达旦,大醉,作此篇,兼怀子由。

明月几时有?把酒问青天。不知天上宫阙,今夕是何年。我欲乘风归去,又恐琼楼玉宇,高处不胜寒。起舞弄清影,何似在人间。

转朱阁,低绮户,照无眠。不应有恨,何事长向别时圆?人有悲欢离合,月有阴晴圆缺,此事古难全。但愿人长久,千里共婵娟。

【提示】这首词上阕写"欢饮达旦,大醉"的情状,下阕写佳节思亲的惆怅,全词充盈着奇特的想象和俊逸的浪漫气息。基调豪放舒展。

(二)文章

我敬爱的化石级教授

陈 林

高小方先生是南京大学中文系教古代汉语的一位老教授。他的名字"高小方"三个字,可谓是他上课时最得心应手的一件利器,因为无论是讲什么内容,他总是能拿出这三字法宝来。

有一年暑假,高先生义务给大二的同学们辅导论文。那年的天气毒热异常,高先生不停用手帕擦着额头上的汗,衬衫的后背已经被汗水浸得快要滴下水来。但他依然用一贯轻柔的声音说:"同学们,介于天气实在太过炎热,我们的课一定要上得短而精。我首先教给大家写作论文的三字秘诀,那就是——高、小、方。"我趴在桌子上,以为自己是热昏了,默默念道:"我怎么听到了高先生在叫自己的名字……""没错,"高先生接着我的话继续不紧不慢地说道:"写论文的关键有三点,第一是立意要'高',第二是切入点要'小',第三是'方'法要正确。"听到这里,同学们都嗤嗤地笑出了声,仿佛一阵凉风吹进了教室里。

"高、小、方"这三个字的妙用还远远不止于此,有次在上对联课的时候,高先生在黑板上写下了一副对联。上联:"仁者所乐,嫦娥所居,山月同现。"下联:"正人为邻,规矩为法,知行双修。"同学们都疑惑不已,不知道是什么意思。突然台下有人大声喊了一句:"高小方!是高小方!"大家吃惊地看着他,不知道他为什么会在课堂上直呼老师的名字,高先生却微笑着向他点了点头。原来这副对联里面暗含着玄机,嵌着高先生的名字:仁者乐山,第一句隐藏着一个"山"字。嫦娥住在月亮上,第二句隐藏着一个"月"字。而"山月同现"则暗指自苏东坡《后赤壁赋》"山高月小,水落石出"一句。以"山"、"月"引出"高"、"小"二字。而下联更是明白晓然,既以孟母择邻以及鲁班的典故表明自己的志向,也在其中点出了"为人方正"、"没有规矩不成方圆"之"方"。这副巧思不得不令所有的同学深深折服。

有时候,高先生还会在课堂上借用自己的名字给大家讲故事,这些看起来微冷的幽默却足以让人难以忍俊长达数月之久。你我都是大学生,一定明白"早起"有的时候要比"早死"更艰难。但高先生却告诉我们,这根本算不上什么。在他读书的年代,他每天都坚持早起,寝室里没有桌椅,就只好坐在小凳子上,趴在床沿上学习。他一脸严肃地对大家说:"我给我的凳子起了一个名字,叫做'小方凳'。"等同学们反应过来的时候,一个个都笑得七仰八歪。

(选自《青年文摘》2011年第12期)

"娜"不一样的改变

曹竞

如果不是左脚踝突然扭伤,李娜极有可能第二次捧起大满贯赛事的冠军奖杯。但李娜并没把脚伤作为自己失利的借口,她含着眼泪祝贺了她的对手。其实,一名女子网球运动员能够以31岁"高龄"再次跻身澳网决赛,本来就已经是件了不起的事情。

在2011年历史性夺得法网冠军后,李娜却很快陷入低潮期,不仅在各项大赛中无所作为,还不断因为不常规、不客套、过于个性鲜明的语录成为争议的焦点。尤其一些公众对其"多挣奖金"的言语,更是大加指责。

但就在不少人以为法网夺冠只是偶然,30岁后必然走下坡路时,年收入超过1亿元人民币的李娜并没有选择"混"下去,然后退役开个网球学校过着富足的生活,而是毅然决然地请来高水平外教,改发球技术、改反手技术,自觉接受"魔鬼训练"。终于在2013年网坛开年大戏澳网中迎来不一样的改变——连克高手跻身决赛,决赛中两度受伤两度重返赛场,那种顽强、成熟,让人不能不心生钦佩。

就像那些喜欢登山的人,当他们艰难登上一座山峰时,享受眼前壮阔风景的时光总是短暂的,因为他们很快会把眼光转到下一座山峰。对于每一个有梦想的人来说也是一样。李娜的梦想显然不止于一座大满贯冠军奖杯,她用改变迎来了自己职业生涯的又一次改变。尽管澳网未能如愿,但只要能保持住这种状态和如此强烈的求胜欲望,谁敢说31岁的李娜不能再创辉煌!

更何况,改变还不止于此。虽说李娜是个"争议女王",个性鲜明,我行我素,动不动就让采访她的媒体记者下不来台,而且因为在奥运会上的表现远不如在大满贯赛事中强劲,时常会被扣上不积极"为国争光"的帽子,中国羽毛球队总教练李永波就曾表示,李娜不能算是优秀运动员,因为她没拿过奥运会冠军。

这种看法一度有些市场,但让人欣慰的是,正是近两年在对个性李娜言行的不断争议中,越来越多的国人意识到奥运会并不是竞技体育的全部,职业体育领域同样大有可为。而当一个职业运动员用良好的职业素质在职业赛场创造佳绩时,他(她)在实现个人价值最大化,在勇攀个人事业的巅峰时,他(她)又何尝不是在为国争光呢?!澳网决赛现场四处飘扬的五星红旗,足以说明问题。在欧美人常年垄断的职业网坛,李娜让对手和观众记住了她这个中国人的名字,她还用自己幽默的言语、自信的谈吐,赢得了不少国外媒体的喜爱。

李娜在改变,李娜的团队在改变,公众对李娜的认知在改变。因为李娜,社会对职业体育和为国争光的看法,同样发生了改变。也因为这样一场波折不断的决赛,李娜又为拼搏精神写下了新的注脚。

(选自《中国青年报》2013年1月27日)

父爱不用分辨

纳兰泽芸

4岁的豆豆在车厢里开心地蹦蹦跳跳,就像一颗可爱的"精灵豆"。

他满眼温情地看着聪明活泼的儿子,然后与坐在身边的妻子相视一笑。他觉得心里的幸福像电视特写镜头里的花儿开放一样,听得见"噼噼啪啪"的花开声。

他叫金建飞,是浙江瑞安的一名公务员。儿子金凡博,小名"金豆豆",这可是名副其实的金豆子,是爷爷奶奶的宝贝蛋,是外公外婆的开心果。这不,一家三口趁着周末从瑞安家里刚到宁波玩了一天多,爷爷奶奶就受不了啦,电话一个接一个地催:"一天没见我大乖孙,想死了,今天晚上就回家,爷爷奶奶做好饭菜等乖孙回家吃饭!"

听得他"吃醋"了:"是不是只做了大乖孙的那一份,儿子儿媳都没得吃?"说得老人在电话里"咯咯咯"地笑开了。

妻子陈跃就坐在他身边,微笑着看儿子在车厢走道里玩。妻子笑起来的时候,眼角有了细细的鱼尾纹。她从事的是刑事侦技工作,高标准、严要求的岗位让她比同龄女子更多了一份冷静和淡定。记得他第一次看到她的鱼尾纹时,他说:"哎呀,你有鱼尾纹了!"

换做一般女子,可能会惊慌失措地惊叫起来。而她却说:"叶芝诗里说,当你老了,头白了,睡意昏沉,只有一个人爱你衰老的脸上痛苦的皱纹。只有这样的男人才是真正有品位的男人,你不会是没有品位的男人吧? 呵呵。"

他笑,看她的眼神里,更多了一份敬重。

从宁波上车后,这列D3115次动车就一直基本以234千米的时速运行。儿子问他:"爸爸,我们什么时候到家?"他说:"晚上8点10分就到家了。"儿子望着窗外飞速而过的景色说:"我们向家飞喽!"

19点47分,动车准时到了永嘉站,透过玻璃,可以看到强烈的闪电像蜿蜒的长蛇一样划过夜空,漆黑的夜色一瞬间亮如白昼。正常情况下,动车在永嘉站只停靠1分钟。然而20多分钟过去了,列车都没有动。20点15分,车上传来了广播通知:"前方雷电很强,列车不能正常运行,正在接受上级的调度,希望乘客谅解。"

20点28分,列车终于缓缓开动了,他与妻子都长舒了一口气,豆豆的爷爷奶奶几次来电话催了。还有大概20分钟就到瑞安站了,他开始从行李架上取下行李整理起来,儿子也伸过小手来帮爸爸整理……

"啊……"在他还没有反应过来的一瞬间,整个车厢发出了惊恐而凄厉的尖叫声!他下意识地一把抓住身边的儿子,将儿子紧紧搂在怀里。

四周突然一片漆黑,他已来不及喊妻子。

他和儿子在翻滚,巨大的力量将他像揉面团一样狠狠地砸过来,又狠狠地甩过去。

他感觉到自己的头骨被摔裂了,浑身的骨头都断了,他的面孔不断受到重创,血汩汩地往外淌……其实这时候,他可以本能地抱住自己的头减轻伤害,但他顾不了这些了。他只是蜷紧背脊抱紧孩子,心里只有一个念头:让孩子活下来!

慢慢地,他觉得自己的眼皮很沉,似乎听到了父母的呼唤:"儿子,回家吧。"他觉得自己走到了家门口,看到了窗户透出来温暖的灯光……

他们被找到的时候,豆豆的身体完好无损,人们一眼便能认出这是豆豆。豆豆看上去很安静,像睡着了一样。

而紧紧搂着豆豆的那个男人,已经面目全非,根本无法辨认他的身份。

为了确认身份,有人建议DNA采样验证。

"不用了,"豆豆的外公颤抖着一头白发,用嘶哑的声音说,"除了豆豆的亲生父亲,还有谁能用生命守护豆豆?这是父亲的本能。"

(选自《读者》2011年第24期)

(三)新闻

昆明长水机场再遇大雾 出港航班受影响

2013年1月18日,昆明长水机场再次出现大雾天气,能见度下降至200米,致使进港航班无法降落,31班出港航班延误。昆明长水机场及时启动三级航班延误应急处置预案,协调航空公司调整航班计划、安排运力并要求航空公司及时将航班调整计划通知旅客;并将航空公司航班信息在航站楼航班显示屏进行了发布,及时利用航站楼广播系统向旅客通报信息,同时做好安全服务保障工作。至中午12时,大雾消散,航班起降逐步恢复正常。

(选自新华网2013年1月19日)

新发地8种蔬菜免进场费

从26日晚7点起,新发地农副产品批发市场内,8种蔬菜将免收进场费。

昨日,北京市发改委表示,针对近期国内蔬菜价格持续上涨,为控制源头蔬菜价格,保障冬季蔬菜市场供应,北京采取这项措施。同时,新发地批发市场也同期对出场运输车辆免收出场费,其经营的121个直营菜店销售的8种蔬菜价格也将同步下降。

据介绍,本月26日19时起至3月31日19时止,北京免收新发地农副产品批发市场涉及本市居民冬季主要消费的大白菜、土豆、洋葱、白萝卜、胡萝卜、黄瓜、西红柿、豆角等8个品种蔬菜入场交易费，市政府将运用价格调节基金，对新发地批发市场免收入场交易费实行专项补贴。政策实施期间，全国各地运送上述8个品种到北京新发地批发市场经营的商户只需登记货主信息、车辆信息、货物品种、商品重量，无需缴纳入场费。

（选自《新京报》2013年1月26日）

2013年春运开始

2013年春运26日将正式拉开，今年春运40天，铁路客运量预计2.2亿人次，道路客运量预计31亿人次。

记者今天从铁道部获悉，今年春运，全国铁路日均安排开行621对绿皮车，占客车总数的24.2%，最大限度增加用于服务农民工的运输能力，以满足农民工旅客的出行需要。

据了解，今天起北京、上海、广州等地都提前加开了去往四川、重庆等方向的临客，北京还加开了去往安庆、内蒙古及东北方向的客车；上海加开了去往云南、贵州的列车；广铁集团计划春节前还要加开去往达州、武汉、南昌、合肥、阜阳及湖南等方向的临客，共开行152列。

铁道部运输局有关负责人表示，每年春运期间，铁路部门都把农民工旅客的运输作为重点，尤其今年春运车票预售期延长后，为方便农民工买票，主要采取了两方面的措施：一是进一步扩大农民工团体票办理数量，原则上10人以上（有的铁路局设定为6人以上）即可申请办理农民工团体票，团体票先于预售期办理。二是送票上门，13个农民工较为集中的铁路局组织110台流动售票车开进工地，为农民工购票提供上门服务。

（选自《中国青年报》2013年1月26日）

两百余名工友昨领新棉衣

昨天下午，地铁14号线施工工地上两百多名来自全国各地的建设者从北京市团市委领导手中接到了崭新的棉服，此次"送温暖"由团市委书记常宇带队，为奋战在地铁建设一线的工作人员送去春节前的温暖。

昨天下午，在地铁14号线西大望路与松榆北路交叉口的施工工地上，270多名来自四川、湖南、河南、山东等省的工作人员暂时放下了手中的工作，从团市委领导的手中一一接过崭新的棉服。在棉服的发放中，团市委书记常宇对奋战在地铁建设一线的工作人员表达了感激之情，同时，本次发放的崭新棉服全部来自于北京市民前段时间的自发捐助，此次发放也为工作人员带去了北京两千万市民的爱心和温暖祝福。

记者在现场了解到，为了抢工期，尽快完成地铁的建设工作，春节期间，工地上的两百多名工作者只有三天假期，几乎全部无法回家欢度春节。来自河北省邯郸的朱万善抱着新领到的棉衣对记者说，虽然不能回家，但除夕时能和同伴们一起包包饺子，看看电视,过得也挺热闹。38岁的何枝柳来自四川,妻子儿女都在老家,对他而言,最盼望7月份工程结束,能够短暂地休息一段时间,回家陪伴父母妻儿。据介绍,春节放假期间,工地将在农民工夜校中组织集体聚餐、抽奖、唱歌等一系列庆祝活动招待这些来自全国各地的建设者。

  北京共青团两节"送温暖"活动是以外来务工青年、家庭经济困难青少年、外来务工人员子女为主要对象。据介绍,此次发放棉服是今年北京共青团两节"送温暖"系列活动之一,近期,北京团市委还将陆续开展送冬衣、走访慰问青少年群体等一系列活动。

(选自北青网2013年1月25日)

第六讲　调动思想感情的方法之情景再现

一、理论基础

文字作者用"妙笔"生花，我们是用声音"升华"文字。文字变成声音不是简单地念出声音，而是经过一系列的准备、感受、酝酿，让自己的思想感情处于运动状态，再利用声音的多种表达方法，形成色彩丰富、变化自如的表达。如果内心的情感没有随着文字稿件充分感受，声音会显得"干巴巴"，或者呈现"读书腔"。

从这一讲开始，我们会连续三讲谈谈如何让自己的思想感情"动起来"，先来讲"情景再现"。快，一起进入到有声语言创作的美妙世界吧！

情景再现的定义是，播音员主持人以语言内容为依据展开再造想象，使稿件中的人物、事件、情节、场面、景物、情绪……在自己的脑海里不断浮现，形成连续的活动的画面，并不断引发相应的态度、感情，这个过程就是情景再现。这种方法就像是在脑子里"过电影"，让平面的文字变得立体了、活动了，让我们的感受很生动很具体！

情景再现分为几个步骤：

第一步：理清头绪。即脑海里连续活动的画面的展开。开头是？出场的人物是谁？有什么特点？接下来的变化？如何发展？结果怎么样？要把握结构，明确先后顺序，把握画面的主次详略及特点。

第二步：设身处地。就是通过想象，将自己置身于稿件所描述的情景中，缩短我们与稿件所述情景的时空距离和人物的心理距离等，使我们迅速地投入到稿件所规定的情景中，获得现场感，感到"我就在"。

第三步：触景生情。这是情景再现的核心，播读中特别强调内心积极的反应，掌握两点要求：一是反应积极，一触即发；二是以情为主，情景交融。做到一个具体的"景"的刺激，马上能引起具体的"情"，又要完全符合稿件的要求。

第四步：现身说法。内心情感积累到一定程度时，就想把我"亲眼所见，亲耳所闻，亲身所历，亲身所感"的情景再现给受众，经过自己的消化吸收，加工制作，使听众产生某种情景的再现,从中受到感染。

以上四步并非界限分明,而是联系紧密,常常你中有我,我中有你。总之,是要让自己的思想感情运动起来。

情景再现是调动情感的方法,准备阶段可以对文字内容很细致地展开想象,甚至浮想联翩。真正在播读时,景物已不清晰了,情感却更加饱满。在这个阶段,我们不必再细致地展开想象,只需让情景稍加显露,重要的是快速唤起我们准备稿件时的具体感受和触动心灵的那一点。

【示例及分析】

母 爱

故事发生在西部一个极度缺水的沙漠地区。这里,每人每天的用水量只有三斤,饮用、洗漱、洗菜、洗衣,包括喂牲口,全都依赖这三斤珍贵的水。这些水还得靠驻军从很远的地方运来。

人缺水不行,牲畜也一样。终于有一天,一头向来温顺的老牛挣脱了缰绳,闯到运水车必经的公路旁。运水的军车来了,老牛迅速冲上公路,司机紧急刹车,停了下来。老牛立在车前,任凭司机怎么呵斥驱赶,它就是不肯挪动半步。五分钟过去了,十分钟过去了,双方仍然僵持着。运水的战士以前也碰到过牲口拦路索水的情形,但它们都不像这头牛这般倔强。人和牛就这样对峙着,性急的司机反复按响喇叭,可老牛仍然一动不动。

后来,牛的主人来了。恼怒的主人扬起长鞭,狠狠地抽打瘦骨嶙峋的老牛。牛被打得哀哀叫唤,但还是不肯让开。它凄厉的叫声,和着沙漠中阴冷的风,显得分外悲壮。一旁的运水战士哭了,司机也哭了。最后,运水的战士说:"就让我违反一次规定吧,我愿意接受一次处分。"他从水车上取出半盆水,放在牛面前。

出人意料的是,老牛没有喝水,而是对着夕阳,仰天长哞,似乎在呼唤什么。不远的沙堆背后跑来一头小牛。老牛慈爱地看着小牛贪婪地喝完水,伸出舌头舔舔小牛的眼睛,小牛也舔舔老牛的眼睛。静默中,人们看到了母子眼中的泪水。没等主人吆喝,它们掉转头,在一片寂静中慢慢地往回走去。

第一步:理清头绪。

《母爱》写的是在极度缺水的沙漠地区,一头瘦骨嶙峋的老牛,强行拦住运水的军车,但它并没有喝那以死抗争得来的水。文章有三个层次:分别从当地缺水极其严重;老牛挡住了送水车的路,主人寻来,发现那头一直被人们认为憨厚、忠实的老牛在拦车索水,恼羞成怒,用长鞭狠狠地抽打;老牛把以死抗争得来的水给小牛喝这三个方面讲述了一份浓浓的母爱。三个层次有情有景,尤其最后一个层次是文章的核心。理清头绪后,对文章的发生、发展、结尾就很清楚了。

第二步：设身处地。

设想自己生活在缺水干旱的西部，"这里，每人每天的用水量严格限定为3斤。日常的饮用、洗漱、洗菜、洗衣，包括喂牲口，全都依赖这3斤珍贵的水。"这么一点点水却有这么多用途，让人有点不可思议。3斤水，也就是3瓶瓶装矿泉水那么多，倒在脸盆里不过才半盆，联系自己日常的用水情况，可知缺水的严重程度了。

就在这样的环境里，你试着把文章演绎成为电影，一步步分解事件发生的过程，谁先出场？做了什么？谁又出场了？两者什么关系？出人意料的结尾中又出现了谁？你仿佛置身于故事发生的现场，真切体验到了整个故事的气氛转换变化的节奏。

文章虽然短小，内涵却丰富，情节一波三折："老牛迅速冲上公路，司机紧急刹车"→"牛的主人来了。恼怒的主人扬起长鞭，狠狠地抽打瘦骨嶙峋的老牛。牛被打得哀哀叫唤，但还是不肯让开。"→"老牛慈爱地看着小牛贪婪地喝完水，伸出舌头舔舔小牛的眼睛，小牛也舔舔老牛的眼睛。"文章没有华丽的词语，基本上近似白描的写作方法，更容易让人用日常生活中的体验把握老牛、小牛的心理活动。

第三步：触景生情。

不同的文章让我们有不同的情感体验，有的文章让我们高兴，高兴到手舞足蹈；有的文章让我们感动，感动到热泪盈眶；有的文章让我们忧虑，忧虑到茶饭不思……这篇文章让我们有什么样的情感体验呢？读了之后，你高兴了吗？悲伤了吗？痛苦了吗？忧虑了吗？愤恨了吗？同情了吗？生气了吗？感动了吗？惊讶了吗？抑或其他？还是这些感情都有？决定播读水平高低的恰恰是体现在我们用什么样的感情色彩与态度将画面再现。在这篇文章中我们的感受是：

(1)西部缺水地区，干裂的土地，没有绿色，我们同情生活在那里的人们，缺水使得他们的生活举步维艰。3斤水是人类对水的最低要求，是生命之水，也只能维持生命。

(2)老牛拦路索水，以死抗争的细节描写，体会老牛坚定的决心，衬托了它的爱子心切。牛的主人狠狠地抽打与运水战士的哭让人物定位清楚，主人的自律与战士的人文关怀色彩凸现。

(3)老牛慈爱地望着小牛将所有的水喝尽，从中可进一步感受到母爱的无私与伟大。

第四步：现身说法。

前三步的准备，让我们从情感的角度出发，歌颂老牛这种无私的爱；从情感升华的角度去说，感谢所有母亲对孩子无怨无悔的付出。小爱上升到大爱，情感呼之欲出，随着脑海中情节的不断反复，我们把"过电影"变成有声语言的表达，听众跟着你的播讲一起进入到情境当中。

二、实践练习

(一)片段练习

(1)那时是人类的黄金时代,世界上一年四季都是春天,茂林蔽日,盛开的花朵布满大地,薰风永拂,绿水长流,到处都可听到珍禽奇鸟的啼唱。大自然的美景,目不暇接。累累的苹果、香蕉、菠萝、蜜橘、无花果和其他各种各类的果实,满挂树上;还有紫得透亮的葡萄,香脆欲碎的甜瓜,密悬藤端。人们可以随时摘下来解渴充饥。而且取之不尽,用之不竭。

人们不需要汗流满面地去工作,因为大地上的万物,已足够他们过舒适的生活。人们没有"老"、"病"的烦恼和痛苦,脸上永没有皱纹,两腿永不会蹒跚,终身健美,青春的活力一直充沛。

天气总是暖暖和和的,没有严寒,也没有酷热;没有狂风,也没有暴雨。

(节选自柏杨:《天涯故事》)

【提示】从理想中的春天引发对美好生活的向往。想一想,春天里的色彩、声音。

(2)暴风咆哮着,几次的,他都要被吹下深谷,大雨倾盆,险恶的岩石又光又滑,使他寸步难行,冰雹夹着细砂,无情地向他猛扑,他的头上脸上,已开始流血了,但他一点也不气馁,他匍匐前进,把普罗美秀斯拉上来。

(节选自柏杨:《天涯故事》)

【提示】恶劣的气候与人物"他"的坚强,让我们产生钦佩之情。如果在现场,你体会和感受到了什么?

(3)大雨由倾盆而瀑布,最初,还间或有几个晴天,几个月后,便接连着一直下起来了。太阳隐藏在天空一角,大地上昏暗如夜,一片凄凉,海被填满了,雨势不但没有稍减的趋势,反而落得更加凶猛,海水倒灌回平原,淹没了田野和丘陵。

(节选自柏杨:《天涯故事》)

【提示】体会大雨的具体视觉感受,想象看到了雨的形状、雨的大小以及被"淹没了田野和丘陵"。

(4)兴奋的旅游者们纷纷从客舱出来,挤满边舷,向我们挥手呼喊,我们也向他们挥手致意。我站在舵房外面用望远镜细看那些无忧无虑、神情愉快的男男女女。一个穿猩红色连衣裙的女孩出现在我的视野。她最热情洋溢,又笑又跳又招手,久久吸引住我的视线,直到客轮远远抛在后面。

(节选自王朔:《空中小姐》)

【提示】体会兴奋的游客们与一个女孩裙子的抢眼色彩形成的对比,想象你看到了他们的一举一动。

(5)一根蜘蛛网丝在空中拉好了:一头拴在图钉上,另一头拴在对面墙的一颗小钉子上。小蜘蛛在细细的蛛丝上工作着,她要把这根丝加粗一些。这根丝是网的"地基"。

(节选自郑渊洁:《童话全集》)

【提示】体会空间觉,想象小蜘蛛在空中织网的动作和路线。

(6)皮皮鲁走进妹妹的房间,什么吓人的事也没有呀!鲁西西把皮皮鲁叫到壁柜跟前,对他说:"你拉开门看看"。皮皮鲁大模大样地拉开壁柜的门,不禁"啊"地叫了一声,紧接着倒吸了一口凉气。

壁柜里的墙壁上出现了一个黑乎乎的大洞,洞口是长方形的,洞里一阵阵地往外喷射着寒气。

(节选自郑渊洁:《童话全集》)

【提示】体会寒气带来的恐惧感,想象当你打开冰箱的瞬间,冷气迎面而来。

(7)只有在半山腰县立高中的大院坝里,此刻却自有一番热闹景象。午饭铃声刚刚响过,从一排排高低错落的石窑洞里,就跑出来了一群一伙的男男女女。他们把碗筷敲得震天价响,踏泥带水、叫叫嚷嚷地跑过院坝,向南面总务处那一排窑洞的墙根下蜂拥而去。偌大一个院子,霎时就被这纷乱的人群踩踏成了一片烂泥滩。与此同时,那些家在本城的走读生们,也正三三两两涌出东面学校的大门。他们撑着雨伞,一路说说笑笑,通过一段早年间用横石片插起的长长的下坡路,不多时便纷纷消失在城市的大街小巷中。

(节选自路遥:《平凡的世界》)

【提示】体会喧闹的听觉感受,想一想,你听到了、看到了什么?

(8)天黑严以后,他还没有回家。他一个人呆呆地坐在禾场边上,望着满天的星星,听着小河水朗朗的流水声,陷入了一种说不清楚的思绪之中。这思绪是散乱而飘浮的,又是幽深而莫测的。他突然感觉到,在他们这群山包围的双水村外面,有一个辽阔的大世界。而更重要的是,他现在朦胧地意识到,不管什么样的人,或者说不管人在什么样的境况下,都可以活得多么好啊!在那一瞬间,生活的诗情充满了他16岁的胸膛。

(节选自路遥:《平凡的世界》)

【提示】体会黑夜环境和人物充满希望的内心世界。

(9)雪纷纷扬扬,下得很大。开始还伴着一阵儿小雨,不久就只见大片大片的雪花,从彤云密布的天空中飘落下来。地面上一会儿就白了。冬天的山村,到了夜里就万籁俱寂,只听得雪花簌簌地不断往下落,树木的枯枝被雪压断了,偶尔咯吱一声响。

(节选自峻青:《第一场雪》)

【提示】用视觉、听觉体会雪。

(10)那是力争上游的一种树,笔直的干,笔直的枝。它的干呢,通常是丈把高,像是加以人工似的,一丈以内,绝无旁枝;它所有的丫枝呢,一律向上,而且紧紧靠拢,也像是加以人工似的,成为一束,绝无横斜逸出;它的宽大的叶子也是片片向上,几乎没有斜生的,更不用说倒垂了;它的皮,光滑而有银色的晕圈,微微泛出淡青色。这是虽在北方的风雪的压迫下却保持着倔强挺立的一种树!哪怕只有碗来粗细罢,它却努力向上发展,高到丈许,两丈,参天耸立,不折不挠,对抗着西北风。

(节选自茅盾:《白杨礼赞》)

【提示】用空间感觉和视觉体会白杨树的笔直、刚正不阿,唤起赞美之情。

(11)阿诺德很快就从集市上回来了,向老板汇报说到现在为止只有一个农民在卖土豆,一共40口袋,价格是多少多少;土豆质量很不错,他带回来一个让老板看看。这个农民一个钟头以后还会弄来几箱西红柿,据他看,价格非常公道。昨天他们铺子的西红柿卖得很快,库存已经不多了。他想这么便宜的西红柿,老板肯定会要进一些的,所以他不仅带回了一个西红柿做样品,而且把那个农民也带来了,他现在正在外面等回话呢。

(张健鹏、胡足青主编:《故事时代》中的《差别》)

【提示】体会连续的说话场景,还要注意其中的因果逻辑关系,把话说清楚、说明白。

(12)韩麦尔先生站起来,脸色惨白,我觉得他从来没有这样高大。"我的朋友们啊,"他说,"我——我——"但是他哽住了,他说不下去了。他转身朝着黑板,拿起一支粉笔,使出全身的力量,写了两个大字:"法兰西万岁!"然后他呆在那儿,头靠着墙壁,话也不说,只向我们做了一个手势:"放学了,——你们走吧。"

(节选自都德:《最后一课》)

【提示】体会作为一个普通的老师和一个爱国知识分子的韩麦尔先生,他正承受着遭受异国统治的痛苦,以及内心深处对祖国的国土和语言的热爱和留恋。

(13)天空的霞光渐渐地淡下去了,深红的颜色变成了绯红,绯红又变成浅红。最后,当这一切红光都消失了的时候,那突然显得高而远了的天空,则呈现出一片肃穆的神色。最早出现的启明星,在这蓝色的天幕上闪烁起来了。它是那么大,那么亮,整个广漠的天幕上只有它在那里放射着令人注目的光辉,活像一盏悬挂在高空的明灯。

(节选自峻青:《海滨仲夏夜》)

【提示】体会天黑瞬间活动的画面,注意天空前后的对比变化。

(14)时间过得飞快,使我的小心眼里不只是着急,还有悲伤。有一天我放学回家,看到太阳快落山了,就下决心说:"我要比太阳更快地回家。"我狂奔回去,站在庭院里喘气的时候,看到太阳还露着半边脸,我高兴地跳起来。那一天我跑赢了太阳。以后我常做这样的游戏,有时和太阳赛跑,有时和西北风比赛,有时一个暑假的作业,我十天就做完了。那时我三年级,常把哥哥五年级的作业拿来做。每一次比赛胜过时间,我就快乐得不知道怎么形容。

(节选自林清玄:《和时间赛跑》)

【提示】作者从外祖母去世的感伤中意识到了时间的珍贵,并时常和时间赛跑。体会作者每次跑赢时间的由衷的快乐和那份成就感。

(二)文章

樵夫与赫耳墨斯

有个樵夫在河边砍柴,不小心把斧子掉到河里,被河水冲走了。他坐在河岸上失声痛哭。赫耳墨斯知道了此事,很可怜他,走来问明原因后,便下到河里,捞起一把金斧子来,问是否是他的,他说不是;接着赫耳墨斯又捞起一把银斧子来问是不是他掉下去的,他仍说不是;赫耳墨斯第三次下去,捞起樵夫自己的斧子来时,樵夫说这才是自己所失掉的那一把。赫耳墨斯很赞赏樵夫为人诚实,便把金斧、银斧都作为礼物送给他。樵夫带着三把斧子回到家里,把事情经过详细地告诉了朋友们。其中有一个人十分眼红,决定也去碰碰运气,跑到河边,故意把自己的斧子丢到急流中,然后坐在那儿痛哭起来。赫耳墨斯来到在他面前,问明了他痛哭的原因,便下河捞起一把金斧子来,问是不是他所丢失的。那人高兴地说:"呀,正是,正是!"然而他那贪婪和不诚实的样子却遭到了赫耳墨斯的痛恨,不但没赏给他那把金斧子,就连他自己的那把斧子也没给他。

这故事说明,诚实的人会得到人们帮助,狡诈的人必遭到人们唾弃。

(节选自《伊索寓言》)

普通话测试作品 50 号

著名教育家班杰明曾经接到一个青年人的求教电话,于是与那个向往成功、渴望指点的青年人约好了见面的时间和地点。

等到那位青年人如约而至时,班杰明的房门敞开着,眼前的景象令青年人颇感意外——班杰明的房间里乱七八糟、狼藉一片。

没等青年人开口,班杰明就招呼道:"你看我这房间,太不整洁了,请你在门外等候一分钟,我收拾一下,你再进来吧。"一边说着,班杰明就轻轻关上了房门。不到一分钟的时间,班杰明又打开了房门并热情地把青年人让进客厅。这时,青年人的眼前展现出另一番景象——房间里的一切已变得井然有序,而且有两杯刚刚倒好的红酒,在淡淡的香水气息里还漾着微波。

可是,没等青年人把满腹的有关人生和事业的疑难问题向班杰明讲出来,班杰明就非常客气地说道:"干杯。你可以走了。"

青年人手持酒杯一下子愣住了,既尴尬又非常遗憾地说:"可是,我……我还没向您请教呢……"

"这些……难道还不够吗?"班杰明一边微笑着一边扫视着自己的房间,轻言细语地说,"你进来又有一分钟了"。"一分钟……一分钟……"青年人若有所思地说:"我懂了,您让我明白了一分钟的时间可以做许多事情,可以改变许多事情的深刻道理。"

班杰明舒心地笑了。青年人把杯里的红酒一饮而尽,向班杰明连连道谢之后,开心地走了。

其实,把握好了生命中的每一分钟,也就是把握了理想的人生。

(节选自纪广洋:《一分钟》)

温暖衣冬掀起捐赠高潮

"温暖衣冬"捐赠活动9日下午在朝阳规划艺术馆举行。众多社会知名爱心人士、青联委员、知名企业及广大首都市民,纷纷冒着严寒赶到现场参与捐赠。短短2个小时里,就收到冬衣6379件。

9日下午,朝阳规划艺术馆内人头攒动。社会知名人士、爱心企业、市民接踵而至,他们有的带着清洗干净的棉衣,有的带着专门为捐赠新买的冬衣赶到现场。"本来我挑了一些自己不用的衣服打算清洗干净送过来,后来一想,我的衣服不一定适合孩子们,所以赶紧去买了30件新衣服。"北京舞蹈学院青年舞团国家二级演员刘岩坐着轮椅赶到了捐赠现场。在活动现场,每位捐赠衣服的爱心人士都得到了一张爱心卡,上面有所捐冬衣的唯一编号。这个编号将跟随衣物的集中、消毒、打包、领取和转赠等全过程,捐赠者可根据爱心卡上的编码查询所捐赠衣服的去向,捐赠活动的透明度由此得到很大提升。

今冬,全国各地出现百年一遇的严寒。为帮助各地困难群众过冬,北京团市委、北京青年报等8家单位联合发起"温暖衣冬"大型公益行动,动员首都市民捐献冬衣,所捐衣服经过集中消毒、包装后,再招募大学生志愿者在寒假期间带回家乡,送给最需要的人。目前,发起方在全市开设了38个社区青年汇捐赠点,于1月3日至1月13日每天12时至20时,接受捐赠。截止到昨晚,发起方共接到羽绒服、棉衣等4万件(因考虑消毒、转赠等环节,本次捐赠暂不接受毛衣、帽子等衣物),参与捐赠者近两万人。

据悉,1月8日20时,第一批1600件经过消毒的冬衣,已送达北京工业大学、北京外国语大学等14所高校。带着首都市民爱心的一批批冬衣将不断通过各高校团委,发给自愿报名参加的大学生志愿者。这些冬衣将随着大学生志愿者寒假返乡,送到全国各地的困难群众手中。

(选自北青网2013年1月11日)

在美国感受校车文化

侯彦秋

2012年,我在美国旅行了一个月。对于一个第一次踏上新大陆的人来说,每一个景点都是新奇的。但一个月下来,给我留下最深刻印象的并不是那些壮丽的自然景观,也不是那些异域的人文风情,而是一种普普通通的交通工具——校车。

第一天,当我看到公路上有许多像坦克一样结实的黄颜色大轿车的时候,拿出相机不断地拍照。后来发现,这样激动地拍照其实没有必要,因为在之后的一个月中,不论我走到哪里,校车几乎每天都出现在我的视野中。

美国汽车不仅数量多,而且由于驾驶员基本守规,所以限速相对比较高。一旦出现事故,便多是严重的事故。因此,美国的交通事故中剐蹭的比率比国内要低很多,伤亡比率会高出不少。每年因交通事故死亡的人数都在3万～4万之间。

这也就要求校车要具备非常坚固的外壳,来保障孩子们的安全。国内的学生戴"小黄帽",美国学生则不需要,因为他们乘坐的校车底色是黄的。只要校车停车下人,车左前方的八角形STOP(停)的指示牌便自动展开,像大象的耳朵一样。这时候,校车周边的所有车辆必须无条件停下。在校车面前,人人平等。

当学生下车时,校车右前方还会自动伸出一根1米多长的栏杆,不让学生直接从校车前方横穿马路。为残疾学生特制的校车的尾部装载了一个升降梯,方便残疾学生乘轮椅从后部上下车。

为了保证学生能够在离家最近的路口下车,校车一般在每一个可以停靠的路口或车站都要停一下。所以,在下午三四点放学的时候,经常能够看到路上大批车辆排着队跟在校车屁股后头一个路口一个路口地停。

如果在这个时候超越校车,那等着你的可就不是一般的处罚了,上法庭、蹲监狱、吊销驾照都是可能的后果。别说超车了,这时候谁要是胆敢按一下喇叭,估计都会招致众怒的。

据说,有些中国去的留学生在当地考驾照的时候,遇到最多的问题便是不避让校车。这不是一种文化差异,而是对待孩子、对待交通安全在理念上的巨大差距。

另外,应聘校车司机可不是一件容易的事。除了要通过绝对严格的驾照考试之外,还要参加相关的课程培训,学习更多的急救常识。美国有些州的《驾驶员手册》在介绍有关校车避让规则后,有一段用红色大号字体标出的警示语:"孩子的生命安全超过一切最有价值的财富!"

美国的校车是客车的设施、卡车的骨架,安全系数是私家车和公交车的40多倍。美国政府曾经做过一个实验,用一辆悍马和校车相撞,结果悍马被撞得变了形,校车只蹭掉了一块漆。2007年,明尼苏达州的一座桥梁突然坍塌,当时正值交通高峰,60多辆车掉到河水中,造成很多人重伤、死亡。其中也有一辆正在运送学生的校车,但值得庆幸的是只有几个孩子受了点轻伤,其他人几乎毫发无损。

美国有多部法律保障校车的特权和安全。联邦政府和各州为校车制定的法律法规,加起来有500多项。同时,各州每年都开会专门讨论校车问题,每5年开一次全国性会议就校车问题进行讨论。

根据美国交通局的统计资料,在美国每天乘坐校车去学校的学生,占所有中小学生总数的54%。目前共有44万辆这种校车穿梭于居民区和学校之间,每天要接送2500万名中小学生,一年中,这些校车接送的中小学生高达100亿人次。

(选自《中国青年报》2013年1月25日)

捅马蜂窝

冯骥才

爷爷的后院虽小,它除去堆放杂物,很少人去,里边的花木从不修剪,快长疯了!枝叶纠缠,阴影深浓,却是鸟儿、蝶儿、虫儿们生存和嬉戏的一片乐土,也是我儿时的乐园。我喜欢从那爬满青苔的湿漉漉的大树干上,取下一只又轻又薄的蝉衣,从土里挖出筷子那般粗的肥大的蚯蚓,把团团飞舞的小蜢虫赶到蜘蛛网上去。那沉甸甸压弯枝条的海棠果,个个都比市场买来的大。这里,最壮观的要数爷爷窗檐下的马蜂窝了,好像倒垂的一只大莲蓬,无数金黄色的马蜂爬进爬出,飞来飞去,不知忙些什么,大概总有百十只之多,以致爷爷不敢开窗子,怕它们中间哪个冒失鬼一头闯进屋来。

"真该死,屋子连透透气儿也不能,哪天请人来把这马蜂窝捅下来!"奶奶总为这个马蜂窝生气。

"不行,要蜇死人的!"爷爷说。

"怎么不行?头上蒙块布,拿竹竿一捅就下来。"奶奶反驳道。

"捅不得,捅不得。"爷爷连连摇手。

我站在一旁,心里却涌出一种捅马蜂窝的强烈欲望。那多有趣!当我给这个淘气的欲望鼓动得难以抑制时,就找来妹妹,乘着爷爷午睡的当儿,悄悄溜到从走廊通往后院的小门口。我脱下褂子蒙住头顶,用扣上衣扣儿的前襟遮盖下半张脸,只需一双眼。又把两根竹竿接绑起来,作为捣毁马蜂窝的武器。我和妹妹约定好,她躲在门里,把住关口,待我捅下马蜂窝,赶紧开门放我进来,然后把门关住。

妹妹躲在门缝后边,眼瞧我这非凡而冒险的行动。我开始有些迟疑,最后还是好奇战胜了胆怯。当我的竿头触到蜂窝的一刹那,好像听到爷爷在屋内呼叫,但我已经顾不得别的,一些受惊的马蜂轰地飞起来,我赶紧用竿头顶住蜂窝使劲地摇撼两下,只听"通",一个沉甸甸的东西掉下来,跟着一团黄色的飞虫腾空而起,我扔掉竿子往小门那边跑,谁料到妹妹害怕,把门在里边插上,她跑了,将我关在门外。我一回头,只见一只马蜂径直而凶猛地朝我扑来,好像一架燃料耗尽、决心相撞的战斗机。这复仇者不顾一死而拼死的气势使我惊呆了。我抬手想挡住脸,只觉眉心像被针扎似的剧烈地一疼,挨蜇了!我捂着脸大叫,不知道谁开门把我拖到屋里。

当夜,我发了高烧。眉心处肿起一个枣大的疙瘩,自己都能用眼瞧见。家里人轮番用醋、酒、黄酱、万金油和凉手巾把儿,也没能使我那肿疮迅速消下来。转天请来医生,打针吃药,七八天后才渐渐复愈。这一下好不轻呢!我生病也没有过这么长时间,以致消肿后的几天里不敢到那通向后院的小走廊上去,生怕那些马蜂还守在小门口等着我。

过了些天,惊恐稍定,我去爷爷的屋子,他不在,隔窗看见他站在当院里,摆手招呼我去,我大着胆子去了,爷爷手指窗根处叫我看,原来是我捅掉的那个马蜂窝,却一只马蜂也不见了,好像一只丢弃的干枯的大莲蓬头。爷爷又指了指我的脚下,一只马蜂!我惊吓得差点叫起来,慌忙跳开。

"怕什么,它早死了!"爷爷说。

仔细瞧,噢,原来是死的。仰面朝天躺在地上,几只黑蚂蚁在它身上爬来爬去。

爷爷说:"这就是蜇你那只马蜂。马蜂就是这样,你不惹它,它不蜇你。它要是蜇了你,自己也就死了。"

"那它干吗还要蜇我呢,它不就完了吗?"

"你毁了它的家,它当然不肯饶你,它要拼命的!"爷爷说。

我听了心里暗暗吃惊。一只小虫竟有这样的激情和勇气。低头再瞧瞧那只马蜂,微风吹着它,轻轻颤动,好似活了一般。我不禁想起那天它朝我猛扑过来时那副视死如归的架势,与毁坏它们生活的人拼出一死,真像一个英雄……我面对这壮烈牺牲的小飞虫的尸体,似乎有种罪孽感沉重地压在我的心上。

那一窝马蜂呢,无家可归的一群呢,它们还会不会回来重建家园?我甚至想用胶水把那只空空的蜂窝粘上去。

这一年,我经常站在爷爷的后院里,始终没有等来一只马蜂。

转年开春,有两只马蜂飞到爷爷的窗檐下,落到被晒暖的木窗框上,然后还在过去的旧巢的残迹上爬了一阵子,跟着飞去而不再来。空空又是一年。

第三年,风和日丽之时,爷爷忽叫我抬头看,隔着窗玻璃看见窗檐下几只赤黄色的马蜂忙来忙去。在这中间,我忽然看到,一个小巧的、银灰色的、第一间蜂窝已经筑成了。

于是,我和爷爷面对面开颜而笑,笑得十分舒心。我不由得暗暗告诉自己,再不做一件伤害旁人的事。

(选自冯骥才:散文随笔集《灵魂的巢》)

第七讲　调动思想感情的方法之内在语

一、理论基础

在我们的播音创作中常常有这样的情况,一篇稿件,初识乍看,平平常常;深入揣摩,回味悠长。其中的内在含义往往与字面表达的意思不同,因为性别、性格、语言习惯的原因,或限于说话的场合、环境,以及说话双方的身份、地位,或出于得体、礼貌和策略的需要,人们说话经常要委婉、含蓄,不那么直接。不仅如此,生活当中的交谈还会出现"话里有话,弦外之音"的情况,比如下面的这个笑话:

几个学生躺在被窝里闲聊。

甲:我的爱国心最强。

乙:我的爱国心才最强,我从不买外国货。

丙:我也从来不看外国电影。

甲(慢条斯理地):还是我最强,你们想想看,我入学以来,哪次外语考试及格了?

笑话最后,甲的话不是一目了然能够明白,再一琢磨,才知道其中的含意。这个过程是需要动动脑筋思考的,这就是这一讲我们所讲的内在语,它是播音员主持人的心理活动,为播音语言表达提供充实的内心依据。

播音的内在语是指那些在文字语言中所不便表露、不能表露或没有完全表露出的语句关系和语句本质。语句关系是语句之间的逻辑关系,通过内在语的明确看它们是怎样衔接成一个整体的,搞清楚全篇语句之间、小层次之间、段落层次之间的内在联系,使我们获得或并列、或递进、或因果、或转折、或分合等等情况的逻辑感受,从而明了文章上下衔接、前后照应的逻辑关系,接着以内在语的形式把我们理解感受到的逻辑关系显示和引发出来。这样运用内在语的衔接转化作用,可以帮助我们找到自然贴切的语气,形成一气呵成、浑然一体的效果,增强有声语言的活力。语句本质就是语句的内在含意、感情态度。揭示了语句的本质,可以引发出贴切的语气,使得有声语言深刻丰富,耐人寻味,对表达起深化含意的作用。

既然内在语没有明确在文字中显示出来，就需要我们一定要努力挖掘文字后面更深刻的含意及把握鲜明的语句关系。明晰、准确的内在语会激活我们的有声语言，使我们自然真实地把稿件的话变为自己心里要说的话，传达给受众。内在语并不在播音员的有声语言中出现，它是播音员的内心意念，使思维与感情处于运动状态，对有声语言的表达起着引发、深化的作用。

内在语的把握表现在两方面：一个是语句本质的差异，一个是语言链条的承接。先来看第一个方面：语句本质的差异。

在一般情况下，语言和内在的含意是一致的。但有时语言和内在的含意是不一致的，语言表面上是"这个"意思，但思考一下，发现实际上它是"那个"意思，而且两个意思还不一样，甚至是相反的。有声语言的创作是否正确恰当，被内在语制约着，不是简单地把文字转化成声音就大功告成了。在播音主持中，如果把内在的意思给播反了，立场、态度和观点就都变了。把语句的意思播反了，很大一部分原因是内在语用错了，当然也有表达方法不得当的原因。

来看小故事《中计》，看看其中内在语的用法。

中　计

七月初的一天，在辽宁省海城县一个小山村里。住在张大伯家的某部侦察排的战士们刚刚起床，就看见房东张大爷气冲冲地走进屋来。张大爷绷着个脸问道："昨天，你们谁进了我家东菜园，把菜地弄得乱七八糟？"一句话把全排战士给问怔了，互相看了看，谁也没吭声。

这时候，有一个小战士脸一下子红到了耳根。他叫洪松彪，是今年才入伍的新战士，原来，昨晚上是他悄悄地跑到菜地里，帮张大爷干活的。小洪心里直打鼓，他想，是不是我铲地的时候伤了苗？是不是水浇多了淹了菜？小洪越想越不安。这时候，张大娘又跑进来火上浇油地说："老头子，别跟他们说了，咱们去找指导员说个清楚。"话音未落，就拉着张大爷的袖子往外走。

刚刚十八岁的洪松彪，哪见过这个场面呀，小伙子沉不住气了，马上开口说："大爷、大娘别发火，昨天是我跑到菜地里去的。我看你们二老年纪大，大爷成天忙着队上的事儿，顾不了家，就抽空帮你们干了点活。谁知道我不会干，给你们添了麻烦，真对不起你们，有多大的损失我一定赔。"说着就伸手掏钱包。

张大爷看到这个情景，倒哈哈大笑起来。张大娘也跟着笑起来，她疼爱地拉着小洪的手说："孩子你受委屈了。"小洪纳闷地抬起头来看着两位老人，张大爷得意地说："孩子，你中计了，从打你们到我们村来搞训练，给大家伙干了那么多的好事。可我们就是不知道是谁干的，昨晚上我和你大娘一合计呀，就想出这个小计策来。果不出所料，你们还真中计了。"

全排战士这才恍然大悟,和张大爷、张大娘一块笑了起来,洪松彪,这个虎头虎脑的小伙子却像大姑娘似的,羞涩地低下了头。

张大爷说的"中计"不是真的上了圈套的意思,所以这句话的语气应该是感谢的、诚恳的、疼爱的,而非字面意思上的得意洋洋。内在语为"(好)孩子,你中计了。"

第二个方面:语言链条的承接。

语言链条的承接是指语句、段落的前边或后边,运用内在语的转折、连接作用,造成一气呵成、浑然一体的效果。有如下作用:

(1)发语作用:在语句、段落之前,借助内在语把语句、段落播好。

据新华社电 昨天是西方母亲节。中华母亲节促进会会长、全国政协委员李汉秋表示,他已与45位全国政协委员联名吁请设置中华母亲节,日期将定在孟母生孟子之日,即每年的农历四月初二。李汉秋表示,今年中华母亲节(阳历5月18日),北京、天津、南京、福州等几十个城市的一些学校将率先开展起来。

这篇新闻导语如前加上内在语"中国现在时兴过'洋节'",可以把播音员主持人的态度和消息的目的统一起来,告诉人们我们要维系中华文化血脉、培育中华民族精神,需要自己的中华母亲节。

(2)转换作用:由上一段、上一句到下一段、下一句,需要转换的时候可以借助内在语"过渡"。

示例是以上这篇新闻的主体,在导语与主体的转换之间,我们可以加上内在语"近年来,大家都知道已经有母亲节了",能够起到承上启下的过渡作用。

(近年来,大家都知道已经有母亲节了。)针对为何需要设置中华母亲节等相关问题,李汉秋等在吁请中作了详细的阐释。

(问题1:为何设置中华母亲节? 答:中华母亲代表不是洋妈妈。)

不同文化的母亲节形象代表都有不同的文化个性,流淌着自己民族文化的血液。当中华儿女吮吸母亲节的文化乳汁时,这位母亲代表却是洋妈妈,这样的事不宜再继续下去。我们要维系中华文化血脉、培育中华民族精神,需要自己的中华母亲节。

(问题2:为何让孟母做代表? 答:孟母形象具备五大优势。)

为何让孟母做形象代表,李汉秋等委员认为有5个方面的原因。一是孟母实有其人,不是传说人物。二是孟母是中国贤母的典型代表,有关孟母的事迹内容翔实且材料丰富。三是时间较早,历代留有孟母遗迹供瞻仰。四是孟母家喻户晓,知名度高,影响力大。五是孟母教子成效大,孟轲成为我国古代的大思想家。

(问题3:为何定在四月初二? 答:孟母生孟子之日是标志。)

李汉秋等委员认为,仉氏生孟轲才成为孟母,因此孟母生孟子之日是标志。以孟母生孟子之日作中华母亲节,让每个人在纪念孟子生日时都要感恩母亲;另一方面,孟子故里邹国(今山东邹城东南)世代相传在农历四月初二纪念孟子诞辰,已形成民俗。

(3)回味作用:上文结束,不管漾开缓收,还是戛然而止,都会给人以语已尽、情尚存的印象。

新闻的结尾是:

另外,我国传统节日以及上岁数人的生日都以农历计,只要社会重视,即使以农历计的节日也不怕不好记。建议每年的日历在这天标出中华母亲节,这样就更不会遗忘了。

内在语是:提倡过中华母亲节,尽管可能有农历计日的麻烦,也是可以解决的。新闻结束时,如这样的内在语"对不对?"体现了倡导设置中华母亲节的可行性。

那么,拿到一篇稿件怎样挖掘它的内在语?可以从下述三个方面着手。首先,通读稿件,确定播出目的;其次,在稿件的大层次间体现出承接的特点和意图,主要体现在语句的衔接上;最后,在每个具体的语句中探察作者的态度和感情,看看作者在文字的后面藏着什么思想或感情色彩。要着重把握态度、感情的分寸。

【示例分析】

只想和你接近

吴念真

(1)在我十六岁离家之前,我们一家七口全睡在同一张床上——那种把木板架高,铺着草席,冬天加上一层垫被的通铺。

(2)这样的一家人应该很亲近吧?没错。不过,不包括父亲在内。

(3)父亲可能一直在摸索、尝试与孩子们亲近的方式,但老是不得其门。

(4)同样的,孩子们也是。

(5)小时候特别喜欢父亲上小夜班的那几天,因为下课回来时他不在家。因为他不在,所以整个家就少了莫名的肃杀和压力,妈妈准确地形容是"猫不在,老鼠呛秋"。

(6)午夜父亲回来,他必须把睡得横七竖八的孩子一个个搬动、摆正之后,才有自己可以躺下来的空间。

(7)那时候我通常是醒着的。早就被他开门闩门的声音吵醒的我通常装睡,等着洗完澡的父亲上床。

(8)他会稍微站定观察一阵,有时候甚至会喃喃自语地说:"实在啊……睡成这样!"然后床板会轻轻抖动,接着闻到他身上柠檬香皂的气味慢慢靠近,感觉他的大手穿过我的肩胛和大腿,整个人被他抱起来放到应有的位子上,然后拉过被子帮我盖好。

(9)喜欢父亲上小夜班,其实喜欢的仿佛是这个特别的时刻——半分钟不到,却是完全满足的亲近。

(10)长大后的某一天,我跟弟弟妹妹坦承这种装睡的经历,没想到他们都说:"我也是!我也是!"

(11)或许亲近的机会不多,所以某些记忆特别深刻。

(12)有一年父亲的腿被落盘压伤,伤势严重到必须从矿工医院转到台北的一家外科医院治疗。

(13)由于住院的时间很长,妈妈得打工养家,所以他在医院的情形几乎没人知道。某个星期六的中午我放学之后,不知道是什么样的冲动,我竟然跳上开往台北的火车,下车后从火车站不停地问路走到那家外科医院,然后在挤满六张病床和陪伴家属的病房里,看到一个毫无威严、落魄不堪的父亲。

(14)他是睡着的,四点多的阳光斜斜地落在他消瘦不少的脸上。他的头发没有梳理,既长且乱,胡子也好像几天没刮的样子;打着石膏的右腿露在棉被外,脚指甲又长又脏。

(15)不知道为什么,我想到的第一件事竟然就是帮他剪指甲。护士说没有指甲剪,不过可以借给我一把小剪刀;然后我就在众人的注视下,低着头,忍住一直冒出来的眼泪,小心地帮父亲剪指甲。

(16)当我剪完所有的指甲,抬起头才发现,父亲不知道什么时候已经睁着眼睛看着我。

(17)"妈妈叫你来的?""不是。""你自己跑来没跟妈妈说?""没有。"

(18)直到天慢慢转暗,外头霓虹灯逐渐亮起来之后,父亲才开口说:"暗了,我带你去看电影,你晚上就睡这边吧!"

(19)那天夜晚,父亲一手撑着我的肩膀,一手拄着拐杖,小心穿越周末熙攘的人群,走过长长的街道,带我去看了一场电影。

(20)一路上,当我不禁想起小时候和父亲以及一群叔叔伯伯,踏着月色去九份看电影的情形时,父亲正好问我:"记不记得小时候我带你去九份看电影?"

(21)那是我人生第一次一个人到台北,第一次单独和父亲睡在一起,第一次帮父亲剪指甲,却也是最后一次和父亲一起看电影。

(22)那是一家比九份升平戏院大很多的电影院,叫远东戏院。那天上演的是一部日本片,导演是市川昆,片名叫"东京世运会"。

(23)片子很长,长到父亲过世二十年后的现在,它还不时在我脑海里上演着。

(选自《读者文摘》2011年第24期)

文章真挚朴实,清新感人。作者回忆了儿时不多的与父亲"接近"的片段,一个是晚上睡觉时,被父亲不到半分钟的抱起;一个是自己第一次到台北去看望病中的父亲,为父亲剪指甲,和父亲看电影。通过对这两个细微片段的回忆,表达了自己对父爱的渴望以及对父亲深切的怀念。父爱无言,父爱如山。似乎我们可以从中看到普天下的中国父亲不善言辞、坚强隐忍的性格特征。

挖掘内在语的第一步是通读稿件,确定播出目的,本文的播出目的是通过播读这篇作品倡导人们感恩父爱。这种爱虽无语,但情至深。

挖掘内在语的第二步是在语句的衔接处发现起承转合的特点和意图。第一层:1—4自然段,总述了自己少年时对父亲的印象,并猜测"父亲可能一直在摸索、尝试与孩子们亲近的方式,但老是不得其门。同样的,孩子们也是"。由此承接第二层:5—11自然段,描述了父亲和孩子们"特殊"的亲近方式。回忆当初自己和弟弟妹妹们装睡以"骗得"和父亲亲密接触的机会,这让孩子们欢喜满足,尽管被父亲抱起才仅仅数秒钟。所以,第11自然段"或许亲近的机会不多,所以某些记忆特别深刻。"承上启下,引出第三层:12—23自然段,讲述了自己第一次单独和父亲相处的宝贵时光。为父亲剪指甲,和父亲一起看电影,都成了作者珍贵的记忆。如果说,诸多"第一次"让作者难忘,那么,"最后一次和父亲一起看电影"则隐隐地述说了自己对父亲的不舍、怀念,也只能从那部《东京世运会》的影片中寻找父亲的身影和气息。尤其是最后一段"片子很长,长到父亲过世二十年后的现在,它还不时在我脑海里上演着",更表达了一种潜藏在内心深处的对父亲的情感,怀念一刻也不曾停歇。时间没有模糊过去的点点滴滴,反而使其越发清晰,恍若昨日。这,就是血脉亲情。

挖掘内在语的第三步是找到作者在文字后面藏着的意思。着重把握态度、感情的分寸。比如和父亲相处的日子,似乎再简单平常不过了。可是,等到你失去的时候,才真正能体会到"子欲孝而亲不在"的痛苦。其实,自打我们出生,和父母共处的时光就一天天递减,总有一天会缘分散尽。所以,珍惜和父母在一起的时光吧,找机会多和他们"接近",这种人间至真至纯的情感会让彼此的生命散发出无尽的光芒。

二、实践练习

穿错衣服

饭厅内,一个异常谦恭的人胆怯地碰了碰另一个顾客,那人正在穿一件大衣。

"对不起,请问您是不是皮埃尔先生?"

"不,我不是。"那人回答。

"啊,"他舒了一口气,"那我没弄错,我就是他,您穿了他的大衣。"

【挖掘内在语】是你穿了我的衣服。

鲍童智辩田贵人

齐国有个姓田的大臣,他拥有良田千顷,房屋百间,广有资产,单是收养的食客就有数千人,随时可供他使唤,为他服务。

一天,他在家里的大庭院里举行隆重的祭祖典礼。

参加盛典的客人纷纷献送各种礼物。有一位客人送上一条罕见的大鱼和一只珍奇的大雁。田氏看了十分高兴,不由得感慨地说:"苍天对于人类可算是太优待了啊!它不但命令土地生长出五谷,供我们食用,还命令世界出产这些大鱼鸟类供我们尝鲜。啊,苍天多么仁慈和伟大啊!"

客人们听了,异口同声地奉承道:"田大人妙言妙语,真是不同凡响!"

这时,有个姓鲍的食客带着一个12岁的儿子赴宴会。那孩子这时忍不住站起来说道:"田大人,您的说法我不敢苟同。依我看,世界各种物类同我们是一起产生的,人也是一种物类。凡是物类,都没有什么高低和贵贱,只是因为智力大小的不同,因而产生相互制约、迭相食用的现象,并不是苍天有意安排的。我们人类无非是索取可吃的物类来享用,难道这些东西是苍天有心为我们生产出来的吗?"鲍家孩子说完这番话,他爸爸的面色白得像张纸,手儿索索抖着,硬拉着儿子的衣襟,叫他落座,不要再说话。

客人们听了反响不一:有暗暗赞成的,有不以为然的,有笑小孩口出狂言的,也有一个劲儿看着主人脸色的。

田氏倒也气度恢宏,宽容地对着小孩道:"你说得有点道理,可是我要请教一点:如果这大鱼和大雁不是苍天有意为人类制造的,为什么它们的味道这么鲜美呢?"

鲍家小孩"霍"地站起,从容地答道:"田大人,蚊子叮人吸血,吃得津津有味,虎狼撕咬人肉,也吃得津津有味。难道也是苍天有意为它们享用美味而安排的吗?按照您的逻辑,苍天生出我们这些人类,原来都是给蚊子和虎狼做美食的啊!"

客人们不禁哄然大笑。

田氏满面笑容,走下主桌,向鲍家小孩敬了一杯酒,欣慰地说:"想不到我家食客门下有此聪颖过人的孩子。哎,要做到不埋没天下任何一个人才,是很不容易的啊!"

(选自《中国上下五千年智慧故事》)

【挖掘内在语】鲍家孩子思维敏捷,从其和田大人的对话中找到内在语"这孩子有智慧"。

秋天的怀念
史铁生

双腿瘫痪后,我的脾气变得暴怒无常。望着望着天上北归的雁阵,我会突然把面前的玻璃砸碎;听着听着李谷一甜美的歌声,我会猛然把手边的东西摔向四周的墙壁。母亲就悄悄地躲出去,在我看不见的地方偷偷地听着我的动静。当一切恢复沉寂,她又悄悄地进来,眼边红红的,看着我。"听说北海的花儿都开了,我推着你去走走。"她总是这么说。母亲喜欢花,可自从我的腿瘫痪后,她侍弄的那些花都死了。"不,我不去!"我狠命地捶打这两条可恨的腿,喊着:"我活着有什么劲!"母亲扑过来抓住我的手,忍住哭声说:"咱娘儿俩在一块儿,好好儿活,好好儿活……"

可我却一直都不知道,她的病已经到了那步田地。后来妹妹告诉我,她常常肝疼得整宿翻来覆去地睡不着觉。

那天我又独自坐在屋里,看着窗外的树叶"唰唰啦啦"地飘落。母亲进来了,挡在窗前:"北海的菊花开了,我推着你去看看吧。"她憔悴的脸上现出央求般的神色。"什么时候?""你要是愿意,就明天?"她说。我的回答已经让她喜出望外了,"好吧,就明天。"我说。她高兴得一会坐下,一会站起,"那就赶紧准备准备。""哎呀,烦不烦?几步路,有什么好准备的!"她也笑了,坐在我身边,絮絮叨叨地说着,"看完菊花,咱们就去'仿膳',你小时候最爱吃那儿的豌豆黄儿。还记得那回我带你去北海吗?你偏说那杨树花是毛毛虫,跑着,一脚踩扁一个……"她忽然不说了。对于"跑"和"踩"一类的字眼儿,她比我还敏感。她又悄悄地出去了。

她出去了,就再也没回来。

邻居们把她抬上车时,她还在大口大口地吐着鲜血。我没想到她已经病成那样。看着三轮车远去,也绝没有想到那竟是永远的诀别。

邻居的小伙子背着我去看她的时候,她在艰难地呼吸着,像她那一生艰难的生活。别人告诉我,她昏迷前的最后一句话:"我那个有病的儿子和我那个还未成年的女儿……"

又是秋天,妹妹推我去北海看了菊花。黄色的花淡雅,白色的花高洁,紫红色的花热烈而深沉,泼泼洒洒,秋风中正开得烂漫。我懂得母亲没有说完的话。妹妹也懂。我俩在一块儿,要好好儿活……

【挖掘内在语】母亲的良苦用心与离世唤起"我"对生命的热情,继续坚强地生活。

有些话无须明说
赵元波

说话应该直来直去,不拐弯抹角,让人一下子明白你的意思,殊不知,在有些特定的场合,说话却不能明言,点到为止,不捅破那一层纸,双方都意会而无须明说也是一种技巧。

曹操很喜爱次子曹植的才华,因此想废了长子曹丕转立次子曹植为世子。当曹操将这件事征求贾诩的意见时,贾诩却一声不吭。曹操就很奇怪地问:"你为什么不说话?"

贾诩说:"我正在想一件事呢!"

曹操问:"你在想什么事呢?"

贾诩答:"我正在想袁绍、刘表的事。"

曹操听后哈哈大笑,立刻明白了贾诩的言外之意,于是不再提废曹丕的事了。

贾诩对曹操想废长立幼的想法的态度很明朗,言外之意很明显:袁绍、刘表废长立幼招致灾祸,你不想招致灾祸就不要废长立幼。意思很明显,却没有说出来,可谓是高明之举。

南朝时,齐高帝曾与当时的书法家王僧虔一起研习书法。有一次,高帝突然问王僧虔说:"你和我谁的字更好?"

这问题比较难回答,说高帝的字比自己的好,是违心之言;说高帝的字不如自己,又会使高帝的面子搁不住,弄不好还会将君臣之间的关系弄得很糟糕。

王僧虔的回答很巧妙:"我的字臣中最好,您的字君中最好。"

皇帝就那么几个,而臣子却不计其数,王僧虔的言外之意是很清楚的。

高帝领悟了其中的言外之意,哈哈一笑,也就作罢,不再提这事了。

因此,在许多场合,有一些话不好直说,不妨来个旁敲侧击绕道迂回,让对方听出言外之意,弦外之音,不失为明智之举。

(选自乐读网 2013 年 1 月 27 日)

【挖掘内在语】说话也是一门艺术。有时候需要开门见山,但有些时候需要讲究另一种策略或是技巧,即委婉地表达自己的意思而又不使对方尴尬或难堪。

致十八岁

麦 家

我曾试图忘掉自己的年龄,尽量不回忆童年往事,想忘掉年龄的证据。但事实上,我比谁都知晓:我的年龄比 18 岁的你要大两轮。

两轮就是 24 年。

24 年前,我在为自己的年轻而苦恼,在为朦胧的前程而苦读,内心充满向往和忧虑……不一样的是,我面前的路只有一条,就是考上大学。这桥又老又窄,100 个人上桥,能通过的至多 5 人。5‰的胜数,想一想都觉得可怕,何况我就读的中学不是名校,班级也非重点班。也就是说,5‰还要打折扣,折扣下来胜算大概要以千分比来计了。我的很多同学因此而自暴自弃,我一度也加入了其中,把读书当作受刑,千方百计想逃避。我逃避的方式之一是读小说。

那时我并没有想到以后我会写小说,我当时读小说只是对现实的一种逃避、一种放弃。但是,谁也想不到——我也想不到,小说拯救了我。小说是纸上的世界,这个世界里有生动的故事,有鲜明的人物,有心跳声,有脚步声,有悲欢离合,有情仇恩爱,有强者的身影,有弱者的屈辱……总之,读小说让我提前领略了成人世界,让稚嫩的我变得有些少年老成起来。有时候就是这样,只要洞开一个小角、一条小缝,你就从黑暗中走出来了。我从小说里粗浅地明白了人生的一些道理,简而言之是一句老话:"少壮不努力,老大徒伤悲。"而正是这一点点道理,让我重新找回了自信和动力,并指引我走出困境。

回头想来,青春其实是很苦闷的,孤独是青春的通病,要治愈它,关键是要有人与你真心地交流。为什么小说能给年少的我注入活力和信心?大概是因为我在小说世界里找到了朋友,得到了交流。

我是1981年参加高考的,成绩好得"出人意料":全班第三,榜上有名。第四那个就名落孙山了。也就是说,那年我们班上只有3人上了提档线。命运在关键时刻向我绽开笑颜,但这只是与我的同班同学相比,与众多上榜者相比,我的成绩还是很可怜:只比划档线多了3分半。那时高考录取的程序和现在不一样,所谓提档线其实是体检线,上了体检线的人依然有10%的淘汰率。不用说,如果体检人人过关,我这个可怜的成绩只能归入淘汰之列!

体检的前一天,一名大胡子军官悄悄来到我们学校。他是解放军工程技术学院负责招生的领导,他们学院要在我们县招收20名学生。我们学校领导热情地把他请来,希望他"关照一下"。结果,他挑三拣四,挑走了4名同学,都是高分的。自然不可能有我。我连大胡子军官这人都无缘见识,只是知道这件事。

第二天,我们都在指定的医院参加体检。被"工院"相中的20名同学,简直有点耀武扬威地出现在我们眼前,他们到哪里,我们都得让道。负责体检的医生也是一路关照,打乱已有的次序,优先给他们检查。我在一旁羡慕地望着他们,除了羡慕还是羡慕。

正在我落寞的羡慕之际,机会已经悄悄潜近我:原来拟定的20名人选中,有一半被军校严格的"体检线"挡在了门外。这个消息是秘密,我是偶然获知的。

那天很热,中午休息时,我在医院楼下的一棵小树下乘凉。不一会儿,一个戴眼镜的同志,50来岁,胖墩墩的,从楼里出来,他显然是来乘凉的,站在我身边。正是中午时分,树是一棵小树,罩出的阴凉只是很小的一片,要容下两个人有点难,除非我们挨得紧紧的。见此情况,我主动让出大片阴凉给他。他友好地对我笑笑,和我攀谈起来,我这才知道他就是"工院"负责招生的首长。我当即主动向首长表示,我很愿意去他们学校。首长问了我的考分,认为我的分数确实低了,虽然对我"印象不错",但跟他的要求还是"相差甚远",他无法给我机会。但是,后来当首长获悉我的数学是满分、物理也有98分的高分时,他惊疑地盯了我一会儿,让我下午去找他,听他答复。到了时间,我去找他,他正在看我的体检报告。完了,他抬起头对我笑了笑,说:"你要重新体检。"就是说,他已经把我纳入了第二次拟定的人选中,只要我的身体经得起他们军校的考验,我就是他们的人了。

我的身体很棒。

就这样,大胡子给我签发了录取通知书。当通知书发到我们学校时,老师们都以为大胡子弄错了,专门把我叫去"当面对证"。大胡子见了我,肯定地说:"没错,就是他。"

我相信,当时肯定有人以为我在背后做了大量世俗的"公关"工作。其实,我知道,大胡子首长知道,我只是比旁人多了一点礼貌和主动——我的客气谦让赢得了首长的好感,我的积极主动又为自己赢得了机遇。

光阴荏苒,流年似水。回忆青春时光,我更加羡慕青春的美好。年轻真好!比住洋房豪宅好N次方,比开奔驰宝马好N的N次方。

归根结底,每一个人的世界都需要自己用信念去开启,用心血去铸造,用岁月去打磨,用成功去证明。

(选自《读者》2011年第11期)

【挖掘内在语】虽说十八岁有十八岁的苦恼,但更多的是如梦的希望。寸金难买寸光阴。孩子们,加油,用自己的信念和行动,为青春的梦想插上一双飞翔的翅膀。

兄 长

梁晓声

我的兄长大我6岁,今年已经68周岁了。从20岁起,他一大半的岁月是在精神病院里度过的。他是那么渴望精神病院以外的自由,而只有我是一个退休之人了,他才会有自由。我祈祷他起码再活10年,不病不瘫地再活10年。我也祈祷上苍眷顾于我,使我再有10年的无病岁月。只有在这两个前提之下,他才能过上10年左右精神病院以外的较自由的生活。对于一个48年中的大部分岁月是在精神病院中度过的,并且至今还被软禁在精神病院里的人,我认为我的乞求毫不过分。如果有上帝、佛祖或其他神明,我愿与诸神达成约定:假使我的乞求被恩准了,哪怕在我的兄长离开人世的第二天,我的生命就必须结束,那我也宁愿,绝不后悔!

在我头脑中,我与兄长之间的亲情记忆就一件事:大约是我三四岁那一年,我大病了一场,高烧。母亲后来是这么说的。我却只记得这样的情形——某天傍晚我躺在床上,对坐在床边心疼地看着我的母亲说我想吃蛋糕。之前我在过春节时吃到过一块,觉得是世上最好吃的东西。外边下着瓢泼暴雨,母亲保证说雨一停,就让我哥去为我买两块。当年,在街头的小铺子里,点心乃至糖果,也是可以论块买的。我却哭了起来,闹着说立刻就要吃到。当年10来岁的哥哥,于是脱了鞋、上衣和裤子,只穿裤衩,戴上一顶破草帽,自告奋勇,表示愿意冒雨去为我买回来。母亲被我哭闹得无奈,给了哥哥一角几分钱,于心不忍地看着哥哥冒雨冲出了家门。外边又是闪电又是惊雷的,母亲表现得很不安,不时起身走到窗前往外望。我觉得似乎过了挺长的钟点哥哥才回来,他进家门时的样子特滑稽,一手将破草帽紧拢胸前,一手拽着裤衩的上边。母亲问他买到没有。他哭了,说第一家铺子没有蛋糕,只有长白糕,第二家铺子也是,跑到了第三家铺子才买到的。说着,哭着,弯了腰,使草帽与胸口分开,原来两块用纸包着的蛋糕在帽兜里。那时刻他不是像什么落汤鸡,而是像一条刚脱离了河水的娃娃鱼。那时刻他也有点儿像在变戏法,是被强迫着变出蛋糕来的,变是终归变出来了两块,但却委实变得太不容易了,所以哭。大约因为觉得自己笨。

母亲说:你可真死心眼儿,有长白糕就买长白糕嘛,何必多跑两家铺子非买到蛋糕不可呢?

他说:我弟要吃的是蛋糕,不是长白糕嘛!

还说,母亲给他的钱,买三块蛋糕是不够的,买两块还剩下几分钱,他自作主张,也为我买了两块酥糖……妈你别批评我没经过你同意啊,我往家跑时都摔倒了……

我已经几顿没吃饭了,转眼就将蛋糕狼吞虎咽地吃了下去。

而母亲却发现,哥哥的胳膊肘、膝盖破皮了,正滴着血。当母亲替哥哥用盐水擦过了伤口,对我说也给你哥吃一块糖时,我连最后一块糖也嚼在嘴里了……

是的,我头脑中,只不过就保留了对这么一件事的记忆。某些时候我试图回忆起更多几件类似的事,却从没回忆起过第二件。每每我恨他时,当年他那种像娃娃鱼又像变戏法的少年的样子,就会逐渐清楚地浮现在我眼前。于是我内心的恨意也就逐渐地软化了,像北方人家从前的冻干粮,上锅一蒸,就暄腾了。只不过在我心里,热气是回忆产生的。

【挖掘内在语】文章的结尾意味深长。尽管作者对哥哥的其他印象不深,但哥哥为自己"冒雨买蛋糕"的情景却历历在目。手足情深啊!

倾听的价值

张书宁

古希腊哲学家阿那克西米尼晚年的时候声望很高,拥有上千名学生。一天,这位两鬓花白的老者蹒跚着走进课堂,手中捧着一摞厚厚的纸张。他对学生说:"这堂课你们不要忙着记笔记,凡是认真听讲的人,课后我都会发一份笔记。一定要认真听讲,这堂课很有价值!"

学生们听到这番话,立刻放下手中的笔,专心听讲。但没过多久就有人自作聪明——反正课后老师要发笔记,又何必浪费时间去听讲呢?于是开起了小差。临近下课时,这些学生觉得并没听到什么至理名言,不禁怀疑起来:这不过是一堂普通的课,老师为什么说它很有价值呢?

课讲完了,阿那克西米尼将那摞纸一一发给每位学生。领到纸张后,学生们都惊叫起来:"怎么是几张白纸呀!"阿那克西米尼笑着说:"是的,我的确说过要发笔记,但我还说过请大家一定要认真听讲。如果你们刚才认真听讲了,那么请将在课堂上所听到的内容全部写在纸上,这不就等于我送你们笔记了嘛。至于那些没有认真听讲的人,我并没有答应要送他们笔记,所以只能送白纸!"

学生们无言以对。有人懊悔刚才听讲心不在焉,面对白纸不知该写什么;也有人快速地将所记住的内容写在白纸上。后来,只有一位学生几乎一字不落地写下了老师所讲的全部内容,他就是阿那克西米尼最得意的学生,日后成为古希腊著名哲学家的毕达哥拉斯。阿那克西米尼满意地把毕达哥拉斯的笔记贴在墙上,大声说:"现在,大家还怀疑这堂课的价值吗?"

阿那克西米尼一贯主张,人生最大的财富是倾听。只有乐于并善于倾听,才可能成为知识的富翁,而那些不愿意倾听的人,其实是在拒绝接受财富,终将沦为知识的穷人。

(选自《环球人物》2012年7月19日)

【挖掘内在语】成为一个善于倾听的有心之人,会让你收获更多的东西,不仅仅是知识。

人生就是选择的总和

冯国川

几个月前,我乘晚班飞机抵达印度海得拉巴。下飞机后,我发现几乎没有出租车。过了一会儿我才搞清楚,当地的司机正在进行大罢工。我耐心等了一会儿,还是没有,半小时过去,我连出租车的影子也没看到。

正当我打算给朋友打电话时,身后飘过来一个沙哑的声音:"先生。去哪儿?"一个四十岁左右、面带微笑的男人朝我走来。"现在都在罢工,你打不到车的,我的车就在不远处。"他热情地递过来一张名片,上面写着他的英文名字罗摩、联系信息及所在出租车公司等细节。

简单的几分钟交流后,他的谈话风格和流畅的英语让我吃惊不小。我听说过很多关于司机利用机场偏远而宰客的故事;我也听说过,一些司机善于花言巧语取悦乘客,从而狠捞一笔的旧闻。所以,有两个选择摆在我面前:信任他或者等朋友来接我。不知何故,我选择了第一种。

事实证明,接下来的45分钟谈话十分有趣。

向目的地驶去的过程中,罗摩先生总是想办法找话题聊。我尽量不加入讨论,但是,罗摩先生的聊天兴致,让我越发感到好奇。

"你有英文硕士学位?"我好奇他的英语说得如此好。

"是的,坐监狱时修完的学位。"我一时间不知道说什么好。沉默片刻后,罗摩说:"我被指控谋杀罪,入狱五年。当时海得拉巴发生暴乱,死了人,我被警察抓去。我失去了家庭。那时我才20岁,有着浓厚的学习兴趣。"

"那么,之后发生了什么?"我问道。

罗摩笑着说:"我保持积极的态度,在狱中完成学业。"

"那你为什么要杀人?"我继续问。

"我没有,我是无辜的。"他平静地说。

"什么?"我彻底惊呆了。

又是一段时间的沉默,罗摩说:"当我很小的时候,母亲就告诉我,每天清晨起来我都有一个选择,决定当天发生的事情是好是坏。每当坏事发生时,可以选择成为受害者,或者从中学习到什么,我选择后者;每当有人向我抱怨时,我可以选择接受抱怨,或者指出事情积极的一面,我选择后者。"

"是的,道理没错,但是做到并不容易呀。在一定情况下,比如你无辜被逮捕,这怎么能够让人忍受呢?"我有些替他鸣不平。

罗摩说:"生活中,很多事情会砸到你头上,反过来,你也可以有力地回击,决定事情的发展方向。你遭遇的每个状况都是一道选择题,你可以选择自己如何反应,如何不让别人影响你的情绪。不管怎样,你的选择决定了你日后的生活方式。如今我出狱了,依然过着美好的生活,组建了美满的家庭。"

快要到达目的地时,罗摩先生留下最后一句话:"当我们作出的选择是遵从内心的想法,而不是为了取悦别人时,做选择就会容易一些。"

如今,仔细想想以前的时光,我才恍然意识到,很多时候,我们被卡在进退两难的境地,必须作出一个选择。一条路是轻便的小径,路上长满鲜花以及矮灌木,很容易越过,最终到达的却是个死胡同。另一条路或许非常漫长,而且中途地势复杂,几乎难以通过,然而终点却是一片广阔的果园和花园。当然,你选择了哪条路,就选择了哪种结果。人生这场戏的最终结局,就是这样一个个选择叠加起来的总和。

(选自《哲思》2013年1月22日)

【挖掘内在语】 人生,是一个很大的话题,但细究其中,人生又何尝不是由一道道的选择题组成呢?生活中,我们每天都面临选择,你的选择也就决定了你日后的生活方式,以及未来。所以,人生掌握在自己手中。

第八讲　调动思想感情的方法之对象感

一、理论基础

开始学习之前,要问问青少年朋友们:我们播音主持是给谁听？给谁看的？

对了,我们是为听众、观众服务的。既然不是给自己播读,就需要我们时时刻刻考虑受众在收听收看时的所思所想,有了这样的心理活动和思想准备,你在播读时会很有交流感,而非自言自语,自我欣赏。交流感是生活中和朋友你一言我一语的交谈状态,能够具体感知到对方的存在,但是播音员、主持人大部分的工作时间是在演播室,这里没有交谈对象,只有话筒或是摄像机,看不到受众,那我们该如何调动自己的思想感情呢？这就需要大家有对象感。

所谓对象感,就是指播音员主持人必须设想和感觉到对象的存在和对象的反应,必须从感觉上意识到受众的心理、要求、愿望、情绪等,并由此而调动自己的思想感情,使之处于运动状态,从而更好地表情达意,传达节目的精神实质。对象感可以使播音员主持人体现人文关怀,表达上又显得丰富亲切。一起来看看《养生堂》的主持人悦悦是如何通过对象感体现亲和力的。

幸福生活睡当先

各位好！你现在收看的是北京卫视的《养生堂》节目,我是悦悦。有一次呢,我一个特别抠门儿的朋友说要请我吃饭,去了一个特别高级的餐厅。第一道菜就是我爱的大鸡腿,色泽鲜艳。我抓起来刚要咬。突然,您猜怎么着？闹铃响了,原来是一个梦。我这一看呀,手里攥着一只臭袜子,亏是闹铃响了。(所以)说做梦很有意思。如果您做了一个特别开心的梦,早上起来以后心情特别好；如果您做了一个噩梦的话呢,难免要担心,是不是有事要发生呢？但是有人说了,这个梦呢,会预示着您的健康状况。那么到底梦跟健康之间有怎样的联系呢？掌声请出今天做客《养生堂》的嘉宾,我们欢迎中国中医科学院广安门医院副院长汪卫东教授,欢迎！

……

众所周知,《养生堂》节目的观众是社会中的大多数人,层次不一。为此,节目要通俗易懂、深入浅出。比如在本期节目中,主持人并不是一上来就开始介绍梦与健康之间的联系以及人体生理机能等方面的专业知识,而是以一个简短幽默的开场白,以人人都熟知的梦为由,区分"开心的梦"和"噩梦"以及由此引发人们情绪上的变化,最后道出话题——这其实也是观众急切想要知道或了解的——"到底梦跟健康之间有怎样的联系呢"。主持人如同朋友似的聊天,亲切、自然,无形中拉近了与观众的距离。所以,播音员主持人虽然眼睛盯着摄像机,但心中装着观众。

为了使对象感不笼统,具体生动,我们应该具体设想:这样的稿件,这样的内容,这样的形式,这样的宣传目的,在今天,应该播给什么样的人听?哪些人最需要听?听到不同的地方会有什么不同的反应?听完了又会有什么反应?给什么样的人听最能增强我们的播讲愿望,最有利于达到播讲目的。这些设想是播音员主持人的内心活动,经过设想调动播讲的积极性,就达到我们的目的了。

那么如何获得对象感呢?我们通过不同媒体对同一人或事件的不同报道,来对比说明:

【新闻1】

林书豪引发各界热议 奥巴马克林顿赞其"伟大"

(中新网 2012 年 2 月 20 日电)林书豪近两周在 NBA 联盟刮起了一阵"林旋风",他出色的表现带领尼克斯获得了八胜一负的战绩。半个月内的狂飙,令球迷认识了一个出身哈佛的篮球小子林书豪。在 NBA 的赛场上,有着一身黄皮肤的他显得如此与众不同。而关于他的爆发,也引发了各界的热议。

……

在上演了疯狂的奇迹以后,林书豪登上了《时代周刊》的封面。前美国总统克林顿在谈到林书豪时表示:"所有人都在问我关于林书豪的问题。我想说的是,我是纽约的支持者,我爱林书豪,他十分伟大。"

作为超级篮球迷的奥巴马也从未停止过关注林书豪的比赛,大赞林书豪的爆发是一个伟大的故事。两大美国总统都大赞林书豪,前阿拉斯加州长美女政客佩林也为林书豪折服,林书豪让所有来自体育界的人叹服,更是在政界刮起林热潮。如今,世界上的每一个角落,无处不在都是林书豪。

新闻1是一则关于美国华裔职业篮球运动员林书豪带领尼克斯队获得了八胜一负的战绩,赢得人们广泛赞誉,甚至连美国总统都不例外。这则新闻没有特别指定受众人群,所以要把握住对象感,我们必须具体设想。如从新闻的题材内容上来考虑,因为它从属于体育新闻,可以设想受众就是体育爱好者,尤其是篮球爱好者。又比如从一个中国人的角度出发,可以设想受众是大多数期待为国争光的优秀华人。

要想把握住对象感,可以从以下几个方面着手:(1)对象感的"质"与"量",质的方面又是最根本的。质的方面是指:环境、气氛、心理、素养等有关对象的个性要求。量的方面是指:性别、年龄、职业、人数等有关对象的一般情况。(2)依据节目内容所反映的主题和目的设想对象,获得对象感。(3)我们所设想的对象应该稳定统一。(4)播音员主持人与所设想的对象之间关系是平等的。(5)为了获得对象感,为了使设想的对象具体有依据,要尽可能多地熟知各种对象的情况,丰富生活体验。

中央电视台《新闻袋袋裤》节目是一档每天15分钟,以少年儿童的视角解读新闻、分析时事、提供全方位信息服务,并以少年儿童为对象的儿童新闻栏目。新闻2显示了同为"热议林书豪"的报道,该栏目在报道方式、风格上与新闻1有着明显的不同,比较一下:

【新闻2】

> 小主持人张颖乔:新闻袋袋裤,大事小事事事关注。
> 小主持人艾琪:大家好,欢迎收看今天的《新闻袋袋裤》。
> 主 持 人 杜 悦:今天啊,我们要跟大家说说"灰姑娘"的故事。
> 小主持人艾琪:灰姑娘的故事,我知道,不就是辛德瑞拉嘛。
> 主 持 人 杜 悦:我们要说的是篮球场上的"灰姑娘",他叫做林德瑞拉。
> 小主持人张颖乔:对了姐姐,我知道,他就是林书豪,他可是最近的大红人啊,估计现在有不少同学都对他感兴趣。那么今天我们就来说说他的故事。
> 主 持 人 杜 悦:我们赶快来说说美职篮赛场上的"灰姑娘"。在最近的一场比赛当中呢,林书豪所在的尼克斯队战胜了国王队,获得了七连胜。
> 小主持人张颖乔:林书豪的表现真的可以算是一个传奇故事了。那么,他是突然从哪里冒出来的? 他的篮球生涯又走过了什么样的路呢?

以上的示例很典型很具体,但这并不是告诉大家对象感就是"谁在听,我就播给谁",因为我们无法预测到真正的受众是谁。有对象感,就是说,任何时候我们都不要忘记,我们的播音是向人民群众进行宣传。我们的每一次播音、主持工作都有受众在专注地倾听。我们传播的内容是他们非常关心、急于知道的。因此,我们在备稿时,在播音主持中,都应该感觉到受众的存在,时时处处为他们着想。我们感觉到,他们的确在听,在想,并且随着我们播音内容的发展,随着播音员、主持人思想感情的运动,产生着思想感情的共鸣。我们似乎感觉到了他们的喜悦、愤怒、悲伤、欢乐等各种反应。而这种反应,又引起了我们更强的播讲愿望,激发我们更饱满的感情,于是,对象感更强了。在我们的感觉上,似乎和受众之间已经建立起互相激励、互相鼓舞的无形的"默契",甚至感觉到思想感情似乎有所"交流"。

二、实践练习

《小喇叭》广播故事:达尔文小时候的故事

达尔文是世界著名的生物学家。他很小的时候就特别喜欢花呀、草啊,还有小虫子。他小的时候啊,是个好奇心很强的孩子。有一次,小达尔文和小伙伴们在花园里玩,他们围着一群金灿灿的报春花,七嘴八舌地议论开了:"花儿,为什么是金色的呢?它的颜色能改变吗?"小达尔文瞪大了眼睛,仔细地观察了好一会儿,然后,非常肯定地点点头说:"嗯,这花儿是被太阳烤成金色的,想改变花的颜色嘛,我看没问题。"说完,小达尔文就跑回家去,他把爸爸书桌上的红墨水、蓝墨水都倒进了洒水壶里,然后,拿到花园。他胸有成竹地说:"看我的吧,我给它浇上红水,就会开红花;浇上蓝水,就会开蓝花。"小朋友,你们猜猜,结果是怎么样的呢?

结果呀,小达尔文当然是失败了。但是,这件事却永远地留在了小达尔文的头脑里。就这样,从小到大,他积累了许多的问题。有了问题,就不断地探索,不断地学习,然后,又一个个地解答出来。最后,他终于写出了一部震惊全世界的伟大著作,那就是《物种起源》。

(选自中国广播网)

食物也能对付流感

又是一个流感肆虐的时节。头疼得要爆炸,眼泪"川流不息",恨不得马上找个"偏方"赶走这些折磨人的症状。殊不知,"偏方"可能就在我们身边。美国"网络医学博士"网为大家推荐了几种缓解流感症状的食物方。

鸡汤:被誉为"天然青霉素",每天喝上一碗,就能帮助缓解流感症状。它不仅可以补充蛋白质和水分,还具备一定的消炎功能。

牡蛎:含有大量的锌。加拿大2012年发表的研究显示,锌能缩短成人感冒的时间。只需要一个中等大小的牡蛎,就能满足人一天锌的需求量。

大蒜:能杀菌并能缓解喉咙痛和咳嗽症状,每天1—2瓣蒜就能达到效果。大蒜素是杀菌的主要成分,为了让其更好地析出并发挥功效,切碎后静置10—15分钟生吃是最好的办法。另外,还可以沏杯大蒜茶,将切碎的蒜放入烧开的水中,浸泡几分钟,待温度不烫手时饮用。

姜:感冒是因为进了寒气,不妨与姜中和一下。姜可以刺激消化酶的分泌,从而减少恶心的症状。除了烹调时加入姜丝外,姜还可以做茶。加大约500毫升冷水,放入大概2厘米左右的新鲜姜丝,煮沸后再闷5—10分钟,晾至常温后饮用即可,还可以加些蜂蜜调味。

热茶:绿茶、乌龙和红茶中含有很多抵抗疾病的抗氧化剂,而且茶的热气能够缓解肺部的阻塞感。在热茶中兑一些蜂蜜和柠檬汁,也可以缓解喉咙痛痒的症状。

(选自《生命时报》2013 年 1 月 25 日)

含羞草

"小小一株含羞草,自开自落自清高,她不是存心骄傲,只为了,只为了美丽情操……"这是一部台湾电视剧《含羞草》的主题曲,拟人化地表达出含羞草的娇美与灵动,恬静与羞涩,让我们真切地感受到植物也有情,花儿也有尊严。

含羞草是一个灵动的精灵。自从走进人们的生活,便得到了宠物般的喜爱,或许是由于它太可爱,也许是因为它能助人寄托情感。含羞草的叶片成掌状排列,小叶长圆形,点点对称,纤细秀丽,宛若鸟羽。一旦受到触动,羽状小叶便会很快闭合,叶柄也迅速垂下,羞答答像涉世不深的少女。由于此特性,它还有见笑草、感应草、知羞草、怕丑草、怕羞草和夫妻草等众多的别名昵称。其英文名 Bashful grass,Sensitive plant 也是相同的意思。绒状花球点缀枝头,小巧玲珑,粉红色,形似杨梅。如果小心地把花球按小单位分开,可以看到每个小单位都有四裂的花瓣、四根长长的雄蕊和一枚雌蕊,原来每个小单位才是一朵真正意义上的花,众多小花组成的球状花序才是我们直观上认为的花。花和羽叶都是如此的精致,令人感叹造物主的神奇造化。

关于含羞草的特性,有一个传说。相传唐朝杨贵妃初入宫时,因为见不到君王而终日愁眉不展,一次,她和宫女们一起到宫苑赏花,无意间碰着了含羞草,含羞草的叶子立即闭合起来,宫女们都说这是杨玉环的美貌,使得花草自惭形秽,羞得抬不起头来。唐明皇听说宫中有个"羞花的美人",立即召见,封为贵妃,于是"羞花"就成了杨玉环的雅称了。后来,"羞花"也就成了美女的写意。

含羞草看上去十分娇柔,一阵风都会含羞地低头。令人意外的是,有时它也会伤人,像玫瑰一样,它细细的茎上长有锐刺,一不小心被它刺着,也会让人疼得哇哇叫。

含羞草(Mimosa pudica Linn.)为含羞草科(Mimosaceae)含羞草属多年生的草本植物或亚灌木,原产美洲热带地区,世界上约有 400 种,主要分布在美洲,我国有 3 种。其"害羞"的原因在于其特殊的生理结构。在复叶的叶柄基部和小叶基部,都有一个比较膨大的部分,叫做叶枕。叶枕上半部及下半部组织中细胞的构造不同,小叶叶枕基部上部的细胞壁较薄而下半部的较厚,上部组织的细胞间隙也比下部的大。受到刺激时,小叶叶枕上部细胞内的水分及溶质便流到细胞间隙去,上部的细胞压力下降,组织疲软,而下部的细胞仍保持膨胀状态,于是叶片就闭合。而复叶叶柄的叶枕构造与小叶的叶枕构造恰好相反,下部的细胞压力下降,组织疲软,而上部的细胞仍保持膨胀状态,于是就出现复叶低垂状态。但是,如果经常连续刺激它,使叶枕内的细胞液都流光了,来不及补充,就出现了"不羞"的情况。含羞草的这种特殊习性,是它在长期的自然选择中对环境的一种适应,是一种自我保护的行为。

由于含羞草生命力顽强，在不少国家，含羞草都被当成是一种野草。其实它也有着许多的用途，除了观赏，它的种子能榨油。中医药理认为含羞草的茎干可以用来医治骨刺，根可以消炎止痛，宁神安眠，也可止咳化痰。但含羞草具有一定的毒性，千万不可单独服用，需配合其他药物一并使用。尤其是其体内的含羞草碱是一种有毒物质，人体过度接触后会使毛发脱落。

（选自《中国科学院》2011年7月26日）

春节特别节目：《过年，你回家吗？》

2013年春节的脚步越来越近了。春节是我们中华民族的传统节日，也是我们每个人都渴望的日子，尤其是在外漂泊打拼的游子们，终于可以有机会回家和家人团聚了。

没有一种感情比亲情更浓烈，没有一种温暖比得上过年回家。无论离家有多远、无论工作有多忙，过年回家，早已成为中国人难以割舍的一份情怀、一种情结。走在街上，你会忽然发现，多了许多游子归家的身影，汽车站、火车站、飞机场、拥挤着拎着大包小包翘首企盼的"归雁们"，空气里流淌的都是思乡的气味。

今年的春运大军里，会有您的身影吗？此时此刻，您的手里是不是攥着刚刚买到的回家车票呢？或是这个春节，您因为种种原因，已经决定不得不放弃回家与亲人团聚呢？

《乡村夜话》从今天开始到1月31日，推出春节特别节目——"过年，回家吗？"我们将邀请在外打工的游子们做客直播间，和听众朋友聊聊他们的故事，分享藏在他们心里的那一份思乡之情。

做客我们《乡村夜话》春节特别节目的嘉宾，是来自辽宁省鞍山市海城东四方台村的程元明，他是一位热爱音乐的人。程元明说，今年春节，他要回家。

从小爱好音乐的程大哥，在职业高中学习两年后，在工厂当了七年工人。之后，他在一位同学的鼓励下，重新拾起书本，选择了在海城同泽高中音乐班继续学习，继续自己对音乐的那份热爱，学习结束后，程大哥通过自考，成为了辽宁教育学院音乐系的学生。

毕业后，程大哥修过自行车、修过大车轴辘，在工厂做过电气焊，还开过商店，虽然生活并不富裕，但是这些并未消退程大哥对音乐的热爱。

两年前，程大哥离开家乡来到了北京，在一家皮衣厂做勤杂工作。这些年，程大哥一直在追寻自己的音乐梦想，他创作了2000多首歌曲，主要反映新农村以及农民的幸福生活。他说，他希望自己能像朱之文一样，实现自己、亲人的期望，能为小家、为大家奉献自己的价值。

你有着像程元明大哥一样的音乐梦想吗？在音乐的世界里，你感受最多的是什么？和程元明大哥一样，马上要启程回家的你，此时此刻心中最想念的是谁？《乡村夜话》让我们和马大哥一起分享程元明的回家心情，一起走进程元明的音乐世界吧！

（选自中国广播网2013年1月22日）

雾天行车六攻略　助您平安出行

连日来,北京、上海、广西等多省市一直被大雾笼罩,大雾天气给行车带来诸多不便,这无疑又是对驾驶员们的一次考验,在此我们为您总结了六条雾天行车攻略,助您积极应对大雾、平安快乐出行。

攻略一:正确使用灯光

雾天行车应及时打开雾灯、示廓灯或近光灯,如果在高速路上行驶或者雾很浓的情况下还要打开危险报警闪光灯。切记不要使用远光灯,因为远光灯是向上方照的,射出的光线被雾气漫反射,会在车前形成白茫茫一片,开车时反而什么都看不见了。此外,可间歇使用雨刷器,把风挡玻璃上因雾气凝成的小水珠刮干净,以改善视线。

攻略二:保持比较低的车速

雾中行车时,要严格遵守规定限速行驶,千万不可开快车。雾越大,可视距离越短,车速就必须越低。《中华人民共和国道路交通安全法》规定,遇浓雾能见度小于50米时,车速不得超过每小时30公里,此时您要从最近的出口尽快驶离高速公路。

攻略三:不要盲目超车

如果发现前方车辆停靠在右边,千万别盲目超车,因为很可能它是在等待对面来车通过。超越路边停放的车辆时,在确认其没有起步意图而对面又无来车后,适时按喇叭,从左侧低速绕过。另外,雾天行车不能压线行驶,在弯道和坡路行驶时,应提前减速,避免中途变速、停车或熄火。

攻略四:不要猛踩刹车

雾天无法分辨车距,如果紧急踩刹车,会让后车无法判断距离从而导致追尾。如需减速应缓慢放松油门,连续轻踩制动,防止碰撞、刮蹭和追尾事故发生。

攻略五:遇突发事件打开危险报警闪光灯并设立警示标志

雾天发生交通事故时,应在车后方设立警示标志,并把车辆的危险报警闪光灯打开,以提示后方车辆。做好警示后,车上人员应立即撤到安全的地方,同时报警,千万不要留在车内或在车道上行走,避免二次事故的发生。

攻略六:车辆开启除雾功能

冬季一旦有雾产生,车内也易产生雾气,因此应开启后窗除雾、后视镜除雾功能,并将出风口朝向前风挡玻璃,避免雾气影响行车视线。

(选自南昌交警便民网 2013 年 1 月 24 日)

住在母亲的掌心

查一路

接到母亲的电话。母亲问,今天是什么日子?我想了半天。母亲说,今天是你的生日啊。三十几年了,母亲不怎么看日历,儿子的生日却一次不落地记得。儿时,日子再怎么艰难,母亲到了这时总给我煮两个鸡蛋。而且,母亲要让手从繁忙的家务中解放出来,长时间放在我的头顶,让我周身流遍慈爱。

儿子回家了,我问儿子,今天是什么日子,儿子说,今天是星期五,明天不用上学了。妻子回家我问她,妻子说,今天18号,好像是星期五,有《同一首歌》。连我自己都不记得,他们还会记得?儿子的生日只有母亲记得。因为几十年前的那个不寻常的日子,一个生命的诞生,对其他人无足轻重,而对一位母亲来说,却惊天动地。

母爱,不仅仅是记得儿子的生日。母亲犹豫了好长时间,她有些急切,又有些迟疑。终于,她拿出了一块玻璃。我不知道她这是干什么。母亲说,把它放在你的电脑前面,兴许能挡挡辐射。这是一块普通的窗户玻璃,边角已被母亲用砂轮磨得光滑如水。这才回想起,母亲一段时间以来,不断向我打听着有关电脑辐射的知识。

我日夜坐在电脑前写作。母亲却不知从何处听说,电脑辐射对人体有伤害,"伤害"被紧张和担忧无限夸大。而她又一直认为她的儿子是何等的粗心大意。能想象出,多少个不眠之夜,母亲冥思苦想,才想出了这个"高招"。母亲的心,像敏感的雷达,小心地捕捉着可能对儿子构成伤害的蛛丝马迹,母爱无微不至也无所不至。

我还能忆起去年冬天的情景。每次去看望母亲,她都会整上一桌子山珍海味。她静静地坐在桌边,希望能看到儿子昔日狼吞虎咽的样子。可是,我现在的食量不能让母亲满意。母亲念叨着,写书那么费脑筋,吃这么点怎么成啊?后来再去母亲家,就发现阳台上放了几口大缸。缸里是为我制作的泡菜。我边吃边赞美泡菜,努力做出狼吞虎咽的样子。

母亲终于满意了。每次她用一只很大的玻璃瓶装好泡菜让我带回来。坐在车上,我把泡菜放在掌心,想象着白发的母亲,是怎样快乐地在几口大缸之间穿梭忙碌。在那个寒冷的季节,我还注意到一个细节,每次,装泡菜的玻璃瓶都用一块毛巾包好,外面再套上网兜,让我的手掌时时感到温暖。车子载着我离家几百里。在外漂泊,我已经不是一个孩子。可是在那一刻,我感觉自己就像手中的泡菜,仍然住在母亲的掌心。

(选自乐读网2012年9月27日)

推开成功之门

陈建春

公司招进了一批新员工。总经理叮嘱员工们说:"谁也不得走进6楼那间没挂门牌的房间。"大家牢牢记住了总经理的叮嘱,谁也不敢进那间没挂门牌的房间。

"为什么?"只有一个年轻人在下面小声嘀咕了一句。"不为什么,"总经理一脸严肃地说,"不能进就是不能进。"

那个年轻人还在不解地思考着总经理的话,其他人都劝他只管干好他自己的工作,别的不用瞎操心。听总经理的,没错!可年轻人偏偏来了犟脾气,非要走进那个房间看看。他走上了6楼,轻轻敲门,没有响应,用手轻轻一推,门开了——原来门是虚掩的。他打量了一下房间,不大的房间里只放了一张桌子,桌子上压着一张纸条。走近一看,上面还写着一行醒目的粗体字:"务请把纸条送给总经理!"

年轻人十分困惑地拿起那张已落了一层灰尘的纸条,走出了门。许多同事都为他担心,劝他赶紧把纸条放回原处,大伙一再表示愿为他保密。可年轻人却谢绝了众人的好意,他决心把纸条拿给总经理。当他将那纸条送到总经理手上时,总经理微笑着立即宣布了一项让整个公司都震惊的消息——年轻人被任命为营销部经理。

不被条条框框束缚、勇于闯入"禁区"、敢做敢当、行事果断负责,这些正是一个富有开拓精神的成功者首先必须具备的。

这是一个起初的故事。故事中的年轻人就是刚刚卸任的德国戴斯勒热能工业总公司总裁麦克尔雷勒。在此后几十年的经营中,每每公司营运中出现了困难,麦克尔雷勒都会用自身的这个例子去教导员工,鼓励员工勇于开拓、创新。

其实,对我们每一个人而言,很多成功的门都是虚掩着的,你只要不被眼前的森严吓倒,勇敢地走进去,也许,呈现在你面前的将会是一个开阔的新天地。

走进皇家学院的订书工

郝金红

1791年9月22日,英国萨里郡纽因顿一个贫苦的铁匠家庭里,一个小男孩呱呱坠地。

小男孩天资聪慧,是老师们眼中的"神童"。他9岁那年,父亲去世。随着家庭经济的日渐窘困,初中还没有读完,他就不得不告别校园,进入当地一间私人书店当学徒,老板交给他的任务是,每天必须卖掉500份报纸。那一年,他才13岁。

一天卖500份报纸,的确是一份艰巨的工作。但和其他报童不同的是,小男孩并没有丝毫的抱怨,他反而喜欢上了这份有挑战性的工作。爱动脑筋的他发现,读者们总是对自己感兴趣的新闻有好奇心,也会有购买的欲望。于是他每天领到报纸后,第一时间将报纸上的新闻认真地看一遍,做到胸有成竹。然后,再按照客人的喜好将这500份报纸分门别类向购买者推荐。这一新颖的方法,收到了绝佳的效果,他的报纸,总能在上午11点之前销售一空。

虽然是穷人家的孩子,但他身上所散发出来的认真、自信和忠诚的特质,让书店的老板很欣赏。在他卖了半年报纸之后,老板决定让他跟自己学习书籍的装订手艺。要知道,这份工作比卖报纸轻松体面多了,而且收入也稳定。对卖报纸的男孩来说,简直就是天上掉馅饼的好事。

这个做事认真的报童,在老板的悉心指导下,不到两年的时间,就熟练地掌握了装订图书的技术。此时,眼界的开阔,使他不满足于做一名订书工,他还有更高的追求。有了老板的支持,再加上稳定的收入,他便利用各种机会接触图书,并且潜心研究它们,弥补自己在学业上的不足。尤其是《大英百科全书》中关于电学的文章,强烈地吸引着他。他努力地将书本知识付诸实践,利用废旧物品进行简单的化学和物理实验。他还与电学爱好者们建立了一个学习小组,常常在一起讨论问题,交换思想。

一个偶然的机会,他在报纸上看到一则消息:英国最高科学权威机构——英国皇家学院化学家H·戴维教授要招聘一名助手,但是条件很苛刻。这则消息让他激动不已,因为能和大名鼎鼎的戴维教授一起工作,正是他梦寐以求的。

如果凭他的学历,是万万不可能实现的。但他有自己的办法,为了让自己从众多竞争者中脱颖而出,他想到了自己精湛的装订技术。1812年2月到4月,21岁的他在皇家学院听了戴维教授的4次化学讲演。随后,他精心整理听课笔记并装订成一本精美的书册。取名《H·戴维教授演讲录》,并附上一封渴望做科学研究工作的信。于1812年圣诞节前夕一起寄给了戴维教授。他希望戴维教授能在收到这个独特礼物的同时,也顺便了解他这个人。

他的努力再一次得到了回报!接到这个意想不到的圣诞礼物后,戴维教授深受感动。他想不到,一个名不见经传的订书工,竟然对科学研究有如此的热忱。当晚,他就给这个素昧平生的订书工写了一封信,一面感谢他的好意,一面肯定他的不俗见识。并且邀请他加入自己的实验室,做自己的助手。

1813年3月,这名年仅22岁的订书工,终于走进了他梦想已久的英国皇家学院,成为戴维教授的助手。之后,他潜心研究电化学,成功制造了世界上第一个电马达,并创立了电解定律。这个走进皇家学院的订书工,就是近代科学巨匠、英国物理学家、化学家迈克尔·法拉第。

不为明天做准备的人,永远不会有未来。如果你曾经吃过苦受过累,先不要抱怨,将这些苦和累累积起来,当机会来临的时候,它们会成为你最好的人生经验,并且帮助你绽放生命的绚烂光华。

(选自《青年博览》2012年19期)

第九讲　表达思想感情的方法之停连

一、理论基础

前面三讲从感情酝酿、思维活动等方面调动了我们的播讲愿望，光有愿望还必须要付诸实施，即如何把内心的情感通过有声语言表达得准确到位、生动自如呢？现在一起来学习表达思想感情的方法，分别是停连、重音、语气、节奏。虽然这四种方法分开来讲解，但是在使用时，它们可不是"孤军作战"，而是"并肩作战"。所以，不能把四者割裂开来，仅仅使用其中的一种方法。好，先来学习停连。

停连[①]是指在有声语言的流动过程中，声音的中断和延续。定义是在有声语言的表达过程中，那些为表情达意的需要所作的声音中断、休止就是停顿；反之，那些不中断、不休止的地方（特别是有标点符号，而不中断、不休止的地方）就叫连接。停顿，是指人们朗读或说话时语音上的间歇。从生理上说，人播读或说话时需要呼吸换气，需要有间歇；从语言结构上说，为了层次分明、表达清楚，也需要停顿与连接互相作用来实现；从内容表达上说，要让听者有时间领会内容，突出重要信息，同样需要停顿。

逗号、句号等是文字语言的标点符号，停连则是有声语言的标点符号，我们的停连以标点符号作为参考，并不是完全按照标点符号停连的。有声语言停连的原则：标点符号是参考；语法关系是基础；情感表达是根本。看来，深入理解文章内涵，把握文章思想感情是确定停连的关键。有这样一个笑话：相传一主人请客，客人给他一封信："无鸡鸭也可无鱼肉也可一盘青菜不可"。于是主人就做了几盘不同的青菜，搞得客人很生气。由于客人和主人对信不同角度的理解从而导致断句不同，客人的意思是"无鸡∧鸭也可∧∧无鱼∧肉也可∧∧一盘青菜不可"。主人却理解为"无鸡鸭也可∧无鱼肉也可∧一盘青菜不可"。两者意思相反，闹出了笑话。所以，停连不是随随便便想停就停，想连就连的。下面具体看看如何确定停连的位置。

---

① 停连的标记符号：用∧表示停顿，▲表示停顿时间比∧稍短，∧∧表示停顿时间比∧稍长。用⌣表示连接。

(一)如何确定停连的位置

1. 准确理解语句意思

"过路人等不得在此穿行"。

【提示】这句话正确理解为"此处不得穿行",可以处理为"过路人等∧不得在此穿行"。如果理解不正确,处理为"过路人∧等不得∧在此穿行",那意思就正好相反了。

2. 正确分析语句结构

出门∧走好路,出口∧说好话,出手∧做好事。

【提示】这是排比句式的结构,在每一个主语的后面设计停顿,加强气势,突出做人的日常所为。

3. 恰当体会情景神态

明月∧几时有?
把酒∧问青天。
不知天上宫阙,
今夕∧是何年。

【提示】开篇"明月几时有"一句,通过向青天发问,把读者的思绪引向广漠太空的神仙世界。诗人把酒问月,是对明月产生疑问、进而求索。"问青天"、"是何年"之前的停顿,营造出皓月当空,作者感慨宇宙流转的意境氛围。

4. 合理处置标点符号

记者从三亚市政府获悉,∧从本月起,▲三亚工商、物价、旅游、公安、综合执法等15部门▲将联合行动,对海鲜排档市场进行▲为期3个月的集中整治。采取▲"9分倒扣整顿退市"等模式加强监管,对违法情节严重的▲实施"一次性死亡",吊销营业执照。

【提示】这句话虽然长,但是主旨很明确,即说明三亚市政府下决心整治海鲜排档,严打欺客宰客的不良行为。按照你对这句话的理解,根据主旨确定停连,合理处置标点符号,打破标点符号的束缚。

(二)停连的方式

为了让停连的表达方式更加贴切文章内容,需要对停连的方式有所要求。

1. 落停

在一个完整的意思讲完之后的句尾处用落停,停顿时间相对较长,句尾声音顺势而落,或急收或缓收,或强收或弱收,都要停住,不能失去控制,声音要随内容的需要进行落停,表示结束。

(1)据日本气象厅1月1日观测,日本本州岛东部海域当天下午发生里氏7.0级地震,地震没有引发海啸,目前尚无人员伤亡和财产损失的报告。

【提示】句号处用落停表示"地震级别虽高,但并未造成大的损失。"意思的结束。

(2)想象你自己对困难作出的反应,不是逃避或绕开它们,而是面对它们,同它们打交道,以一种进取的和明智的方式同它们奋斗。

【提示】句号处用落停表示"应该如何面对困难"意思的结束。

2. 扬停

用在一个意思还没有说完而中间又需要停顿的地方或在句中无标点处。停顿时间较短,停时声停但是气不断、意不断,停之前的声音或稍上扬或平拉开,停之后的声音或缓起或突起,做到停顿之后的意思完整,这些处理需要视内容而定。

(1)新北京方言里▲也许还留有一些其他方言带来的痕迹。比如现在北京人常说"耍大牌",这个词▲就是从广东一带传来的。

(2)徒步鞋最好大一号。▲因为行走时间长了脚会肿胀,有的人指甲盖脱落就是被鞋抵破的。

3. 直连

一般用于有标点符号而内容联系又比较紧密的地方,它的特点是顺势连带,不露痕迹。有时甚至不用换气,只用胸中的余气就可以了。

(1)在进行河流科考时都会带上大比例的军用地图。如五万分之一‿三万分之一,万分之一等。

(2)现在,电视气象节目中会报告紫外线指数。

4. 曲连

这种连接方式的感觉是似停非停,达到声断意连,环环向前的效果,一般用于较舒缓的内容,而且适合于一句或一段话当中的连接,也用于没有标点符号而内容又需要有所区分的地方。

(1)通常,语言学家根据汉语各方言之间的相互关系将其划分为八个方言区:北方方言区(官话区)、吴方言区、粤方言区、▲闽南方言区、闽北方言区、赣方言区、▲客家方言区、湘方言区。

(2)此外,很多家长营造的家庭气氛过于紧张,一切以高考为中心,反而进一步增加了孩子的心理压力。

由于每个人理解不同,示例分析仅供参考,而且有声语言当中停连的位置和方式没有固定的硬性规定,还需要具体分析具体掌握。在综合练习示例中还提供了非典型的停连练习。初学者尤其要克服"不敢停顿"和"该连不连"的倾向,仅以标点符号作为停连的标准是不能体现出有声语言创作的生命力!朋友们不妨用各种句式、各种感情色彩的片段文章做大量的练习,培养自己对语言的一种直觉和悟性,提高停连表达的水平。

【综合练习示例】

(1) 回望2012，曾经的轰轰烈烈∧变成了▲淡淡的回忆。🎧

(2) 作为一个人，对父母▲要尊敬，对子女▲要慈爱，对穷亲戚▲要慷慨，对一切人∧要有礼貌。🎧

(3) 成长与成熟▲是一步步由父母身边走向外面广大的世界，是由家里的小公主、学校的小才女，走入社会，融合在当中，成为社会大机器中的▲一个螺丝钉或齿轮。🎧

(4) 孩子，从现在起，就常把"电视"和"聊天"当作试探吧！每次你被电视节目吸引，或忍不住想找爸爸妈妈和朋友聊天时，都想想：▲是不是该适可而止？是不是要从现在就锻炼自己，在强大的诱惑下保持稳重，在一群朋友间掌握自我，在一片喧哗中保持宁静？🎧

(5) 叶圣陶先生童话集，收集有▲以《稻草人》为代表，另有《一粒种子》、《玫瑰和金鱼》、《聪明的野牛》、《古代英雄的石像》、▲《"鸟言兽语"》、《熊夫人幼稚园》等十几篇短篇童话。

(6) 你可以把本书▲当作一本富有诗意的哲理童话，∧平淡的家常话中饱含奇趣、幽默和讽刺，处处流露着一丝淡淡的伤感。

(7) 中央气象台预计，今明两天，▲全国大部仍将继续拉响升温号角，且升幅较大。陕西、河南、山东及其以南大部地区▲最高气温升到10℃以上，江南南部、华南升至20℃左右，天气暖和很多。

(8) 曾经有调查机构对3000多名网瘾患者的家庭状况进行统计，其中父爱缺失的▲占87％，位列第一；排名第二位的是父母溺爱，约占10％。因此，有不少网瘾患者在戒网中心康复之后，看上去完全恢复正常，但是回到家里，如果面对的还是缺乏亲情关怀和人际交流的环境，就很容易再度复发，这样的例子并不少见。专家呼吁，治疗网瘾的治本之举在于▲全社会都要行动起来，为青少年的成长▲提供积极健康的氛围。

(9) 北京市气象台2013年1月27日11时发布霾黄色预警：目前北京市平原地区已出现能见度小于3000米的霾，预计霾将持续，空气污浊。而受其影响，▲上午10时，北京东四、天坛、官园、奥体中心等城区监测站点∧以及房山、大兴、亦庄、顺义等郊区监测站点空气质量▲均达到五级重度污染。记者查阅未来一周最新天气预报，1月31日，▲将有一股冷空气登陆京城，届时带来的4级左右北风▲将会对空气中污染物的扩散▲起到重要作用。

(10) 据天文专家介绍，金星是距离地球最近、光度最亮的行星，我国古代称它为"太白"。当它早晨出现时，人们称它为▲"启明星"；当它黄昏出现时，人们称它为▲"长庚星"。因其光芒美丽动人，西方称其为爱神"维纳斯"。

二、实践练习

(一)句段练习

(1)无知是智慧的黑夜,是没有月亮,没有星星的黑夜。 （古罗马雄辩家、政治家西塞罗）

(2)昨天是春运第一天,首都机场的客流量瞬间攀升一万人次,达到23万人次,不过这还不是机场春运的最高峰。预计春运期间,首都机场将有4次进出港高峰,分别是1月29日,2月1日、2日和15日,每日的客流量将突破24.4万人次,所以在这一期间出京的旅客务必较平日提前到机场办理登机手续。 （选自《北京晨报》2012年1月27日）

(3)聪明的资质、内在的干劲、勤奋的工作态度和坚韧不拔的精神,这些都是科学研究成功所需要的条件。 （贝弗里奇）

(4)世界上最快而又最慢,最长而又最短,最平凡而又最珍贵,最易忽视而又最令人后悔的就是时间。

(5)人生是海,希望是舵手的指南,使我们在暴风雨中不迷失方向。

(6)周恩来主持起草的,由中国人民政治协商会议第一届全体会议通过的《共同纲领》上说:"中华人民共和国的国家政权属于人民。人民行使国家政权的机关为各级人民代表大会和各级人民政府。"

(7)那是力争上游的一种树,笔直的干,笔直的枝。它的干呢,通常是丈把高,像是加以人工似的,一丈以内,绝无旁枝;它所有的丫枝呢,一律向上,而且紧紧靠拢,也像是加以人工似的,成为一束,绝无横斜逸出;它的宽大的叶子也是片片向上,几乎没有斜生的,更不用说倒垂了;它的皮,光滑而有银色的晕圈,微微泛出淡青色。这是虽在北方的风雪的压迫下却保持着倔强挺立的一种树!

(8)大雪整整下了一夜。今天早晨,天放晴了,太阳出来了。推开门一看,嗬!好大的雪啊!山川、河流、树木、房屋,全都罩上了一层厚厚的雪,万里江山,变成了粉妆玉砌的世界。

(9)忽然间,那晃动的枯枝上透出的一点青绿色,照亮了我们的眼睛,那枝头竟然有一点嫩芽了,多鲜多亮呵!我猛然觉得心头轻松好多。杨柳绿了,杨柳绿了,我轻轻地反复在心里念诵着。那时我的词汇里还没有"生命"这些字眼,但只觉得自己又有了精神,一切都又有了希望似的。

(10)命运就在性格中,性格就在习惯中,习惯就在行动中,行动就在态度中。

(11)中国辣椒制品行业巨头"老干妈"公司2012年年产值为33.7亿人民币,纳税4.3亿人民币。据贵州有关统计数据显示,截至2012年底,"老干妈"公司在贵州先后建立起46万亩原材料基地,累计使用干辣椒18万吨、菜油43万吨、黄豆16万吨,仅以此三项原材料用料的统计,按贵州省人均耕地面积1.1亩计算,老干妈公司解决了550万农户的农产品销路问题。

(12)在新军事变革的浪潮中,战争面貌已发生巨大变化。通俗地讲,以往战争的制胜法则是"多胜少"、"大吃小"。就是说,投入作战力量的数量、规模,对于赢得战争具有重要意义,集中兵力成了制胜的不二法门。

(13)自2012年12月份以来,北京市公安局共破获入室盗窃案650余起,扒窃类案件320余起,盗窃机动车内财物案件90余起,盗窃机动车案件10余起,抓获犯罪嫌疑人720余人、打掉犯罪团伙8个,追赃减损人民币896万余元,其中包括手机113部、机动车29辆。

据介绍,随着蛇年春节临近,市公安局将严厉打击影响人民群众安全感的抢劫、抢夺、扒窃拎包、入室盗窃、盗窃汽车、撬砸汽车盗窃、电信诈骗等多发性侵财犯罪,有效遏制侵财犯罪类案高发的态势,全力为首都群众欢乐过年打造安全祥和的社会治安环境。据警方提示,春节临近,各类活动增多,购物、出行人数增多,随身携带财物增多,小偷此时也想在节前"赚些"过年钱。因此市民在出门乘车、逛街购物、饭店聚餐时,要注意防范扒手。

(14)有的同学认为,睡眠不足可以通过体育锻炼弥补,这个观点是错误的。睡眠之于身体健康,犹如水、食物一样对人必不可少。缺乏睡眠并不能靠运动来弥补,运动与睡眠对人的作用不同。充足的睡眠常常是人们解除疲劳,恢复体力、精力和增进健康的重要保证。运动的作用主要在于消耗体内能量,增强心肺功能,使血液循环畅通,避免焦虑,有利于睡眠,使神经系统处于最佳休息状态。运动只有在良好的睡眠下才可保证精力充沛,适应各种环境的变化。

(15)天地萌生万物,对包括人在内的动植物等有生命的东西,总是赋予一种极其惊人的求生存的力量和极其惊人的扩展蔓延的力量,这种力量大到无法抗御。只要你肯费力来观察一下,就必然会承认这一点。

(二)文章

北京的春节(节选)

老 舍

按照北京的老规矩,过农历的新年(春节),差不多在腊月的初旬就开头了。"腊七腊八,冻死寒鸦",这是一年里最冷的时候。可是,到了严冬,不久便是春天,所以人们并不因为寒冷而减少过年与迎春的热情。在腊八那天,人家里,寺观里,都熬腊八粥。这种特制的粥是祭祖祭神的,可是细一想,它倒是农业社会的一种自傲的表现——这种粥是用各种的米,各种的豆,与各种的干果(杏仁、核桃仁、瓜子、荔枝肉、莲子、花生米、葡萄干、菱角米……)熬成的。这不是粥,而是小型的农业展览会。

腊八这天还要泡腊八蒜。把蒜瓣在这天放到米醋里,封起来,为过年吃饺子用的。到年底,蒜泡得色如翡翠,而醋也有了些辣味,色味双美,使人要多吃几个饺子。在北京,过年时,家家吃饺子。

从腊八起,铺户中就加紧地上年货,街上加多了货摊子——卖春联的、卖年画的、卖蜜供的、卖水仙花的等等都是只在这一季节才会出现的。这些赶年的摊子都教儿童们的心跳得特别快一些。在胡同里,吆喝的声音也比平时更多更复杂起来,其中也有仅在腊月才出现的,像卖宪书的、松枝的、薏仁米的、年糕的等等。

在有皇帝的时候,学童们到腊月十九日就不上学了,放年假一个月。儿童们准备过年,差不多第一件事是买杂拌儿。这是用各种干果(花生、胶枣、榛子、栗子等)与蜜饯掺合成的,普通的带皮,高级的没有皮——例如:普通的用带皮的榛子,高级的用榛瓤儿。儿童们喜吃这些零七八碎儿,即使没有饺子吃,也必须买杂拌儿。他们的第二件大事是买爆竹,特别是男孩子们。恐怕第三件事才是买玩意儿——风筝、空竹、口琴等——和年画儿。

儿童们忙乱,大人们也紧张。他们须预备过年吃的使的喝的一切。他们也必须给儿童赶快做新鞋新衣,好在新年时显出万象更新的气象。

(选自《新观察》1951年1月第2卷第2期)

一生只为打磨一部戏

詹伟明

他出生在英国首都伦敦。小时候,曾是一名口吃者,性格非常孤僻,公众场合他很少说话。

幼年时,因为躲避二战,他们举家迁往纽约。

每天,父母都会通过收听广播,了解大洋彼岸的局势和动态。乖巧懂事的他坐在桌子的一旁,似懂非懂地聆听着追踪报道。

一天,电台在播报愈演愈烈的二战,但这次增添了不同于往常的内容。一种铿锵有力的声音,霎时响彻每个人的心底,那是乔治六世在号召英国人民奋起抵抗纳粹的精彩演说。

因为感受到希望,父亲高兴得手舞足蹈,母亲在一旁郑重其事地说:乔治六世,我们的国王,曾经患过和你一样的病症。但今天,这场演说太精彩了……

说者无心,听者有意。自那以后,他开始认真地接受口吃治疗,拼命地练习发音。有时,甚至为了某一重音,会耗上几个小时。但他始终坚信:我可以和乔治国王一样。

一天、一月、一年……直至16岁,他的口吃病才得以治愈,但年少的他已经知晓:不管做什么事情、只要用时间和耐心去打磨,就会有收获。

成年后，在朋友的引荐下，他进入好莱坞，开始了自己的编剧生涯。虽然拥有满腔热情，但所写剧本根本没什么反响。不甘心平庸的他，决定打造一部拿得出手的精品。冥思苦想之后，他想到了自己幼年时的经历，想起了乔治六世的那篇精彩的演讲，霎时，一个故事就在他的脑海中成形。

此时，他遇到了一个更大的难题：必须接受乔治六世遗孀伊丽莎白开出的条件，只有等她去世后，这个故事才被允诺讲述。

无奈，他只得等待，再等待。然而，这一等就是28年。但是，他的内心非常平静。在这段漫长的日子里，他认真琢磨乔治六世的自卑、绝望和委屈，一遍又一遍地修改原稿，足足改了50遍，一个波澜壮阔的故事在他的笔下被写得云淡风轻。

功夫不负有心人。2011年2月28日，依据此部剧本筹拍的电影《国王的演讲》在奥斯卡金像奖的颁奖典礼上，获得最佳原创剧本奖，他就是该片74岁的编剧大卫·赛德勒。

成名后，大卫·赛德勒经常被记者们提及一个相同的问题："你为什么愿意耗尽一生的精力只为等待一部戏？"他总会淡淡一笑，意味深长地说："我是耗尽一生的精力只为打磨一部戏。"

其实，电影《国王的演讲》在本届奥斯卡颁奖礼上大获全胜，是我们早已料到的结局。因为，我们相信，经过几十年的耐心和坚持打磨最终呈现出来的影片又怎么不会散发迷人的醇香呢？生活中的我们，如果能用这样的耐心和坚持对待每一件事情，那么也会收获属于自己的那份美丽人生。

(选自《哲理·文摘版》2011年第6期)

冰雪季点灯　龙庆峡过节

350余件冰灯、200件冰雕、60余件雪雕……昨天晚上，以"休闲延庆 欢乐冰雪"为主题的延庆县第二十七届冰雪欢乐节暨龙庆峡冰灯艺术节正式拉开帷幕，为京城冬季旅游增添了浓墨重彩的一笔。

本届冰雪欢乐节的主打品牌龙庆峡冰灯是首都冬季旅游的重要项目。与往年相比，今年龙庆峡内的冰灯、彩灯、花灯、雪雕作品突出以宣传中国传统历史文化、展示世界知名建筑等为目的，在设计上以冰雪龙庆峡——和平之光为主题，冰灯、彩灯、花灯突显了浓郁的民族文化内涵，光电效果极为突出，材料使用上突出节能、环保、低碳的理念。推出350余件冰灯、200件冰雕、60余件雪雕、200余组花灯、300余棵树灯，数千米长城灯和数万盏装饰灯极具特色，将把夜晚的龙庆峡装扮成如梦如幻的神奇世界。

冰雪欢乐节将持续到2月底，其间会推出欢乐冰雪大冲关、雪地乐园、冰上乐园等多个冰雪休闲新项目，推出雪地坦克、无动力雪车、冰上保龄、雪地CS、雪地足球、雪地蹦极、雪地温泉7个冰雪休闲新产品。另外，以龙庆峡冰灯为代表的山地滑雪、温泉养生、特色美食、民俗过大年、冬季采摘等6个传统项目也将为游客带来全新体验。

(选自北青网2013年1月15日)

我国近20年癌症呈现年轻化趋势

近日,中国社会科学院经济研究所发布的2012年《中国药品市场报告》显示,2008～2011年我国三级医院、二级医院用药类别的结构变化显著,一个重要特征为抗肿瘤和免疫调节剂占医院总用药的比重明显上升,提示人们重视当前肿瘤发病现状。全国肿瘤登记中心日前发布的《2012中国肿瘤登记年报》表明,我国近20年来癌症呈现年轻化、发病率和死亡率走高的趋势,每年新发肿瘤病例约312万例,每分钟就有6人被确诊为癌症。乳腺癌、肺癌、结肠癌、甲状腺癌等癌症发病年龄均出现提前。

据天津市肿瘤医院院长王平教授介绍,目前我国肿瘤发病率以每年3‰～5‰的速度增长,不良生活习惯与环境因素的改变已成为导致癌症的主要高危因素。

前不久,网上流行的漫画《滚蛋吧!肿瘤君》就是一位年轻肿瘤患者的作品。2011年8月,熊顿因一次摔伤到医院检查,被告知身患非霍奇金淋巴瘤。得病前的熊顿自诩为"一个剽悍的女子","仗着自己壮汉型的体格晨昏颠倒,三餐不定,K歌必定刷夜,聚餐必喝大酒,冬天衣不过三件,从来没有为健康操过心"。生病后,她的生活只能在家和医院间两点一线。2012年11月,年仅30岁的熊顿因病情恶化遗憾离世。

据《光明日报》报道,中国抗癌协会的统计数据显示,我国每年新发淋巴瘤患者约8.4万人,死亡人数超过4.7万人,并以每年5‰的速度上升,发病人群也越来越年轻化,多见于青壮年。因为20—40岁正是淋巴组织非常活跃的时期,高敏感性让青壮年很容易成为淋巴瘤的高危人群。

据《中国中医药报》报道,目前,我国淋巴瘤发病率逐年增高以及发病年龄前移,与以下四类原因有关:一是环境污染,包括过多接触有机溶剂染料如染发剂、居住或工作在残留大量有毒有害化学物质的新装修房屋内、经常吸入汽车尾气等。二是经常接触各种辐射。三是工作压力大,由于淋巴瘤的发病与人体免疫功能有很大关系,如果人长期工作压力大,导致精神紧张、心理压力大、生活作息不规律,使人很劳累,造成人体抵抗力下降,也会诱发淋巴瘤。四是病毒感染和细菌感染。此外,淋巴瘤的早期症状与感冒非常类似,如发烧、出汗、咳嗽等,很容易被混淆。很多人因此忽视病情,耽误了最佳治疗时机。

近年来,我国年轻人患胃癌人数呈上升趋势。据宋洪江介绍,青年胃癌多发与不良生活习惯有密切关系,过量吸烟、饮酒和饮食不当都是重要原因。许多青年独自在外生活,经常在外就餐。餐厅的部分蔬菜常洗不干净,当中含有大量残余农药、催长剂、催熟剂、化肥甚至激素,长期食用会对胃、肝产生有害的刺激。还有一部分人嗜吃熏烤或腌制食物,当中含硝酸盐较多,也可诱发癌症。据统计,嗜吃熏烤、腌制食物或"麻辣烫"类饮食的青年,胃癌发生率比其他人群高出4倍以上。另外,生活无规律、工作生活压力大导致精神紧张,也是诱发胃部疾病的原因之一。

要从源头上降低肿瘤发病率,还要从每个人自身做起。"病因预防是降低肿瘤发病率的重要手段,要特别注意合理膳食和营养均衡。"王平教授强调,癌症预防要做到热量与脂肪"两控制"、果蔬与谷物"两增加"。通过均衡饮食、经常运动、保证正常体重和远离烟酒,拥有健康的生活习惯和良好的心理状态,掌握科学的防癌常识,可以避免30%~40%癌症的发生。

(选自《中国青年报》2013年1月24日)

"灌输式"教育亟待更改

在"选修课必逃,必修课选逃"风气弥漫国内各大高校之时,"潮课"风吹来,学生大叹过瘾,专家学者们也开始了反思。

著名教育学者熊丙奇指出,"潮课"的出现对提高学生兴趣有一定积极作用。"当今国内高校的教学内容和方式大多停留在陈旧的灌输式教育上,这对学生完全没吸引力,能不能像讲故事一样讲课、传授知识,能不能让学生激烈地参与讨论,能不能改灌输式、填鸭式教育为交互式、探讨式教育?这才是我们当下课程建设的关键!"

(选自《北京晨报》2012年1月4日)

公共辩论,让暴力走开

于德清

据《羊城晚报》报道,1月13日下午5时左右,作家李承鹏在中关村图书大厦进行新书签售活动时遭遇一名男子掌掴,而在签售临近结束时,又被另一名男子扔刀。

一场作家的签名售书活动,竟然上演了全武行,实在令人大跌眼镜。

不管什么样的理由,动手打人、掷菜刀,都是不对的,涉嫌违法。这无关正义,也谈不上什么崇高,暴力对待异见的背后,只有堕落。

当下中国社会日趋多元,在公共舆论空间中,有各种各样的观点、意见,甚至包括价值观和立场的对立与冲突。这些都是正常的,各方理当宽容对待。

但遗憾的是,近一年来,公共舆论空间中的理性表达,正在遭遇前所未有的挑战。从微博约架到反日示威韩德强掌掴八旬老人,再到此次李承鹏签售遭暴力闹场,有些人似乎越来越没有耐心,越来越极端,他们放弃了文明语言,而选择了肢体语言,他们不是去说服对方,而是想用暴力征服对方。

尤其值得一说的是,那个打了李承鹏的人,竟然曾经是律师。其本来以法律为生,本应很明白意见争讼所应遵循的规则和底线,也应该很清楚自己行为的法律后果,但是,他甘愿以身试法。这无疑是对公共理性和社会主流价值的公然挑衅。

一味的谴责这个人,并不解决问题。更重要的是,弄明白是什么让他这样做?

从尹某的微博来看,他对韩德强很是推崇。或许,正是韩德强掌掴老人,成了他的摹本。尽管,在微博约架乃至韩德强掌掴老人事件之后,主流舆论对此类行为一致谴责,但是,现在看来,某些人非但没有觉悟,反而在公众的口水之中,有了英雄般的幻觉。在这些极端者的逻辑中,暴力被美化,甚至成为勇敢的代名词,成为博取名利的工具。

这些事件反映出,一些所谓的知识分子的主动民粹化倾向。不管他们给自己贴上什么样的标签,但暴力伤害社会,拉低了公共辩论的价值,也给他们所拥护的"主义"抹黑。

而他们之所以会如此,或许正是在于,他们的认知模式与当下社会的实际出现了巨大的偏差。他们或许没有意识到,时下,民间固然有一些怨言,但是,同样也不喜欢文革做派、流氓作风,文明和法律才是当下最大的社会共识。民众的种种诉求,是要寻求增量,是让生活更美好,而不是倒退,或者混乱不堪。

这次事件离流血的不幸擦脸而过,充分表明,当下的公共舆论空间中,火药味有多么浓重,事态究竟有多么凶险,捍卫公共理性,也从来没有如此急迫。有些人确实应该清醒了。极端主义是一条不归路,在暴力中寻求快感,在堕落中证明存在,并不好玩。玩火者必自焚。

(选自《新京报》2013年1月15日)

第十讲　表达思想感情的方法之重音

一、理论基础

在这一讲之前,我们先要弄明白两个概念的区别,即重音的"重"与词的轻重格式中的"重"可不一样。前者指的是"重点";后者是"多音节词的几个音节有约定俗成的轻重差别,长而强称为重"。我们这里讲的重音是为了强调突出重点的声音,而非重重读的意思,所以重音的"重"是比较出来的重点。

重音[①]是指在播音中,那些根据语句目的、思想感情需要而给予强调的词或短语。如果在一句话里每个词都给予了强调,那就是处处没有强调,所以,重音的确定原则是少而精,以能否突出语言目的为首要标准,综合考虑逻辑关系和感情表达的需要。

比如:我喜欢。尽管这句话只有三个字,但结合到不同的对话中能够得出不同的重音,当回答"谁喜欢"时,重音是"我";当回答"对此你的态度是",回答则强调"喜欢"。有了重音的突出,能够非常明确地表达语句的意思。

任何一个句子里都有重音。不过,因为句子在全文中的作用、地位不同,重音的强调程度、强调方法也不同。有时,一个句子里有两个以上的重音,这就要区分主要重音和次要重音了,分别予以不同程度的强调。

(一)重音的确定方法

下面我们通过示例告诉大家重音的确定方法:

1. 重音应该是突出语句目的的中心词

这类词,指那些在语句中占主导地位和最能揭示语句本质意义的词或词组。它们是准确、鲜明地传达语句目的的核心。

(1)2012年我国土地供应政策基调是坚持房地产调控政策方向不改变、态度不动摇、

---

① 重音标记使用"·"。

力度不放松,在促进房价合理回归同时努力保持土地市场平稳运行,避免土地供应总量、结构和价格大起大落。

【提示】重音表现为陈述事实的主要词语:这个语句是传达2012年我国土地供应政策调控基调不变,包括:方向、态度、力度方面。目标是:房价合理回归、土地市场平稳运行、避免大起大落。

(2)记者今天从国家林业局获悉,国家林业局开展"绿盾二号行动",坚决打击乱砍滥伐、乱征滥占林地的违法行为。

【提示】重音表现为起说明解释、修饰等作用的主要词语:这句话突出了"绿盾二号行动"要打击什么内容的违法行为,交代行动名称,并给以说明解释,传达了语句目的。

(3)尽管北京汽车"限购"政策在一定程度上延缓了汽车保有量的增加,但似乎并没有放慢车位价格的涨幅。记者调查发现,北京市区的车位价格普遍已经上涨到20万元以上,而四环内的车位已经达到50万元,基本相当于一辆宝马5系的价格。由于停车费的节节攀升,不少开发商对车位采取只租不售的策略。

【提示】重音表现为主要的数量词语:这句话中的数量词反映了目前北京虽然汽车"限购",可停车费却高居不下,而且还有节节攀升之势。通过对这组数字的强调,使人们对高价车位的认知更加明确。

2. 重音应该是体现逻辑关系的对应词

这类词是指那些具有转折、呼应、对比、并列、递进等作用的词语。它们是语句目的的实现过程中的重要逻辑线索。

(1)重音表现为线索性的重复出现的词语。

母亲喜欢花,可自从我的腿瘫痪后,她侍弄的那些花都死了。"不,我不去!"我狠命地捶打这两条可恨的腿,喊着:"我活着有什么劲!"母亲扑过来抓住我的手,忍住哭声说:"咱娘儿俩在一块儿,好好儿活,好好儿活……"可我却一直都不知道,她的病已经到了那步田地。后来妹妹告诉我,她常常肝疼得整宿整宿翻来覆去地睡不了觉。

……

又是秋天,妹妹推我去北海看了菊花。黄色的花淡雅、白色的花高洁、紫红色的花热烈而深沉,泼泼洒洒,秋风中正开得烂漫。我懂得母亲没有说完的话。妹妹也懂。我俩在一块儿,要好好儿活……

【提示】史铁生的文章《秋天的怀念》先后两次重复出现"好好儿活",起到了呼应作用,又引出了作者内心的感悟,对于母亲和自己生命的理解有了重新认识,使得全篇的逻辑关系自然而严密。

(2)重音表现为相区别而不相重复的词语。

与友分享欢乐者,无不欢乐倍增;与友分担哀伤者,无不哀伤减半。

【提示】尽管这句话没有明显的关联词,但是内容是相关联的实质。这是并列句,强调友谊的重要。

3. 重音应该是点染感情色彩的关键词

这类词是指那些对显露丰富的感情色彩、情景神态和烘托气氛等起重要作用的比喻、象声以及其他形容性的词或词语。它们可以使特定环境中的语句目的生动形象地突出出来。

壁炉里的火苗活像一只睡眼惺忪的大野兽,咕噜咕噜地哼哼着;炉膛里不停地向外释放出柔和的光和热。

有只鸽子口渴得很难受,看见画板上画着一个水瓶,以为是真的。它立刻呼呼地猛飞过去,不料一头碰撞在画板上,折断了翅膀,摔在地上,被人轻易地捉住了。

确定重音的方法和规律不止于此,朋友们一定要结合上下文和主题,多揣摩多练习,明确重点,确定重音。

(二)强调重音的方法

既然重音不是简单地重读,就需要大家掌握如何强调重音的方法。示例是采用单一元素的对比,同样的,处理方法不仅仅是单一元素的运用,可将强弱、快慢、虚实的方法结合起来综合使用,使语言色彩更加丰富,变化更有层次。

1. 强弱法

这是一种用声音的轻重、高低变化来强调重音的方法。

(1)据国家统计局公布的数据显示,9月CPI(居民消费价格指数)受到食品价格因素影响最大,食品类价格同比上涨13.4%,其中,肉禽及其制品价格上涨28.4%,影响价格总水平上涨约1.86个百分点,而其中猪肉价格更是上涨43.5%,单项所占比例最大。此外,鲜果、蔬菜、水产、油脂价格与上月相比均有不同程度上涨。

【提示】这句话中我们可以用音高的变化强调"CPI"(居民消费价格指数),CPI反映了由居民生活中的产品和劳务价格所统计出来的物价变动指标,通常是作为观察通货膨胀水平的重要指标,每月公布一次。仍用音高强调"13.4%"、"28.4%"、"1.86个百分点"和"43.5%",为了有变化,"食品价格因素"与数字相对应的"食品类价格"、"肉禽及其制品价格"、"猪肉价格"和"最大"则用加重的方法强调,可以突出强调的内容。我们常说语重心长,加重的变化更容易让受众接受内容,尤其是青少年群体。

(2)没有听见房东家的狗的声音。现在园子里非常静。那棵不知名的五瓣的白色小花仍然寂寞地开着。

【提示】由于重音是在语句中由对比而显现出来的,强中见弱、高中显低也是强调重音有效的方法。周围环境的安静突出了花儿"开着"的动态,结合内容,我们只在重音"开着"处用较高较强的声音强调,其余都弱化处理,只要能突出重音,不必拘泥于一种方法。

2. 快慢法

这是一种用声音的急缓、长短、顿连等变化来强调重音的方法。

(1)堵车,车之洪流被堵住了,高处往低处望,北京城成了五彩缤纷的停车场。

【提示】用较缓的变化强调重音"堵车"和"停车场",比较出车辆的静止相对于车辆流动的状态。声音的缓、长形象地表现了堵车时的无奈和作者的调侃。

(2)当我从沉思中醒悟过来看远方时,小女孩和她妈妈的背影已消失不见了。

【提示】重音"醒悟"和"不见"用短促、加快、紧连的声音处理,在整个语句中显得符合人物内心情绪的变化及视觉的转换需要。

3. 虚实法

这是一种通过声音的虚实变化来强调重音的方法。

(1)女孩黑黑的,头发稀少,大嘴巴,不漂亮,但乖巧得让人心疼。

【提示】作者用近乎白描的手法刻画女孩的形象,实声处理显得真实可信,重音之一"心疼"是作者情感的流露,虚声的处理使这种油然而生的细腻感情得以体现。

(2)大江东去,

　　浪淘尽,

　　千古风流人物。

【提示】苏轼的《念奴娇·赤壁怀古》开篇前三句,作者即景抒情,穿越古今,地跨万里,把汹涌的江水和历史人物联系起来,用较实的声音处理重音"风流人物",将读者带入历史的沉思之中,显得厚重而有历史感。

二、实践练习

(一)句段练习

(1)2013年1月26日,我国自主发展的运—20大型运输机首次试飞取得圆满成功。该型飞机是我国依靠自己的力量研制的一种大型、多用途运输机,可在复杂气象条件下执行各种物资和人员的长距离航空运输任务。运—20大型运输机的首飞成功,对于推进我国经济和国防现代化建设,应对抢险救灾、人道主义援助等紧急情况,具有重要意义。该型飞机首飞后将按计划继续开展相关试验和试飞工作。

(选自北青网)

(2)广东省人大代表、韶关市市委书记郑振涛27日在广东省十二届人大一次会议上披露,作为官员财产公开试点的始兴县,526名副科级及以上干部的家庭财产相关资料将在内部网上公示。郑振涛表示,目前始兴县副科及以上干部共有526名,其中包括局长、副县长和县长在内,申报和公示的内容包括"干部的工资奖金、津补贴、劳动所得、房地产、投资和汽车等项目"6个部分。

(选自新华网2013年1月27日)

(3)除了"少吃甜食和油腻的食物,多食蔬果"这一众所周知的原则外,一定要多吃富含膳食纤维的食物,如芹菜、魔芋等,它们能让人有饱腹感,又不会增加体重。

(4)科学的灵感,绝不是坐等可以等来的。如果说,科学上的发现有什么偶然的机遇的话,那么这种"偶然的机遇"只能给那些学有素养的人,给那些善于独立思考的人,给那些具有锲而不舍的精神的人,而不是给懒汉。

(数学家华罗庚)

(5)天才,就是1%的灵感加上99%的血汗。

(美国发明家爱迪生)

(6)1月20日,扬州大学教育科学学院给即将离校的学生布置了一项特殊的寒假作业——以"感恩"为主题,主要内容是"关注家人健康、感悟亲情"。要求学生寒假期间了解父母的健康状况,为他们建立健康档案,制作健康小贴士,至少为父母做一次饭,陪父母看一部电影,要经常和家人一起运动。这被学生称为"最有爱"的寒假作业。

(选自《中国青年报》2013年1月23日)

(7)是啊,曾几何时,我们那晨曦的晴空下碧透如洗的瓦蓝哪儿去了?那树篱的枝桠上梦幻般悬挂的繁星哪儿去了?那浓墨重彩的洇开的花瓣似的朵朵浮云哪儿去了?难道它们真的要被遗忘在污浊的霾气之中吗?

(8)那沉甸甸的稻谷,像一垄垄金黄的珍珠;炸蕾吐絮的棉花,像一厢厢雪白的珍珠;婆娑起舞的莲蓬,却又像一盘盘碧绿的珍珠。

(9)昨夜,竟悄悄地下了一阵小雨,清晨打开窗口,飘进来湿漉漉的空气,很清新,并夹着一股甜滋滋的味道。

(10)曲径通幽,庭院掩映于林木中间,眼前就是两峰之间的一个峡谷,那树,枫呀、栎呀、樟呀、松呀,一片混交林。好奇地踮起脚尖,一棵一棵都站到了我们跟前。

(11)因此,在中学阶段,我们应该积极鼓励学生敢于尝试,敢于面对失败,敢于面对批评和指责,把他们的答案作为答案,让他们自由挥洒文采和智慧。另一方面,我们还应积极组织活动,为学生们提供自我表现的机会,锻炼他们的能力,满足他们的表现欲,树立他们的自信心。

(12)很长一段时间,我查检了一本又一本的书籍,阅读了一篇又一篇的文稿,终于将信将疑地接受了这样一个结论:在上一世纪乃至以前相当长的一个时期内,中国最富有的省份不是我们现在可以想象的那些地区,而竟然是山西!直到本世纪初,山西,仍是中国堂而皇之的金融贸易中心。北京、上海、广州、武汉等城市里那些比较像样的金融机构,最高总部大抵都在山西平遥县和太谷县几条寻常的街道间,这些大城市只不过是腰缠万贯的山西商人小试身手的码头而已。

(13)孩子的心灵是一块神奇的土地,你播种一种思想,就会收获一种行为;播种一种行为,就会收获一种习惯;播种一种习惯,就会收获一种性格;播种一种性格,就会收获一种命运。习惯对于孩子的生活、学习以至事业上的成功都至关重要。

(14)国外很多父母都比较重视孩子自力更生的能力。美国的中学生有句口号:"要花钱,自己挣!"父母在孩子十几岁的时候就让他们认识劳动的价值,让孩子自己动手修理、装配摩托车,到外边参加劳动。孩子只有在使用自己劳动所得的钱时才会比较珍惜。因此,父母应该让孩子意识到劳动和工作的重要性,让孩子明白:要获得报酬,你就得工作。只有工作,你才有工资用于买吃的、穿的以及支付水、电等家庭必要开支。帮助孩子们理解这一点后,父母可以建议,如果他们能在自己的义务之外做一些额外的家务活,父母可以给他们开工资。双方协商一下,就工作报酬、完成的期限及质量达成一致。一旦孩子完成了工作,报酬就立即支付。

(二)文章

感动于"一生只做一件事"

一生只做一件事,是一种咬定青山不放松的坚守与执著！前几天,2012年度国家最高科学技术奖揭晓,郑哲敏院士、王小谟院士获奖。两位院士的事迹告诉我们,虽然所学专业、所从事的领域不一样,但他们的人生轨迹却有着惊人的相似,那就是:一生只做一件事！

一辈子的坚守不易。人的一生或长或短,选择用一生的坚持,完成一件事,其结果或许轰轰烈烈、惊天动地、名垂青史,或许默默无闻、微不足道、被人遗忘,但其透露出的人生态度、处事理念,都让人感动、让人钦佩。

古今中外,一生专注做一件事,最终将自己的名字铭刻史册的例子不胜枚举——

我国古代伟大的医学家、药物学家李时珍,阅读有关医药及其学术书籍800多种,写了上千万字笔记,游历了大半个中国,收集了成千上万个单方,结合自身经验和调查研究,历时二十七年编成中国医药学的辉煌巨著《本草纲目》,世人惊叹。

著名科学家居里夫人,为了科学事业,克服资金上的不足、社会对女性科学家歧视、实验的大量辐射伤害等一个又一个困难,历经成千上万次实验,终于发现了放射性新元素镭,开创了放射化学这一新的研究领域。

"杂交水稻之父"袁隆平院士,几十年如一日,倾注所有精力于杂交水稻的研究和推广事业,攻克了一个又一个难题,为中国人"自己养活自己"做出了卓越贡献,创造了人类发展史上的奇迹。

……

"人生一世,草木一秋"。在漫漫的历史长河中,一个人的生命只不过是短暂一瞬。如何让或长或短的生命过得更有价值,让自己活得更有意义,是每个人穷其一生都在思考的问题。郑哲敏院士、王小谟院士的事迹再次启示我们:无论处在哪个领域,从事何种职业,想要有所作为,选准了一个目标,就要始终如一,坚韧不拔,不达目标誓不罢休。

不久前,某卫视《坚持》栏目讲述一位85岁的老人40年如一日,坚持写日记的故事。

一张张发黄的纸片，一段段记录生活琐碎的文字，见证了记录者的荣辱沉浮和中国的时代变迁，让人动容。这位老人的一句话，更是让人印象深刻："坚持一件事情，无论如何都会有一个结果。"朴实的话语道出深刻的道理：这个世界上，并不是每个人的坚持都能够换来青史留名，但每个人的坚持一定会赢得应有的尊重。

一生只做一件事，是一种执著、坚毅、果敢，更是一种睿智、理性、务实。我们相信，拥有13亿人的中国，从来都不缺少智慧和力量，如果每个人都坚持做好自己分内的事，富民强国的"中国梦"就一定能早日实现。

（选自新华网2013年1月24日）

谁在陪我们的父亲母亲

邹振东

到了重阳节，敬老的新闻就多了起来。其中最为鼓舞人心的是，北京市宣布从2011年起，凡95岁以上老人看病，均100%报销。这一惠民措施，带来另一个意想不到的正面效果——鼓励那些今天还享受不到这一政策阳光的人，为了实现看病家庭一分不掏的远大理想，无论如何，都要健健康康活过95岁呀！

早在2010年，全国老龄委也许就意识到，只用"敬老日"已经不足以强调敬老的重要性了，非得用"敬老月"这一剂猛药才行。我却忍不住促狭地想：一年一天不够用，一年三十天就够了吗？而又有谁最有可能日复一日、月复一月、年复一年地"关心"老年人呢？

非常抱歉，我首先想到的，却是商人。

就像徐怀钰一直唱着"有怪兽、有怪兽"一样，我觉得老年人周围，一直潜伏着各式各样"惦记"着他们的"商人"。"不怕贼偷，就怕贼惦记"！我认识的老年人，大面积地中招，几乎很少幸免。有一个朋友前一段时间很烦，原来他妈妈最近被一个"体验中心"给缠住了，"买什么东西都不如买健康，买健康就是为儿女好"，非要花几千块钱买一个包医百病的腰带，儿女们说那是骗人的，老爸却在一旁生气了："你们妈妈，辛苦一辈子，买一个腰带你们都要阻止，又不要花你们的钱，我们自己有退休工资……"

作为记者，我知道那种"体验中心"，免费吃，免费玩，免费按摩，工作人员见到老人家，都不是叫老伯大妈，而是称呼"咱爸咱妈"，甚至"咱"字都没有，直接就是"爸"和"妈"，老人家躺在按摩床上，每个人都有一个服务生伺候你，跟你聊天，讲故事，夸你家儿子有出息，跟你一起抱怨媳妇不贴心……

不要怪那些不法商人骗术太高明了，其实是我们的父亲母亲太寂寞了。与其责怪他们没有火眼金睛，不如设身处地将心比心地想，当你在外面打拼社交，是谁在陪你的父亲母亲？你有同事聚餐，有同学聚会，有QQ空间，有微博关注，但你知不知道，你的父母亲早晨怎样去的菜市场，下午怎样收拾房间，他们找谁聊天，向谁倾诉？

我在厦门安家后，最快速度把父母接了过来，我以为比老家更舒适方便的特区生活，应该让老人家满意，没想到头几个月，几天新鲜劲之后，父母明显地不习惯，一直嚷着要回老家。有一天下午，我偶然回到家，房间暗摸摸的，一个瘦小的身影蜷缩在沙发上，那就是我的母亲，我这才知道，母亲就是这样度过她的每一天的下午的，寂寞无边无际。

我终于明白，老人家需要有伴，需要邻居，如果不能帮他们找到邻居，他们就不可能住长久。我们原以为，父母亲只要有房子，有舒适的生活条件，有孝顺的儿女，就够了，我们不知道他们好像一棵树从老家拔了出来，如果在新的城市没有土培着，他们就扎不了根。我们为老人家搬迁一个家，还要为他们创设一个环境；我们让老人家和子女住在一起，还要帮他和邻居生活在一起。

幸运的是，父母亲终于慢慢在厦门找到了自己的朋友。我慢慢懂得，那一个在菜市场卖榨菜的大嫂，那一位陪父亲下象棋的老伯，有时比我们还重要，当我们离开父母亲的时候，是他们陪伴着父母亲，打发一个个忙碌的早晨，消磨一个个无聊的下午。他们甚至比我们更容易左右父母的情绪，影响父母的幸福，因为他们比我们陪父母的时间更长。

最近我一位朋友在乡下的母亲病了，每周请一天假去陪护她，有一天晚上，母亲突然哭了，他吓了一跳，母亲说："你们兄弟姐妹六个人，我病了，你们轮流来陪我，你们每个人一个礼拜只需要请一天假，可是，等到你们老了，只有一个孩子，你们将来怎么办呀？"母亲老泪纵横。

自己生病，却操心未来子女生病将怎么办的父母亲，让我在想：在父母亲的口中，我们一直是孝子，但父母亲真的很幸福吗？而未来，等我们也老了，我们会比我们的父亲母亲，更幸福吗？

（选自《思维与智慧》2012年第6期）

做无用之事，享幸福生活

白岩松

喝茶、喝酒、听听琴音，这些事儿有用吗？表面上看，还真没用。

2011年，海峡两岸交流中的一件大事，是画作《富春山居图》的合璧大展。

年初，我去了浙江小城富阳。那里的人们，人人都在为出自此地的《富春山居图》而骄傲自豪。仔细一聊，这幅大作，是六百多年前的元朝，年过七十的画家黄公望在此山居，用三四年时间完成的。那三四年，我想小城里的人们也在为名忙为利忙，而黄公望与他的画作，不过是一个看似无用的人做了一件无用的事而已。耐人寻味的是，当年这幅画，黄公望正是画给道友无用师的，因此也有人称这幅画卷为《无用师卷》。然而几百年过去，那些一代又一代人做的有用的事，都烟消云散；却是当年那无用的老人，用清静的心和一支又一支磨秃的画笔，留下的画作显赫起来，终成这座城市的象征和最伟大的记忆，并越来越为这座小城带来资金、带来财富、带来关注。一个无用的人送给无用师的画作却真的有用起来。这该是怎样的一个轮回？无用的事，真的无用吗？

我也是临近中年,才知茶的好处。

如果单为解渴,茶不是最好的选择。急不得恼不得,让情急口渴的人早已弃它而去,三大杯可乐下肚,马上去忙别的。

茶也解渴,甚至更解渴,可你要给自己时间。喝茶喝的不是水,而是滋味,时间长了,甚至喝的都不是茶的滋味,而是内心和人生的滋味。不同季节或一日之中不同的时间,对应着不同的茶,像极了生命中或凉或暖的时光。不同的是,生命中的平淡时光占大多数,而心静下来,茶里,却总有滋味。

酒,我既讨厌又喜欢。讨厌的是应酬的酒,却也是周围人群中最常见的。这样的酒,往往醉了都不知酒的滋味。端着为感情为态度为利益而要大口闷下去的好酒,都替那酒可惜,好酒被当成了钥匙。

真正好的酒却让我喜欢,那往往是闲来无事或毫无目的之时,亲朋好友间的小酌,没有名头大小排座次,没有利益在酒中,杯中物才润泽了人生。

琴音更是静下来面对自己的妙品。琴为古物,音乐却是到处都有,可太多都是喧闹的背景,有多少是为你的悲喜而响起?

新闻于我,是事业是功名,可从现实的角度看,常常是必须坚持的苦役。如若没有强迫自己闲下来的爱乐时光,没有同样看似无用的喝酒喝茶甚至发呆的时光,苦役早已不堪重负。于是我逐渐明白,正是这些无用的事平衡了生活中必有的苦,甚至有时觉得这些事才是人生中最有用的事。人生是条单行线,如若只为目的而忘了过程,人生,其实才真的是苦役。

到了该多做些无用的事,为无用的事正名也为人生正名的时候了。

茶、酒、琴又或者其他,也都只是手段,让心静下来一些,让生命分一些时间给看似无用的事,这才是目标。心不静,幸福来不了;人没有更多与内心对话的机会,生命鲜活不起来。总要有个机会和忙乱告别,把更好的人生拿起来。

(选自《广州日报》2012 年 2 月 13 日)

日 历

冯骥才

我喜欢用日历,不用月历。为什么?

厚厚一本日历是整整一年的日子。每扯下一页,它新的一页——光亮而开阔的一天便笑嘻嘻地等着我去填满。我喜欢日历每一页后边的"明天"的未知,还隐含着一种希望。"明天"乃是人生中最富魅力的字眼儿。生命的定义就是拥有明天。它不像"未来"那么过于遥远与空洞。它就守候在门外。走出了今天便进入了全新的明天。白天和黑夜的界线是灯光;明天与今天的界线还是灯光。每一个明天都是从灯光熄灭时开始的。那么明天会怎样呢?当然,多半还要看你自己的。你快乐它就是快乐的一天,你无聊它就是无聊的一天,你匆忙它就是匆忙的一天。如果你静下心来就会发现,你不能改变昨天,但你可以决定明天。有时看起来你很被动,你被生活所选择,其实你也在选择生活,是不是?

每年元月元日,我都把一本新日历挂在墙上。随手一翻,光溜溜的纸页花花绿绿滑过手心,散着油墨的芬芳。这一刹那我心头十分快活。我居然有这么大把大把的日子!我可以做多少事情!前边的日子就像一个个空间,生机勃勃,宽阔无边,迎面而来。我发现时间也是一种空间。历史不是一种空间吗?人的一生不是一个漫长又巨大的空间吗?一个个明天,不就像是一间间空屋子吗?那就要看你把什么东西搬进来。可是,时间的空间是无形的,触摸不到的。凡是使用过的日子,立即就会消失,抓也抓不住,而且了无痕迹。也许正是这样,我们便会感受到岁月的匆匆与虚无。

有一次,一位很著名的表演艺术家对我讲她和她的丈夫的一件事。她唱戏,丈夫拉弦。他们很敬业。天天忙着上妆上台,下台下妆,谁也顾不上认真看对方一眼,几十年就这样过去了。一天老伴忽然惊讶地对她说:"哎哟,你怎么老了呢!你什么时候才老的呀?我一直都在你身边怎么也没发现哪!"她受不了老伴脸上那种伤感的神情。她就去做了美容,除了皱,还除去眼袋。但老伴一看,竟然流下泪来。时针是从来不会逆转的。倒行逆施的只有人类自己的社会与历史。于是,光阴岁月,就像一阵阵呼呼的风或是闪闪烁烁的流光,它最终留给你的只有是无奈而频生的白发和消耗中日见衰弱的身躯。为此,你每扯去一页用过的日历时,是不是觉得有点像扯掉一个生命的页码?

我不能天天都从容地扯下一页。特别是忙碌起来,或者从什么地方开会、活动、考察、访问归来,看见几页或十几页过往的日子挂在那里,黯淡、沉寂和没用;被时间掀过的日历好似废纸。可是当我把这一叠用过的日子扯下来,往往不忍丢掉,而把它们塞在书架的缝隙或夹在画册中间。就像从地上拾起的落叶。它们是我生命的落叶!

别忘了,我们的每一天都曾经生活在这一页一页的日历上。

记得1976年唐山大地震那天,我在长沙路思治里十二号那个顶层上的亭子间被彻底摇散,震毁。我一家三口像老鼠那样找一个洞爬了出来。我的双腿血淋淋的,站在洞外,那感觉真像从死神的指缝里侥幸地逃脱出来。转过两天,我向朋友借了一架方形铁盒子般的海鸥牌相机,爬上我那座狼咬狗啃废墟般的破楼,钻进我的房间——实际上已经没有屋顶。我将自己命运所遭遇的惨状拍摄下来。我要记下这一切。我清楚地知道这是我个人独有的经历。这时,突然发现一堵残墙上居然还挂着日历——那蒙满灰土的日历的日子正是地震那一天:1976年7月28日,星期三,丙辰年七月初二。我伸手把它小心地扯下来。如今,它和我当时拍下的照片,已经成了我个人生命史刻骨铭心的珍藏了。

由此,我懂得了日历的意义。它原是我们生命忠实的记录。从"隐形写作"的含义上说,日历是一本日记。它无形地记载我每一天遭遇的、面临的、经受的,以及我本人的应对与所作所为,还有改变我的和被我改变的。

然而人生的大部分日子是重复的——重复的工作与人际关系。重复的事物与相同的事物都很难被记忆，所以我们的日历大多页码都是黯淡无光。过后想起来，好似空洞无物。于是，我们就碰到一个非常重要的关于人本的话题——记忆。人因为记忆而变得厚重、智慧和理智。更重要的是，记忆使人变得独特。因为记忆排斥平庸。记忆的事物都是纯粹而深刻个人化的。所有个人都是一个独特的"个案"。记忆很像艺术家，潜在心中，专事刻画我们自己的独特性。你是否把自己这个"独特"看得很重要？广义地说，精神事物的真正价值正是它的独特性。无论是一个人，还是一种文化。记忆依靠载体。一个城市的记忆留在它历史的街区与建筑上，一个人的记忆在他的照片上、物品里、老歌老曲中，也在日历上。

然而，人不能只是被动地被记忆，我们还要用行为去创造记忆。我们要用情感、忠诚、爱心、责任感，以及创造性的劳动去书写每一天的日历。把这一天深深嵌入记忆里。我们不是有能力使自己的人生丰富、充实以及具有深度和分量吗？

所以我写过：

"生活就是创造每一天。"

我还在一次艺术家的聚会中说：

"我们今天为之努力的，都是为了明天的回忆。"

为此，每每到了一年最后的几天。我都是不肯再去扯日历。我总把这最后几页保存下来。这可能出于生命的本能。我不愿意把日子花得精光。你一定会笑我，并问我这样就能保存住日子吗？我便把自己在今年日历的最后一页上写的四句诗拿给你看：

岁月何其速，

哎呀又一年。

花叶全无迹，

存世惟诗篇。

正像保存葡萄最好的方式是把葡萄变为酒；保存岁月最好的方式是致力把岁月变为永存的诗篇或画卷。

现在我来回答文章开始时那个问题：为什么我喜欢日历？因为日历具有生命感。或者说日历叫我随时感知自己的生命并叫我思考如何珍惜它。

人生的棋局

刘　墉

人生就像是一场棋，对手则是我们身处的环境，有的人能预想十几步乃至几十步之外，早早便做好安排；有的人只能看到几步之外，甚至走一步，算一步。

与高手对招，常一步失策，满盘皆输。但是高手下棋，眼见的残局，却可能峰回路转，起死回生。

有的人下棋,落子如飞,但是常忙中有错;有些人下棋又因起初长考太多,弄得后来捉襟见肘。

有的人下棋,不到最后关头,绝不认输;有些人下棋,稍见情势不妙,就弃子投降。

棋子总是愈下愈少,人生总是愈来愈短,于是早时落错了子,后来都要加倍苦恼地应付。而棋子一个个地去了,愈是剩下的少,便愈得小心地下。赢,固然漂亮;输也要撑得久。输得少,才有些面子。

所幸者,人生的棋局,虽也是"起手无回",观棋的人,却不必"观棋不语",于是功力差些的人,找几个参谋,常能开创好的局面。但千万记住,观棋的参谋,也有他自己的棋局,可别只顾找人帮忙,而误了他局上的厮杀。

如果你不知道计划未来,必是个很差的棋士;如果你没有参谋,必是很孤独的棋士;如果你因为输不起,而想翻棋盘,早早向人生告别,必是最傻的棋士。请问:你还有多少棋子?你已有多少斩获?你是不是应该更小心地,把所剩无几的棋子,放在最佳的位置。

你可以永不原谅我

毕淑敏

内心的慈悲和善念,安详澄澈,那是抵达天堂的云梯。

我没有爬上过天堂,我爬过冈底斯山。那是一座至今没有被人征服过的高山,外形像一座巨大的金字塔。在佛教中,冈底斯是一座圣山,是众多神和小须弥山的所在。

我在西藏阿里当兵,酷寒之中的攀登雪山,让我生出几乎自戕的念头。爬山时手脚并用,仰面呼吸,若有丝毫大意,就会长眠在雪山上,成为冰雕。

冈底斯山的确非常美,美到让人不敢喘息。那里就是天堂吗?我不知道。但我想,我们每个人都可以在心中修筑善念,那就是我们的天堂。

太年轻的时候,充满惆怅。那时候的我,常常有不合实际的幻想,自高自大。总觉得应该有什么天大的好事,降落在自己头上。总觉得应该有法力无边的贵人,为我遮风挡雨指点迷津。

后来,我知道了人应该立足于自我,勤勤恳恳地努力,不必抱怨。摆在面前的苦难,也是上苍让你补充能量的小点心,笑纳就是。

我经常会接到很多来信,多半是年轻人所写,很恳切,希望得到帮助。帮助化成具体的要求——希望得到金钱,希望得到推荐,希望能给他或她介绍一份体面而报酬丰厚的工作。

一个农村女孩信中说:"我是专门买了一本油印的名人花名册,才找到了你的地址。花了我十元钱,那是一笔不小的开支啊。那么多的名人,我为什么单单挑中了你,给你写信?因为我在电视上见过你,觉得你很面善。希望你不要辜负我的信任。我已经给你写了三封信,都没有退回来,可见那个地址是对的。你为什么不给我回信呢?你不愿意帮助我吗？我天天都在等着你寄给我的钱，或是让我到哪里去上班的喜讯。我在村口的树下等着乡村邮递员，希望他绿色的邮袋里有你写来的回信……"

我非常内疚。信件众多，我不记得在这之前见过她的两封信。

我也有过这种望眼欲穿的时候，那种心急如焚的期待，让人苦不堪言。我给她回了一封信，请她不要把希望放在虚无缥缈的想象上面，唯一可靠的是自己的力量。

我至今想起这个女孩子的话，内心还是充满了哀伤。我不知道她后来如何了。因为我最终也没能寄钱或给她找到工作，她也许要骂我吧？

然而，就是挨骂，我也依然觉得人要自力更生。总有人企图用手掌接住闪电，挽一个光芒四射的结儿，那是美丽的妄念。我不能助长一个我不赞成的倾向。非常抱歉，你可以永不原谅我。

(选自乐读网2011年8月31日)

第十一讲　表达思想感情的方法之语气

一、理论基础

生活中我们和别人交流的时候,常常是心里怎么想的,口中就说出来了。但是播音员主持人的语言要求准确、鲜明、生动,这就需要经过一番琢磨,想一想这句话具体的语言环境、思想感情是怎样的,用什么样的声音形式表达更合适。这就是语气的概念,即具体思想感情运动状态支配下语句的声音形式。感情是语气的"神",是灵魂。具体的声音形式是语气的"形",是躯体。感情决定声音的形式。

(一)语气的思想感情

语气的思想感情包括两个方面:
(1)语气的感情色彩。主要指语句所包含的喜、怒、哀、乐、欲、恶、憎等态度感情方面的具体性质;
(2)语气的分量。指在把握语气感情色彩的基础上,还要把握好分寸、火候。

(二)语气的声音形式

丰富细腻的思想感情,决定了声音形式的千变万化。声音形式的变化主要是口腔状态、气息状态和声音各要素的变化造成的。通常来说,一个句子在思想感情运动状态下声音的态势叫做语势。语势分为五种基本形态:
(1)波峰类。指声音的发展态势是由低向高再向低行进。特点是句头、句尾略低,句腰较高,状如波峰。例:世界上没有花的国家是没有的。"花"就处于波峰的位置。
(2)波谷类。指声音由高向低再向高发展。特点是句头、句尾较高,句腰较低,状如波谷。例:乔治·华盛顿是美利坚合众国的第一任总统。
(3)上山类。指声音由低向高发展。特点是句头最低,句尾最高,状如登山。例:让暴风雨来得更猛烈些吧!

（4）下山类。指声音由高向低发展。特点是句头最高,而后顺势而下,状如下山。例:就在那年秋天,母亲离我们去了。

（5）半起类。指声音的发展趋向也是由低向高发展,但上至一半就止住了。特点是句头较低,而后呈上行趋势,行至中途,气提声止。由于没有行至最高点,所以称为半起。例:你的老家在哪儿?

理解了语气的概念,你就会发现,在处理同样的一句话时,试着用不同的语气来表达,就会有不同的声音形式和效果。比如"你好啊"这句话,不同场合、环境、面对不同的人以及不同的情感支配,会有不同的语意表达效果。

第一种语气:当你在车站迎接到很久没见面的好朋友,你激动地迎上前,说:"你好啊,好久不见",声音是热烈喜悦的,气息饱满、高亢。

第二种语气:当你用斥责的口吻批评犯错误的弟弟,"你好啊,居然敢逃学!"声音是生气愤怒的,气息下沉,要注意的是,同样是愤怒的表达,这句话的愤怒带有"恨铁不成钢"的味道,而不是恶狠狠的势不两立。

第一种语气和第二种语气的截然相反,说明了语气色彩的不同,即语句内在思想感情的积极运动的不同显露,它体现为创作主体声音与气息的变化。第二种语气在把握语气感情色彩"愤怒"的基础上,还区分了是非、爱憎的"度",区分感情色彩不同的程度和不同的量级,并能使之付诸有声语言的表达,这就是语气的分量。

正如我们青少年朋友追求个性的发展一样,我们播读的每句话也追求着属于自己的"个性"。在积极运动的思想感情的支配下,声音形式也是不断变化着的,最终形成属于"这句话"的个性表达是赞扬、支持、亲切、活泼,还是批评、反对、严肃、郑重的;是喜悦、热爱、焦急,还是悲伤、憎恨、冷漠的。为了配合具体的思想感情,气息、声音、口腔状态的变化形成不同的声音形式。"文似看山不喜平",而作为有声语言艺术也同样如此。语气有变化,不仅显得我们的语言表达千变万化、能增强人们的听觉美感,同时还可以克服自己的"读书腔"、"固定调"等不良习惯。

【示例分析】

人生不设限（节选）
——无四肢"海豹人"抱得美人归 靠演讲谋生

（1）一出生便没有四肢的"海豹人"、"走"遍世界的励志演讲大师尼克·胡哲于情人节前夕步入婚姻殿堂,再一次向世人证明"人生不设限"。尼克在自己的个人网页上这样表示:"这是继我的出生之后得到的一个莫大的祝福。"

（2）今年年仅29岁的尼克已经在25个国家给超过300万人做过励志演讲。2011

年,尼克出版了励志畅销书《人生不设限》,告诉大家他如何从一无所有,到一无所缺。他用自己的行动显示,什么叫"永不放弃"。

(3)尼克·胡哲1982年12月4日出生于澳大利亚墨尔本。他的身体出生时就没有四肢,被称为"海豹肢症",多年来一直未能在医学上得到合理解释。尼克一生下来就没有双臂和双腿,只在左侧臀部以下的位置有一只带着两个脚指头的小"脚"。尼克是爸爸妈妈的第一个孩子,家族里没有任何遗传病史。

(4)在28年前,这个天生没有四肢的畸形儿一出生就吓坏了所有人,他的父亲甚至冲出产房大声呕吐了起来。直到尼克四个月大的时候,母亲才第一次抱起这个小小的婴儿。

(5)8岁以前,尼克只关注"自己没有的那一切"。10岁的时候,他曾想将自己溺死在浴缸里,但就连"自杀"也是一项无法完成的任务:肺占据了他身体体积的80%,他总是"像件救生衣一样竖直地浮在水面上"。

(6)经过长期训练,残缺的左"脚"成了尼克的好帮手,不仅帮助他保持身体平衡,还可以踢球、打字。他要写字或取物时,也是用两个脚指头夹着笔或其他物体。他还能打高尔夫球。击球时,他用下巴和左肩夹紧特制球杆,然后击打。2008年,尼克在美国夏威夷学会了冲浪。他甚至掌握了在冲浪板上360度旋转这样的超高难度动作。

(7)在19岁第一次充满动力的演讲之后,尼克开始了他的演讲生涯,与数百万人分享了自己的故事、经历。尼克说,他第一次向300人演讲时,紧张得"身体发软";但今天,已是两家励志演讲机构的负责人。目前,演讲已成为他的职业,世界各地演讲邀请多达3万多个。

(8)尼克至今已经来中国做过5次演讲。2011年11月8、9日第五次来中国演讲,在上海讲述《人生不设限》。2011年5月,尼克为中南财经政法大学和武汉学院师生做了题为《怎么在挫折中永不放弃》的演讲。尼克在中国的网站开设了微博,粉丝已达40万人。

(9)在各地备受追捧的他说:"不要为没有拥有而感到愤怒。一个人要敢于有很大的梦想,不尝试,永远不知道自己能做什么"。

(选自《广州日报》2012年2月20日)

这篇稿件赞扬了"海豹人"尼克的人生"永不设限"。一出生就无四肢的尼克以坚强的意志和超人的毅力克服了常人无法想象的困难,用那只仅带着两个脚指头的小"脚"保持身体平衡,甚至踢球、打字。在生活的难题解决之后,他又把自己的演讲事业越做越大,最终收获了完美的爱情。节选的片段是以尼克结婚为由头,回顾他人生的一路走来。片段的节奏为积极明快型。欢快喜悦、热情赞扬是总的感情色彩与分量,具体的每一句话又有着不同的感情色彩和分量,分析如下:

第1自然段:开篇以由衷祝福的语气介绍人物出场,语气一层层递进,祝福、喜悦的色彩与分量逐渐加强,节奏明快、活泼,气略上提,声音偏实。

第2自然段:描述了29岁"海豹人"尼克的骄人成绩。感情色彩以肯定、赞同为主,气息平稳,声音明亮,语气亲切,整个句子节奏明快。

第3自然段:客观描述了尼克刚出生时的状况。语气严肃、舒缓,且带有少许怜悯。声音略低、气息略沉,句子节奏与第2自然段的"扬"有所不同,"抑"的成分稍多。

第4自然段:讲述了父母当初不能接受"怪孩儿"尼克的情景。感情色彩以惊讶、悲伤为主,逐渐推进,直到四个月后母亲"第一次"抱起他,此时语气应以深深的怜悯、疼爱为主,因为母亲心中的痛苦和悲伤也许要胜过任何人,爱,也大于任何人。声音由实渐变虚,节奏由快渐转慢。

第5自然段:第1句平淡的叙述背后,能感到小尼克的无奈和绝望。语气悲凉、伤感;第2句悲凉之情继续升级为自杀倾向,可特殊的生理状况又让尼克打消了这个念头,看来上天不愿收走这个可爱的孩子。语气由悲转喜,声音由"抑"转"扬",而且带有几分调侃。

第6自然段:第1、2句讲述了尼克渐渐走出阴霾,找到了属于自己的生活方式。语气充满肯定、欣慰之情。声音活泼、明快;第3、4、5、6句中,我们看到了勇敢的尼克挑战自我,做到了常人都难以做到的事情。语气中更有一种钦佩和喜悦,声音略高、气息略提,节奏欢快。

第7自然段:介绍了尼克演讲事业的起步、发展和壮大。需注意"第一次"和"今天"、"目前"这三个时间关联词,前后应有对比。语气应从紧张转为肯定继而敬佩,声音也要渐渐充满自豪之情。

第8自然段:描述了尼克在中国的演讲情况及其微博人气之高。语气平稳,声音明亮、气息稳定。

第9自然段:点出本文中心思想。语气坚定有力,吐字掷地有声,气息沉稳,声音高亢,分量较重。

二、实践练习

昆明湖上跨入 2013

昨晚,颐和园19景全部亮灯,静静等待2013年新年倒计时庆典。

倒计时主舞台就搭在昆明湖冰面上,形成一幅时钟的画面。23时45分,伴随着音符启动,倒计时庆典正式开始,由8名舞蹈演员教台下的观众跳舞。起初,人们还不情愿地动动身子,但欢快的音乐很快把人们的情绪带到顶点,越来越多的观众与领舞演员互动。

虽然室外气温为零下6℃,但现场的气氛很快就被欢快的歌曲和舞步搅热。家住朝阳区的冯女士全副武装,戴着帽子、手套和周围素不相识的人们一起挥手、跳跃。"我现在心情很激动,这种感觉真不一样。"她说,原计划和朋友们去酒吧一起跨年,但最后还是选择到颐和园参加倒计时活动,因为想体验一下和几千人在一起倒数计时跨入新一年的感觉。"我很怀念2012年,用这种仪式向过去告别,也会使自己打起精神面对2013年。"

"60、59、58……"距离新年来临仅有一分钟时,大屏幕上的虚拟时钟开始60秒倒计时。在现场,观众大声喊出自己的2013新年心愿,LED灯、探照灯光交相辉映。最后10秒,大屏幕上倒计时数字开始闪亮,依次倒数。"3、2、1!新年快乐!"伴随着观众们的呐喊,2013年的新年钟声敲响。当时钟归零时,全场欢呼,灯光秀也开始表演,写满游客对2013年无限期待的巨型心愿气球腾空而起。

远处山上,激光灯汇聚出"2013"、"新年快乐"等字样。随着2013年到来,佛香阁四周光芒四射,18束光柱冲破天幕,激光营造出时光隧道的感觉。

(摘自《新京报》2013年1月1日)

【提示】全文总体基调:喜庆、欢快、祥和。通过"倒计时"庆典活动,表达了人们欢庆新年的热情,也象征着人们对美好未来的期待和向往。体会画线句子令人激动、兴奋的语气色彩。

挫折时只怪自己

吴 晶

遇到挫折,无论怎样怪别人,最终都是徒劳无益的。那么我们也只能是怪自己没有选择好,因为任何时候只怪自己,始终是最明智、正确的生活态度。

小时候,每当我们不小心摔倒后,第一个念头就是找找看是什么东西绊了脚,我们总是怪别人乱放东西,实在找不到什么还可以怪路不平。尽管那样做对于疼痛的减轻并没有直接效果,但能找到一个可以责怪的对象多少算是一种安慰,可以证明自己没有责任。

长大后每当我们遇到挫折时,也总是不自觉找出许多客观原因来开脱自己,实在找不到原因时就说自己的命不好。我们并不认为这样开脱自己其实是一种绝对的幼稚,因为我们总在想方设法地一次又一次欺骗自己。

有一个早几年就下海开公司的朋友近来走了"霉运",原本蒸蒸日上的业务突然间屡屡失败,公司里多年来一直忠心耿耿跟随他左右的两个业务副总管离开了他,甚至"跳槽"到他竞争对手的公司去了。

在内外交困之中,这个朋友并没有认真、及时反省自己,反而一味地责怪过去的战友背叛了自己,因此沉湎于愤怒和伤心之中,不再相信别人,动不动就发脾气,结果是恶性循环,整个公司上下人心涣散,陷入了更大的困境。

其实公司经营上出现了问题,作为公司老总的他,理所当然首先就不可能推卸自己的失误,即使是别人背叛也首先是他用人不当,如果老是怪东怪西,把所有的过错归咎于他人,那么必将面对更大的危险。所幸的是这位朋友在家人的提醒下终于醒悟过来,开始承认自己过去各方面的失误之处,并客观总结由于自己的固执已经带来的失败和教训。

怨天尤人其实是一种懦弱，更是一种不成熟的表现，不但掩盖了自己不能面对的现实，还留下了将来可能重蹈覆辙的隐患。而不客观地责怪他人还会衍生出新的矛盾。<u>一个真正意义上的强者并不是一个一帆风顺的幸运儿，必然要经历各种痛苦和挑战，而战胜一切困难的人首先必须战胜自己，战胜自己的前提就是反省自身，只怪自己。</u>

只怪自己是一种解脱。因为我们不肯认错无非是顾及自己的面子，不肯承认自己的失败。事实上这个世界上从来就没有常胜将军，所有自我的包袱和面子在勇敢地承认自己失误之时就已经悄然放下了，他会因此变得轻松。所谓"吃一堑，长一智"，善于总结自己的人就会把失败的教训变成自己的财富。

只怪自己是一种力量。而习惯于责怪他人的人迟早要招致怨恨，一个勇于律己的人无疑是高尚的，他会因此有包容整个世界的力量，让所有人钦佩其不凡的风度并乐于交往。

只怪自己是一种境界。其实就算别人真有可以谴责之处，过分地责怪也是于事无补的，生气更不能解决任何问题，而从自身检讨才是一条唯一可行的道路，根本就不存在什么问题。在这个世界上最难以战胜的敌人其实就是自己，如果一个人已经到了只剩下自己这一个对手时，实际上他已经是天下无敌了。

（选自乐读网 2012 年 1 月 5 日）

【提示】 体会全文亲切柔和、思考议论的色彩，尤其是画线句子的语气。

吉林"暖冬行动"为学子送车票

近日，共青团吉林省委、省青年联合会和省学生联合会共同组织开展了 2013 年吉林省"暖冬行动——温暖学子爱心车票"发放活动，百名回家路途遥远的寒门学子获赠了爱心火车票。

在活动中，团吉林省委副书记栾国栋向获赠车票的大学生表达了团省委及他个人的祝福和问候，并勉励他们要培养良好的情操和心态，努力拼搏，奋发有为，争取早日成长为对国家、社会和人民有所贡献的优秀人才。

该活动是团吉林省委和省青年联合会举办的 2013 年"暖冬行动——吉林省青联委员走进青年"主题实践活动内容之一。春节前夕，团吉林省委、省青联还将开展慰问农村留守儿童、慰问社区低保户和困难党员等活动。

（选自《中国青年报》2013 年 1 月 20 日）

【提示】 体会全文温暖、感动的色彩，尤其是画线句子的语气。

纪念南京大屠杀 30 万同胞遇难 75 周年

2012 年 12 月 13 日是南京大屠杀 30 万同胞遇难 75 周年纪念日。记者 12 日从侵华日军南京大屠杀遇难同胞纪念馆获悉，<u>南京将在 12 日晚和 13 日举行包括烛光祭、守灵</u>

仪式、和平法会、国际和平集会等多项活动悼念遇难者并祈祷世界和平。

据了解，今年的纪念活动包括12日傍晚的烛光祭和夜晚的守灵仪式，13日上午的和平法会和国际和平集会，以及当天下午的相关演出。其中，将于13日举行的江苏省暨南京市各界人士悼念南京大屠杀30万同胞遇难75周年仪式暨南京国际和平集会是最重要的纪念活动。当天，南京城将拉响警报，各界代表在纪念馆悼念广场上宣读和平宣言、撞响和平大钟。

(摘自人民网2012年12月13日)

【提示】体会全文严肃、凝重的色彩，尤其是画线句子的语气。

父亲的话费单

青草寒衣

2010年初我结婚了。蜜月结束后，我和妻就陷入了还住房贷款的危机中。整整半年，我没有和远在另一个城市乡下的双亲联系。

初夏的一天，沉默了一上午的手机忽然响了，一看是个陌生的号码。接通以后，对方的声音很陌生：我是你老家的四哥，你爹要和你说两句。

"我是你爹！"父亲的语气很重，我能听见他粗粗的喘气声。"我是你爹"这一句话父亲说了足有五遍，我哭笑不得。"三娃，你还很好吧……"父亲的尾音很长。我耐心地应答着。父亲不停地说了五分钟，都是问我是否缺钱、日子过得好不好之类。电话挂断后，我感到很诧异，平常父亲不和我沟通啊，今天怎么婆婆妈妈的了？

第二天我在上班途中，手机又响了，还是昨天那个号码。父亲问我我们这里是否有大风，现在老家正在刮七级大风。我轻轻地说，没有。

第三天我正在赶一个文案，手机又响了。父亲说他养的羊下羔子了，个个白白胖胖，真可爱。我有些生气，我说，爹啊，我正在工作。爹不说了，挂了电话。

第四天我和妻在吃饭，父亲又来电话了。娃啊，爹今天看你小时候的照片了，小时候你长得多俊哪……我心里一酸。我说，爹啊，现在没工夫，等秋末我回去和你一起收拾庄稼。妻有些不耐烦：怎么现在你老爹比你妈还能絮叨，天天给你打电话！

第五天，父亲一天没来电话，我有些不习惯。到了晚上，手机终于响了。接通以后，很久都没有声音。我有点急了，说，爹啊，你有啥事就说吧。爹的声音有气无力：没事……爹只是有点想你……我心里一动，鼻子酸酸的，一句话也说不出来。

第六天到晚上我都没有接到爹的电话，心里竟有少许的空落。时钟指向了十点，手机响了。这次不是爹，是四哥。他用低沉的语气告诉我：老弟，你家我大叔，今天傍晚，突发心脏病……他走了……

我的手机掉落在地上，我僵在那儿。

父亲睡得很安详。望着他疲惫的样子，我终于明白这几天父亲一反常态、主动给我打电话的原因了!

母亲递给我一张单子,说那是父亲写的。纸上的字歪歪扭扭却力透纸背,震荡了我的灵魂——这是一张最古老的话费清单。

第一次:借你四哥手机通话大约七分钟,长途每分钟三毛,累计两元一角。

第二次:借你四哥手机通话大约一分钟,大约四毛钱。

第三次:借你四哥手机通话一分多钟,还是四毛钱。

第四次……

总共话费十元零八毛。

<u>最后末尾有一句话:你妈不识字。你告诉你妈,让她把钱给你四哥。</u>

捧着这张话费详单,站在风里,我泪流满面。

(摘自北青网2012年4月12日)

【提示】体会全文朴实、感人、又带有深深遗憾的感情色彩,尤其是画线句子的语气。

不落寞的贵族精神

郎咸平

4月29日,英国的威廉王子举行了一场花费千万英镑的世纪婚礼,伦敦万人空巷。为什么老百姓可以接受一个豪华的王室婚礼,但总统或者是政府官员的奢华就不能接受,甚至非常痛恨。为什么? 因为我们不了解贵族的本质是什么。

中国人发明的马灯传入欧洲之后,创造了欧洲的贵族生活。当时,骑士是贵族最重要的一个阶层。老百姓希望他们骑着马去打仗,保护老百姓。一旦当了所谓的贵族,你必须全天候、全职地去训练自己去打仗。要牺牲自己的生命来保护老百姓,这就是贵族的起源。因此当时在欧洲当贵族是非常艰难的,因为一定是勇敢、要打仗的人才叫贵族。

现在世界上有很多贵族王室,最平民的王室是北欧,最典型的王室是英国,最高阶的王室是日本,最奢华的王室是沙特。挪威国王在1970年石油危机之后,为了表示要节省能源,从此开始搭公共汽车上班,40年下来风雨无阻,到现在还在搭公共汽车上班。瑞典国王叫古斯塔夫,干什么事你们知道吗? 每天开车到王宫上班,回家一样地纳税,一样地到厨房做饭,一样地炒股票,一样地输钱。英国查尔斯王子有他自己的庄园,叫做康沃尔公爵领地,13万英亩,遍布全世界23个地区。他自己家的城堡,1992年对外开放,总共赚了50万英镑,全部归到他的王子信托基金,帮助5万个英国年轻的企业家创业。他每年出去筹款1.5亿英镑就干这个事。手下管理20几个公益性的信托基金,每一年捐2000多万英镑给英国政府。

对于贵族这个群体,我们有着很多误解,许多人认为,贵族是可以模仿的。现在中国很多的暴发户开始学习人家的一些表面的动作——击击剑、射射箭、骑骑马,我说这是没用的。因为贵族的养成靠勇敢,还有修养和爱。所以中国人是只富不贵,只有暴发户,没有贵族。

我们的这些暴发户的富二代,既没有勇敢的牺牲精神,也没有对社会和老百姓的爱,配称贵族吗?他们只会做贵族的表面动作,你以为有钱就叫贵族吗?错了,欧洲贵族很多都是非常穷的。但是他们的这种所谓的气节甚至这种所谓的教养都是我们这些暴发户养不起的。我们的富二代学习欧洲的贵族,学习他们击剑、骑马、打靶,大家都不知道为什么要学这些东西,因此我才写文章告诉各位朋友,贵族的养成大都来自于战争。所以贵族的活动都是跟战争有关的活动。<u>因此,贵族的养成必须经过艰苦的洗礼,这一点不少人是搞不清楚的。</u>

我们暴发户富二代的水平跟他们比起来的话,你不感到惭愧吗?人家贵族怎么养成的?我们的富二代飙飙车,和女明星谈情说爱,你不会得到什么尊敬的。贵族的牺牲精神你没有,而这才是贵族的精妙之处。

不过受人尊重不一定都要靠王室,这个都是表面现象。<u>其实真正受人尊敬的是那种贵族精神,勇敢、修养和大爱。</u>所以我们要透过现象看本质。对全国老百姓来讲的话,不管你是富二代也好,农二代也好,什么二代也好,你要晓得,自己未来努力的方向是什么。这恰恰是我们今天最缺乏的。

(选自《理财周刊》2011年第18期)

【提示】体会全文思考议论、说理性强的色彩,尤其是画线句子的语气。

旅行打包8原则(旅行小贴士)

旅行让人愉悦,但收拾行李恐怕是很多人的烦恼,东西带多了用不上,带少了又怕没的用。近日,美国《国家地理》杂志刊出"旅行打包8原则",或许能给你下次出行提供参考。

1.<u>打包黄金原则:衣服减半,钞票加倍</u>。很多人都有这样的经验,出发前装进旅行箱的衣服,旅途中可能很多都没穿过。所以,下次收拾行李时,不妨把打算带的衣物减少一半。同时,将计划带的钱增加一倍,有备无患。

2.<u>衣服混合搭配</u>。旅行时,希望让自己看起来总有新衣服,拍照时留下完美的形象,衣服的混合搭配非常关键。比如,只带3件衬衫和3条短裤就可以搭配出9套服装。

3.<u>厚重衣服视情况带</u>。夹克衫和毛衣会占用大量空间。如果目的地气温在零摄氏度以上,只需要适当带些较厚的衣物,感觉寒冷时一件件套起来穿即可。需要提醒的是,牛仔裤最好只带1条,并随身穿着。因为牛仔裤最舒适、耐磨,但它较厚重,容易吸灰尘及异味,而且清洗之后,需要好几天才能晾干。

4.<u>生活物品尽量减少</u>。旅途中不宜过分讲究,比如电吹风就可以不带,因为很多旅馆都会提供;如果怕着凉,可以带上一条干发巾,能节省不少空间。

5.<u>贵重物品随身带</u>。一些贵重物品如果无法放入背包中,那就最好别带,以防失窃。电脑和相机等物品放入背包后,背在身前更安全。

6. <u>只随身携带必需品</u>。旅行过程中,一些暂时用不上的东西就不要随身携带,以免背包过重。这些物品可以放入旅行箱托运。

7. <u>携带电子书和旅游指南</u>。书籍和音乐都是旅游好伴侣。为了给行李包减负,可以使用电子书,并下载有关目的地的旅游指南,以及自己喜爱的音乐。

8. <u>给行李做个醒目标记</u>。在托运行李上,贴上一个独特的标签,比如贴画,或者系上一根彩色丝带(红色最显眼),可以让你在下飞机取行李时一眼就能认出来。

(选自《生命时报》2013 年 1 月 25 日)

【提示】体会全文亲切、提醒的感情色彩,尤其是画线句子的语气。

"舌尖上的浪费"触目惊心

有媒体报道,我国每年在餐桌上浪费的粮食数量巨大,"舌尖上的浪费"触目惊心。<u>更值得忧虑的是,浪费之风又何止于"舌尖",造成影响又何止于挥霍钱财?</u>

有的接待宴会,菜吃一半、倒一半;有的会议庆典,住星级酒店、发高档礼品;有的楼堂会所,贪大图洋、气派非凡……对公款浪费,奢侈之风,人民群众深恶痛绝,这不仅是败坏社会风气的顽症,更是污染政治空气的"痼疾"。

相比于过去,我们的条件确实好多了。然而,就在一些人摆阔气、讲排场、比奢华的时候,不要忘了,我们还有一亿多农村扶贫对象、几千万城市低保人口,还有为数众多的困难群众;不要忘了,我们还是世界农产品进口大国,资源短缺问题,依然是制约我国可持续发展的瓶颈;不要忘了,我们的人均 GDP 尚在世界百位之后,依然是世界上最大的发展中国家。"兴家犹如针挑土,败家好似浪淘沙",对于人口多、底子薄的中国而言,我们绝不能容忍各种奢侈浪费。

狠刹浪费之风,首先要从整治公款浪费开始。因为打的是公务旗号,这种"不揣腰包"的公款浪费,相比于贪污受贿,可能不那么引人注目,但同样是恶劣的行为。正如毛泽东同志所言,"贪污和浪费是极大的犯罪"。

古人说:"惟俭足以养廉。"今天,我们反对铺张浪费,不仅是因为我们的国力还远未达到富裕、我们的发展还在艰难爬坡,更因为勤俭节约是我们党弥足珍贵的传统,是我们建设国家的根本方针,是任何时候都不可丢弃的传家宝。<u>一个浪费盛行的国度,不可能涵养真正的现代文明;一个艰苦奋斗的政党,必须懂得成由俭败由奢的道理。</u>反对铺张浪费,我们党才能在改进工作作风、密切联系群众中,始终保持艰苦奋斗、昂扬向上的精神状态。厉行勤俭节约,才能有效净化我们的社会风气,培育健康向上的文明风尚。

(选自《人民日报》2013 年 1 月 22 日)

【提示】体会全文否定、批评的感情色彩,尤其是画线句子的语气。

梧桐飘落的深秋

金 泳

许多年后,我还会忆起30年前母亲为我送米的那个下午。

那时我在县一中念书。对于第一次远离父母到城里念书的农村孩子来说,想家是难免的,很多同学都在夜里哭过。由于交通不便,同学们一学期都在学校度过,因而家长按月送米到学校便成了同学们每月的巴望。

那是深秋的一个晴朗的下午,晚餐时我仍在教室里写作业,省得去食堂排长蛇阵。当同桌告诉我母亲来了时,我便向宿舍飞奔而去。路过操场,我看见了晒在双杠上的我的被子,那一定是母亲晒的。远远地我望见了母亲,她站在宿舍前的台阶上,中等个儿,一身朴素整洁的打扮,傍晚的阳光把她的半身染成了金黄。我高兴地跑上前去:"妈,还没到时候呢,想不到你就来了。"

"妈想你了,就来了,现在得闲,过几天就忙了。"

说话间我们进了宿舍,两份饭摆在床前的木箱上,还有母亲从家里带来的一包油炸小鱼,一罐头瓶肉烩咸菜,床上是她送来的夹衣。"这是你的。"她把一份饭递给我,里面的菜是粉蒸肉,她自己吃只有南瓜的那份儿。哟!粉蒸肉,是我最喜欢吃的菜了。现在想想,为什么当时不和母亲的那份儿换换呢?难道这是天经地义的吗?母亲见我狼吞虎咽,三下五除二地吃完了,就把自己的饭分给我一些。她说:"我来时吃得多,现在还不饿。"真的,现在回想起来,那是我学生时代吃得最香的一顿饭。

饭后,母亲把买来的饭菜票给我。她告诉我她是下午三点到的,背着米从车站一路问到学校。她说还是年轻时同我父亲一起来过县城,原来这里都是棉田,二十年了,已经大变样了。在两个小时内,她找到学校后勤处,交了米,买了饭菜票,再找到宿舍认出我的床铺,为我晒了被子,又帮我洗了床下一双放了很长时间、很脏的运动鞋,然后打扫了寝室卫生,再到食堂打来饭菜。可想而知,这其间她一定问了不少人,流了不少汗。

是夜,母亲就留宿在这里,她睡我的铺,我和上铺的同学挤。等我们下了晚自习,她已经睡了,知道我回来,她又坐了起来,从蚊帐里露出脑袋仔细地打量我,喃喃地说:"这孩子怎么瘦成这样?是不是有什么病?"我说:"没事,学生都这样子。"我不想把上月患夜盲症的事告诉她,她叹息一声,依旧睡下。

"啪!啪!"窗扇猛烈地拍打着,将我惊醒。窗户上的玻璃早没有了,蒙上的塑料纸也所剩无几,夜里起风了,风吹窗扇发出阵阵响声,吹得蚊帐一鼓一鼓的。我探出身子,低头倾听母亲细微的鼾声,室内一团漆黑,远处高塔上的灯光映照着窗前摇曳的树影,估计时间尚早,我又放心睡下。

睡梦中,感觉有人用手指戳我,我便倏地坐了起来,揉揉眼,一看是母亲。"我要走了,你睡吧。"她低声说。我急忙穿衣下床,她说:"外面起风了,你要把夹衣穿上。"随后,她从衣袋里掏出一些零钱,说:"这次出门带了十元钱,车票花了一元四,买菜票是六元,就剩这些了。"她清了清,把一元二角钱递给我,说:"拿着,恐怕急用,想吃点什么就买点。"我"嗯"了一声,接过钱。突然她又把手上的四角钱也塞给我,我说:"你的车钱……"她说:"我搭一元钱的车,再去走一截。"我忙塞给她说:"这怎么行,我还有钱。"她疑惑地看着我,我拍了拍口袋说:"是真的,上个月的钱我还没用完呢。"她没再推托,脸上显出为难的神色。

我和母亲走出宿舍,外面的景物一片朦胧,整个校园还沉浸在宁静的睡梦中,风比昨夜小了些,梧桐叶落了一地。无意中我发现食堂那边一片灯光,烟囱浓烟滚滚,便对母亲说:"妈,我去买几个馒头你车上吃。"我们来到食堂,里面黑黢黢的,只有两个窗口透着点亮光。从窗口望去,里面雾气弥漫,十几个工人围着案板捏包子。我贴在窗口喊:"买馒头。"窗口出现一张黑红的男人的脸。他歪着脑袋打量母亲,问道:"你买馒头? 还没熟呢。"母亲说:"请问还要多久?""半个小时吧。"母亲喃喃地说:"半个小时,等不及了,走吧!"的确,从县城到我家,每天只有早出晚归的一趟车,要是误了车,今天就回不去了。

我送母亲走出校园,心中若有所失。出了校门,母亲说:"你回去吧,下个月再来看你。"我点了点头。在昏黄的路灯下,我看见母亲齐肩的头发,身穿天蓝色大襟衬衣,深色长裤,脚穿一双白塑料底的布鞋,腋下夹着来时装米的白布口袋,渐渐消失在早行的人群中。

我蔫头耷脑地回到宿舍,宿舍依旧沉静,同学们还没起床。我坐在床沿上一时不知所措,睡吧,眼看就要打起床铃了;去教室吧,黑咕隆咚的,又没开门。对了,食堂里的馒头这时候也许熟了吧,想到这里,我的心不由得一阵激动,急忙向食堂跑去。

一进餐厅就闻到了馒头的芳香,这时,白胖的馒头已经出笼,在案板上腾着热气。我对着窗口大喊:"我买馒头。""哪个这么早就鬼吼鬼叫的? 还没到点呢。"有人在里面吼道。"我买馒头。"这一次我几乎是哀求了。"算了,算了,他等了一会儿了,卖给他吧。"一个小个子女人离开案板走过来问:"买几个?""买五个。"我递过票去。她点了票,拿来馒头给我,我双手捧起馒头,说了声"谢谢"就飞奔而去。等她在里面问我要不要稀饭时,我已出了食堂的门。

我一路小跑来到车站,心里惦记着不知母亲走了没有。候车室里的灯光格外明亮,我焦急地搜寻着母亲的身影。突然,我在几排购票队伍里发现了母亲,因为冷,她把口袋当作头巾包在头上,她已经接近售票窗口了,我惊喜地大喊一声:"妈——"这一声引得所有人都回头看我。母亲看见我了,她先是一愣,紧接着笑容就在她的脸上绽开。她离开队伍走过来,我捧着馒头迎了上去:"妈,馒头,给你!"她双手接过馒头,用惊喜的目光打量着眼前喘气的我,一时不知所措。我高兴地说:"妈,我买到了!"她说:"你,吃了吗?"我喘着气说:"没有,我再去买。妈,我要走了。"她连连点头,脸上荡漾着幸福的喜悦。当我跑出候车室时,听得她在后面喊:"你慢点! 小心……"那天,我迟到了,但我心里高兴。

下月送米来的,是我的父亲,他告诉我,那天母亲是走回家的,那一元四角钱她省下了。我当时就愕然了,不解地问:"怎么会呢?她不是在买票吗?"父亲说:"没有,接到馒头后她就改变了主意。"

"那她是什么时候到家的?"

"天还没黑,我们在等她吃晚饭。"

"怎么会这样呢?难道她不觉得累吗?"

"没有,她高兴着呢。她吃了两个馒头后动身,中午又吃了一个,剩下的带回来我们吃了。"说着,父亲的眼眶就湿润了,他吧嗒了一口烟又补充道:"中途,她只讨过两次水喝。"

天啊!我家离县城有一百多里路,中间要过两条河,这一路上的情形,我实在无法想象。

<u>等我长大成人,到身为人父,我终于体会到母亲的伟大,她在接到馒头后不是继续买票上车,而是尽可能地为儿子节约每一分钱!她是在用行动来回馈儿子的一份孝心啊!</u>由于积劳成疾,母亲过早地离开了我们。子欲养而亲不在,每当见到飘落的梧桐叶,我就会忆起她给我送米的日子。

今天,又是梧桐叶落时……

(选自乐读网 2011 年 12 月 14 日)

【提示】体会全文深情怀念的色彩,尤其是画线句子的语气。

梦想需要接近地气
琴 台

一个 15 岁的男孩,为了逼迫父母出钱赞助自己学习音乐当歌星,于是割腕自杀、离家出走,最后,流落到收容站,彻底中断了学业。

还有一个是 45 岁的中年男人。在繁华城市的城乡接合部,住十平米不到的出租屋,每天为了生存,苦苦挣扎。他与那个男孩唯一不同的是,每天早晨,在熙熙攘攘的锅碗瓢盆交响曲中开始一天的生活。他,臂膀上搭一条白毛巾,端着帕瓦罗蒂的姿势,高歌一曲《我的太阳》。

同那个 15 岁的少年一样,中年男人 40 多年来,心中始终都藏匿着一个瑰丽的音乐梦。所不同的是,这一路走来,他的音乐梦融化成血液流淌在琐碎平凡的日子里。而那个少年的音乐梦,却马上就要被个人的固执和莽撞所戕害。

更大的不同之处还在于,中年男人的音乐梦只是为歌而歌。而那个少年,他的终极目的怕不是音乐,而是舞台之上炫目的烟火以及舞台下沸腾的粉丝和无边的名利。

一个 15 岁的少年尚有机会从弥天大梦中醒来,而这个世界上还有一些人,中了梦想的毒太深,等到迷途知返的时候,才知道,积重已然难返。

我认识一个流浪歌手,年过三十,一直矢志不渝地在皇城根下做着北漂,全部的生活来源皆出自女友拮据的工资和寡居妈妈那点可怜的退休金。女友想结婚,哪怕裸婚,只要他有个正常的职业即可。妈妈想看到儿孙绕膝,哪怕他一事无成,只要他能够懂得脚踏实地便是幸福。女友与母亲的这点最简单最基本的要求,流浪歌手却都不能满足。他一再叫嚣:我距离成功只有半步之遥了,为什么你们就没有耐心等待?

<u>在所有梦想狂人的眼里,只要他愿意等,梦想总有一天会施与怜悯和恩宠。可梦想不是慈善家,永远不会因为哪个表现得过分可怜就悲天悯人地给予关怀。它需要的从来都是板上钉钉的成功份额,比如才华,比如勤奋。</u>

但奢谈梦想的同时,首先应该区分开,梦想和渴望的不同。世间所有人都热望名闻利养,可名闻利养远不是梦想。真正的梦想是无关名利的一份美好,当事人从中能得到的,不只是形式上的愉悦,更是灵魂上的满足。

还记得多年以前,央视报道过一个来自西安某山区的女人的故事。那个30岁的女人从小到大的梦想就是走出大山,像个职业女子那样去生活。可彼时的她,有需要照顾的老公,有嗷嗷待哺的孩子,还有大片的需要打理的农田。走出大山的梦,对于一个没有受过太多教育的山里女人来说,不仅遥不可及,而且也不现实。

十年之后,我再次看到了这个女人的故事。此刻的她,满脸都是骄傲和满足。她没有走出大山,却在距离村子几十公里远的县城做了一名售货员。成为都市白领的梦,散了,但取而代之的,却是更贴近生活更具现实感的圆梦的风景——她终于看到了山外的风景,也终于有了自强自立的平台。

所有梦想都像高高飞在天空的风筝,是一直仰头看着风筝越飞越远,还是尽可能地拉回奢望的线,让梦想接近地面,具有踏踏实实的烟火感,这是所有人都有可能面对的人生命题。毋庸置疑的是,梦想只有接近地气,才能更具有生气和活力。这份勃勃生机的营养与厚重,只有地气能给,也只有脚踏实地才能行得通。

(选自《海安时报》2012年2月7日)

【提示】体会否定、议论的色彩,尤其是画线句子的语气。

脂肪:女性的健康之友

薛 东

25岁的玛丽小姐看上去苗条动人,然而有一天,她突然晕倒在健身房里。

经过检查,医生认为玛丽的体重低于正常标准,同时还有营养不良、低血糖等一连串和饮食有关的异常发现。大家发现,每次在餐桌上,玛丽总是只吃些蔬菜,不吃主食和肉菜。

为什么年轻人宁愿让自己虚弱不堪,冒着搞垮身体的风险,也要追求长跑运动员的体型?道理很简单,当今这个社会过分看重身材。广告、电影、选美,一次又一次地向人们强化瘦身模型。即使健康、卫生宣传也常常偏重强调肥胖的害处,很少提到营养不良的危险。

<u>事实上,脂肪是人体特别是女人身体不可缺少的组成部分。脂肪关系到下一代。</u>脂肪组织是人体的能源储备,它保证母体和下一代在孕期、哺乳期都能够有充分的营养供应。早在青春期,每一个女性体内产生的雌激素就已经开始为当母亲做准备。就在父母为女儿准备嫁妆的时候,雌激素也在加紧脂肪的运输和储藏。在这一时期,如果女人饮食不足或运动量太大,身体就会用停经的方式发出警告。事实上,月经不正常还只是表面现象,它暗示着卵巢发育和排卵周期已经出现问题,将会影响到受孕机会。

(选自《健康是福——健康生活的130个新主张》)

【提示】体会全文善意批评、科学建议的色彩,尤其是画线句子的语气。

"友邦惊诧"论(节选)

鲁 迅

<u>好个"友邦人士"!</u> 日本帝国主义的兵队强占了辽吉,炮轰机关,他们不惊诧;阻断铁路,追炸客车,捕禁官吏,枪毙人民,他们不惊诧。中国国民党治下的连年内战,空前水灾,卖儿救穷,砍头示众,秘密杀戮,电刑逼供,他们也不惊诧。在学生的请愿中有一点纷扰,他们就惊诧了!

<u>好个国民党政府的"友邦人士"!</u> 是些什么东西!即使所举的罪状是真的罢,但这些事情,是无论那一个"友邦"也都有的,他们的维持他们的"秩序"的监狱,就撕掉了他们的"文明"的面具。摆什么"惊诧"的臭脸孔呢?

可是"友邦人士"一惊诧,我们的国府就怕了,"长此以往,国将不国"了,好像失了东三省,党国倒愈像一个国,失了东三省谁也不响,党国倒愈像一个国,失了东三省只有几个学生上几篇"呈文",党国倒愈像一个国,可以博得"友邦人士"的夸奖,永远"国"下去一样。

几句电文,说得明白极了:怎样的党国,怎样的"友邦"。"友邦"要我们人民身受宰割,寂然无声,略有"越轨",便加屠戮;党国是要我们遵从这"友邦人士"的希望,否则,他就要"通电各地军政当局","即予紧急处置,不得于事后借口无法劝阻,敷衍塞责"了!

因为"友邦人士"是知道的:日兵"无法劝阻",学生们怎会"无法劝阻"?每月一千八百万的军费,四百万的政费,作什么用的呀,"军政当局"呀?

(选自《二心集》)

【提示】体会全文怒斥、否定的色彩,尤其是画线句子的语气。

第十二讲　表达思想感情的方法之节奏

一、理论基础

青少年朋友们听歌曲时，常常用"快歌"或"慢歌"形容某首歌曲，这个快、慢指的就是节奏。通常热烈的情绪用快的节奏，抒情的内容用慢的节奏。播音主持的有声语言表达也有节奏，但不同于歌曲的谱曲旋律节奏，"在播音中，节奏是由全篇稿件生发出来的、播音员思想感情的波澜起伏所造成的抑扬顿挫、轻重缓急的声音形式的回环往复"。

节奏就是给这篇稿件的感情色彩进行"声音包装"，从声音形式的强弱、起伏、快慢、停连等方面给以变化，这个变化从全篇稿件来看，具有相对稳定的鲜明个性，这就是稿件的基本节奏。不同于上一讲针对"每一句"的语气，节奏是立足于稿件"整体"基调的声音形式的回环往复。

节奏的类型一般分为六个类型：轻快型；凝重型；低沉型；高亢型；舒缓型；紧张型。这六种类型的特点将在实践练习部分结合具体文稿来讲解。

节奏类型的划分是告诉我们要把握住声音中"回环往复"的规律性的变化，从而通过声音传达文章的感情色彩。这种规律性的变化集中体现为四对矛盾，运用抑扬、停连、轻重、快慢比较的方法，形成类似于歌曲主旋律的节奏。

运用节奏的方法：

(1) 欲扬先抑，欲抑先扬。

声音向高的趋势发展，称为"扬"；声音向低的趋势变化，叫做"抑"。以抑作扬的铺垫，或以扬作抑的衬托，才能突出扬和抑。

(2) 欲停先连，欲连先停。

如后面要一气呵成，前面一定要有适当的停顿；后面要有必要的停顿，前面一定注意要有连接。

(3) 欲轻先重，欲重先轻。

即在加重声音之前，一定要先弱化声音；在轻化声音之前，一定要先强化声音。

(4)欲快先慢,欲慢先快。

这样能避免单一、刻板的弊病,实现"慢而不拖"、"快而不乱"的理想效果。

在实际运用中,四种方法交错重叠使用。只有综合使用它们,才能使节奏更为灵活多样。四种方法的核心是:加强对比,控纵有节。

【示例分析1】

忆江南
白居易

江南好,
风景旧曾谙。
日出江花红胜火,
春来江水绿如蓝,
能不忆江南?

这首词的节奏为舒缓型,描绘江南春色。首句点名江南好,可用欲扬先抑的方法,突出江南春色,"好"字的上扬把作者的赞颂之意与向往之情也尽寓其中。首句和末句呼应对照,"能不忆江南"用欲扬先抑结合欲停先连的方法,营造一种悠远而又深长的韵味。三、四两句对江南之"好"进行形象化的演绎,多层次的对比方法能够突出渲染江花、江水红绿相映的明艳色彩,给人以光彩夺目的强烈印象,可用欲重先轻、欲连先停、欲慢先快处理。

【示例分析2】

麻 雀
〔俄〕屠格涅夫

我打猎回来,走在林荫路上。猎狗跑在我的前面。

突然,我的猎狗放慢脚步,悄悄地向前走,好像嗅到了前面有什么野味。

风猛烈地摇撼着路旁的梧桐树。我顺着林荫路望去,看见一只小麻雀呆呆地站在地上,无可奈何地拍打着小翅膀。它嘴角嫩黄,头上长着绒毛,分明是刚出生不久,从巢里掉下来的。

猎狗慢慢地走近小麻雀,嗅了嗅,张开大嘴,露出锋利的牙齿。突然,一只老麻雀从一棵树上飞下来,像一块石头似的落在猎狗面前。它扎煞起全身的羽毛,绝望地尖叫着。

老麻雀用自己的身躯掩护着小麻雀,想拯救自己的幼儿。可是因为紧张,它浑身发抖了,发出嘶哑的声音。它呆立着不动,准备着一场搏斗。在它看来,猎狗是个多么庞大的怪物啊!可是它不能安然地站在高高的没有危险的树枝上,一种强大的力量使它飞了下来。

猎狗愣住了,它可能没料到老麻雀会有这么大的勇气,慢慢地,慢慢地向后退。

我急忙唤回我的猎狗,带着它走开了。

这个片段的节奏为紧张型,体会为了铺垫紧张气氛,中间穿插较为舒缓的少量段落。建议青少年朋友们实践时大胆运用对比的手段,敢于突破自己日常习惯的表达方法,这样才能够自如驾驭多种节奏类型的稿件。

二、实践练习

(一)节奏的类型

1. 轻快型

多扬少抑,声轻不着力,语流中顿挫少,且顿挫时间短暂,语速较快,轻巧明丽,有一定的跳跃感。全篇重点处的基本语气、基本转换都比较轻快。比如:

春回大地人间美(节选)
高振朝

立春,意味着春天的开始,经过冬天休养生息的农民又该秣马厉兵开始辛勤地耕耘,经过春节长假团圆的人们又该精神饱满地开始新的征程。这时是冬春转换的季节,虽然冬日的余寒还没完全消失,但春日的暖意却慢慢占据。

春天来了,春风荡涤了冬日的雾霾,春光沐浴了人们的笑脸,春雨滋润了植物的深根,才使天上白云朵朵,空中鸟儿飞翔,地上草儿吐绿,人们欢愉在和暖的春光里。春天是万物复苏的季节,是憧憬的季节,是播种的季节,难怪历代舞文弄墨的人们常常诗兴大发,高歌一曲春天赋,留下了多少千古绝唱,令人传诵。

春天的脚步沿着"春雨惊春清谷天"的轨迹在前移。孟春里,春光变得温暖,远山的积雪依稀还可望,河川冰冻未消,地面冻土却松软,雪花飘落依然。仲春里,春风和煦劲吹,地上的草儿悄悄已铺满,桃花杏花绽放,杨柳吐絮新绿展,细雨纷飞如线。季春里,春雨增多渐大,地上的冰霜慢慢无踪影,种瓜点豆正忙,燕子呢喃青蛙叫,麦田绿油翻浪,闪电春雷不断。可以说,春光是灯,春风是帆,春天才是那远航的船。春光春风伴春雨,春天脚步行千里。

春雨过后,柳树在和煦的春风吹拂下变得葱绿、多姿多态、摇曳迷人,杨树也长出一枝枝新绿、枝繁叶茂、伟岸挺拔,它们不时传递着春的气息。那开满漫山遍野的朵朵花儿在绿叶的簇拥下显得那么的楚楚动人、香气扑鼻。绿草中万虫吟唱,树枝上鸟啼歌咏。

九九艳阳天后,广袤的北方土壤开始解冻,麦苗开始返青,不久后麦苗一片绿油,春风吹拂时绿浪滔天。春播的种子发芽破土力量无限,农民看到丰收的希望津津乐道。这真是,春风栽出绿枝条,春雨浇开百花园,人说春雨贵如油,我言春雨金不换。

春之美,美在春光的温暖,春风的和煦,春雨的淅沥;美在百花的芳香,百鸟的啾啾,万虫的和弦;更美在大地的播种,碧绿的麦浪,人们的笑脸。

(选自《新华副刊》2012年2月28日)

2. 凝重型

多抑少扬,多重少轻,音强而着力,色彩多浓重,语势较平稳,顿挫较多,且时间较长,语速偏慢。重点处的基本语气、基本转换都显得分量较重。比如:

动物的眼泪

林 希

轻的泪,是人的泪,而动物的泪,却是有重量的泪。

那是一种发自生命深处的泪,是一种比金属还要沉重的泪。也许人的泪里还有虚伪,也许人的泪里还有个人恩怨,而动物的泪里却只有真诚,动物的泪更能震撼人类的灵魂。

第一次看到动物的泪时,我几乎被那一滴泪珠惊呆了!本来我以为泪水只为人类所专有,而动物没有感情,因为它们没有泪水。但直到真的看到了动物的泪,我才相信动物和人一样,它们也有悲伤,更有痛苦。只是它们因为没有语言,或者是人类还不能破译它们的语言,所以,当人们看到动物的泪水时,才会感到惊愕。直到此时,人们才会相信,动物心里有一种人类所不理解的无声的哀怨。

我第一次看到动物的泪,那是我家一只老猫的泪。这只猫在我家许多许多年了,不知道它多大年纪,只知道它早已成为我们家的一个成员。

我们全家人每天的必修课,就是和它在一起戏耍。当它还是一只小猫的时候,我们逗引它在地上滚来滚去。后来,它渐渐长大了,我们把它抱在怀里,抚摸它身上软软的毛。也许是我们和它太亲近了,它变得一天也离不开我们的爱抚。要是哪个家庭成员一天没有抚摸它,到了晚上,它就会找到那个人,无声地卧在他的身边,等待他的爱抚,直到他终于抚摸了它,哪怕只是一下,它才会心满意足地走开。

很多年过去了,这只猫已经太老了,一副老态龙钟的样子。尽管我们全家人对它还是极其友善,但不知道是什么原因,它渐渐和我们疏远了。每天,它都在屋檐下躺着,不肯靠近我们。有时,它会懒懒地向我们看上一眼,随即又毫无表情地闭上了眼睛。

母亲说,这只老猫的寿限快要到了。也许是出于人类的无情,我们一家人最担心的是它会死在家里一个不为人知的角落。害怕那样会给我们带来麻烦。我们每天注意观察,发现它确实是一天比一天更加无精打采。它天天躺在窗沿上,似乎在睡觉,又似乎在等待最后那一刻的到来。

见这只老猫在窗沿上躺得太久了,我想过去看看它是睡着了还是在晒太阳。当我走近它的时候,突然发现它的眼角有一滴泪珠。那滴泪珠像一颗琥珀似的,一动不动,就凝在它的眼角,在阳光下闪烁着点点光斑。

"猫哭了。"我对屋里的母亲说。母亲立即走出来,想给这只老猫最后的安慰。谁知它一看到母亲向它走过来,立即强挣扎着站起来,用最后的力气一步一步爬向房顶。母亲想把它引下来,但它头也不回地向远处走去,走得那样缓慢,那样沉重。

直到这时,我才发现,我们对它太冷酷了。它在我们家活了一生,我们却怕它在我们家里终结生命,总是盼着它能够在生命的最后时刻自己走开,无论是走到哪里也比死在家里强。

起初我们以为它不肯走,怕它向我们索取最后的温暖,但是,我们把它估计错了,它只是在等着我们的送别。而当它发现我们已经感觉到它要离开时,它只是留下了一滴泪,然后就悄无声息地走了,不知走到什么地方去了……

动物的泪是圣洁的,它们从不向人类索求回报。

我第二次看到动物的泪,是一头老牛的泪。

我们家在农村有一户远亲,在我小时候,每年寒假和暑假,母亲都要把我送到远亲家里住一阵子。那儿有我的许多小兄弟,更有一种温暖的乡情,有我在城市里得不到的快乐。

最让我高兴的是,远亲家里有一头老牛。这头老牛已经在他们家生活了许多年,据我的小弟兄们说,这头老牛很有灵性,它能听懂我们的语言。每当我们模仿牛的叫声唤它的时候它一定会走到我们身边,然后,我们就一齐骑到它身上,不用指挥,它就会把我们带到田里。然后,我们就在田里玩耍,它在一旁吃草。

小弟兄之间,有时好得形影不离,有时也会反目争吵;最严重的时候,几个人还可能在一起打得不可开交。说来也怪,在我们玩耍的时候,那头老牛不睬我们,而当我们动起拳脚来,它就会像一个老朋友似的走过来,在我们之间蹭来蹭去,不让任何人的拳头落到别人身上。

当这头老牛太老的时候,它预感到一件事就要发生了。这时,它也像其他动物一样,开始疏远它的主人。每天,我们总是能看到它的眼角挂着那种无声的眼泪。有好几次,我像过去那样模仿牛的叫声,想把它唤过来,它明明听到了,但只是远远地抬起头来向我们看了一眼,然后就低下头做自己的事情。

传统的民间习惯,是把失去劳动力的老牛卖到"汤锅"里去,所谓的"汤锅"就是屠宰场,也就是把失去劳动力的老牛杀掉卖肉。农家是无可指责的,家家都是这样做的。这头老牛对此似乎有所准备,它似乎早就有了一种预感,每到回到家里之后,它就用心地听着,门外一有什么动静,它立即紧张地抬头张望。

这一天终于到来了,我们只是听说"汤锅"的人来了,还没有见到人影,忽然,就看见老牛哗哗地流下泪水。

老牛的眼泪不像老猫的眼泪那样只有一滴,老牛的眼泪就像泉涌一般,很快,它就哭湿了脸颊,脸上的绒毛全部湿成一缕一缕的。泪水还在不停地从它脸上流下来,不多时就哭湿了它脚下的土地。

老牛知道自己的寿限到了,无怨无恨,它只是叫了一声,也许是在向主人告别吧,然后,它就被"汤锅"的人拉走了。

如果说猫的泪和牛的泪是告别生命的泪,还有一种泪则是忍受生命的泪,那是骆驼的泪,也是我见过的最沉重的泪。

那是在大西北生活的日子,有一次,我们要穿越大戈壁,没有汽车,把我们送到那儿去的是几十峰骆驼。那是一个阴晦的日子,我们走进荒漠,没有一株树木,也没有一簇野草,整整走了一天也没有见到一个人影。我们就这样默默地走着,吃在驼背上,喝在驼背上,睡在驼背上。

走啊,走啊,从早晨走到中午,又从中午走到黄昏,坐在驼背上的人们已经疲惫不堪。而骆驼却没有一点烦躁,没有一点厌倦,默默忍受着命运为它们安排的一切。

脚下是无垠的黄沙,远处是一簇簇擎天直立的荒烟,"大漠孤烟直",我第一次亲身感受到古人喟叹的洪荒。我们的人生是如此的不幸,世界又是如此的艰难。坐在骆驼背上,我们的心情比骆驼的脚步还要沉重。

也许是走得太累了,我们当中竟然有人小声地唱起歌来。那是一支曲调极其简单的歌,没有激情,也没有悲伤,只是为了在这太过寂寞的戈壁滩上发出一点声音。

果然,歌声带给大家一点兴奋,使大家有了一点精神。但是,谁也不会相信,就在我们向四周巡视的时候,驮着我们前行的骆驼们也被我们的歌声唤醒了,它们没有四处张望,也没有发出嘶鸣,它们还是不停地走着,一边走,一边流下了泪水。

骆驼哭了。它们走了一天的路,没有吃一棵草,没有喝一滴水,还在继续走着,也不知要走到何时,不知要走到何地。听到骑在它们背上的人唱歌,它们竟然一起哭了。它们含着眼泪,走着,走着……

这是来自生命深处的泪,是生命与生命相互爱惜的泪,是我们这个世界最高尚的泪,会在生命与生命之间相互沟通。人的泪和动物的泪,只要是真诚的泪,那就是生命共同的泪。

(选自《中国当代文学作品精选》)

3. 低沉型

声音偏暗偏沉,语势多为落潮类,句尾落点多显沉重,语速较缓。重点处的基本语气、基本转换多偏于沉缓。比如:

母难月

吴念真

爸爸十六岁那年从嘉义跑到九份附近的矿区工作。十六岁还不能进矿坑,所以他在炼金工厂当小工。

他发现工厂里有一个年长的女工几乎每天以泪洗面,于是善意地问人家出了什么事,那妇人说她儿子在山上工作时中暑死了,十六岁,跟他一样大。

爸爸说:"你不要伤心了,不然……我给你当儿子。"

从此爸爸进了人家家门,当了别人的儿子。

爸爸二十一岁那年成了正式的矿工,人家从贡寮山上找来一个孤女当养女,再以招赘的方式让她和爸爸结婚以延续这一家的香火。

这个孤女,也就是后来的我妈,当时才十五岁。她十六岁生下第一个小孩,四个月不到就夭折了。

多年之后,姑妈跟我说,那时候我妈经常会有一些怪异的举止,比如半夜跑到外面哭,或者走着走着忽然像被什么召唤一般,停下脚步跪拜四方。

十七岁她生下我,同样不好带。我四个月大的时候,有一天忽然开始不吃奶,肚子一天比一天大,到最后"随时眼睛翻白,四肢抽搐",妈妈曾经说那时候她唯一的想法是:万一连这个也养不活,她也会跟着走。

接下来就有点像乡野传奇了。据说就在我气若游丝的当下,村子里来了一个应邀出诊的中医,看完该看的病人准备回去时在山路上被邻居拦了下来,要他做做好事来看我。

据说他在望闻问切之后还问了我的生辰八字,然后开了一帖包括三种青草外加长在黄泥巴里的蚯蚓七条的奇怪药方,说如果在当天酉时之前药材可以备妥,并且让我服下,就会有救,否则这孩子"人家会收回去"。

采药的过程是另一个说来话长的传奇,总之酉时之前这帖药真的就灌进了我的喉咙。

根据我妈的描述是:"就在午夜时分,你忽然放了一个响屁,然后拉出一大摊又黑又臭的大便……我跟你爸抱着你洗澡的时候,发现你的手竟然会拉着我的手指,然后睁开了眼睛。你爸爸跟我说,孩子,人家要还给我们了!洗完澡,发现你好像在找奶吃,当我把奶头塞进你的嘴巴,感觉你很饿、很有力地吸起来的时候,我就忍不住大哭起来了!"

三十年后,我还活着,而且要结婚了。妈妈说有两件事必须跟婚礼一起完成,第一件事是婚礼的前一天,她要杀猪公,并且行跪拜一百次的大礼。她说当年在最绝望的时候,她曾经抱着我跪在床头哭着跟众神许愿,说如果这孩子可以平安长大,结婚那天她要跪拜天地以谢神恩,而当天果真就出现了那个"神医"。

第二件事,是婚礼那天我们得替她搭个台子并且请来乐队,因为她要上台唱歌。她说这是她的另一个心愿。我初中毕业离家到台北工作的时候,有一天她在路上碰到我的小学老师,老师问起我的事,然后跟她说我很聪明、爱读书,无论怎么波折,总有一天我都会念到大学。

妈妈说,那天回家的路上,她忽然觉得"像我这样的妈妈,如果也可以养出一个大学毕业的孩子……我跪在路边跟四方神佛许愿说,他结婚那天,我一定要快乐地唱歌给大家听!"

写这篇文章时正是我出生的月份,或许是这样的缘故吧,二十七年前妈妈穿着一辈子没穿过几次的旗袍和高跟鞋,坚持跪拜一百下以至最后几乎连站都站不起来的样子,以及在简单的舞台上,以颤抖的声音唱着《旧皮箱的流浪儿》的神情,再度鲜明地浮现眼前。

妈妈五年前骨癌过世。

生养我们五个(如果连夭折的那个也算的话,就是六个)小孩的过程,其忧烦与苦难远远多于欣喜与安慰。

我曾想过,妈妈会得骨癌,到了末期全身的骨头甚至一碰即碎,是不是就因为这辈子的身、心都一直承担着过量的负荷?

(选自吴念真:《这些人,那些事》)

4. 高亢型

声多明亮高昂,语势多为起潮类,峰峰紧连,扬而更扬,势不可遏,语速偏快。重点处的基本语气、基本转换都带有昂扬积极的特点。比如:

海 燕

高尔基

在苍茫的大海上,狂风卷集着乌云。在乌云和大海之间,海燕像黑色的闪电,在高傲地飞翔。

一会儿翅膀碰着波浪,一会儿箭一般地直冲乌云,它叫喊着,——就在这鸟儿勇敢的叫喊声里,乌云听出了欢乐。

在这叫喊声里——充满着对暴风雨的渴望!在这叫喊声里,乌云听出了愤怒的力量、热情的火焰和胜利的信心。

海鸥在暴风雨来临之前呻吟着,——呻吟着,它们在大海上飞窜,想把自己对暴风雨的恐惧,掩藏到大海深处。

海鸭也在呻吟着,——它们这些海鸭啊,享受不了生活的战斗的欢乐:轰隆隆的雷声就把它们吓坏了。

蠢笨的企鹅,胆怯地把肥胖的身体躲藏到峭崖底下……只有那高傲的海燕,勇敢地,自由自在地,在泛起白沫的大海上飞翔!

乌云越来越暗,越来越低,向海面直压下来,而波浪一边歌唱,一边冲向高空,去迎接那雷声。

雷声轰响。波浪在愤怒的飞沫中呼叫,跟狂风争鸣。看吧,狂风紧紧抱起一层层巨浪,恶狠狠地把它们甩到悬崖上,把这些大块的翡翠摔成尘雾和碎沫。

海燕叫喊着,飞翔着,像黑色的闪电,箭一般地穿过乌云,翅膀掠起波浪的飞沫。

看吧,它飞舞着,像个精灵,——高傲的、黑色的暴风雨的精灵,——它在大笑,它又在号叫……它笑那些乌云,它因为欢乐而号叫!

这个敏感的精灵,——它从雷声的震怒里,早就听出了困乏,它深信,乌云是遮不住太阳的,——是的,遮不住的!

狂风吼叫……雷在轰响……

一堆堆乌云,像青色的火焰,在无底的大海上燃烧。大海抓住闪电的箭光,把它们熄灭在自己的深渊里。这些闪电的影子,活像一条条火蛇,在大海里蜿蜒游动,一晃就消失了。

——暴风雨!暴风雨就要来啦!

这是勇敢的海燕,在怒吼的大海上,在闪电中间,高傲地飞翔;这是胜利的预言家在叫喊:

——让暴风雨来得更猛烈些吧!

5. 舒缓型

声多轻松明朗,略高但不着力,语势有跌宕但多轻柔舒展,语速徐缓。重点处的基本语气、基本转换都显得舒展徐缓。

自己的苦恼

苗 蕾

看到这样一则小故事,说有个人总是非常苦恼,他听说佛能灭除一切苦难后,就背上行囊去找佛。佛陀听完他的诉说后,对他说:"真正能够解脱你的,只能是你自己。"

可那个人不解地说:"可是,心中充满了苦恼和困惑的正是我自己啊。"

佛陀慈悲地微笑:"你想一想,你心里的苦恼和困惑是谁放进去的?"

这个人沉吟半晌,没有说话。

佛陀继续开示:"是谁放进去的,就让谁拿出来吧。"

站在温暖而明亮的阳光下,看着面带微笑的佛,苦恼的人终于明白:自己的苦恼不过是自己的一种无谓的执著,要求得解脱最终只能靠自己。

故事看完了,多数人只是一笑置之,有的甚至觉得荒谬,真正把这个故事放在心上左右思量的人少之甚少。所以世间的迷茫依旧迷茫,心上的苦恼和困惑依然执著。而这一切的创造者不是别人,正是把眼睛蒙起,使心灵执著于纷乱和麻痹中的自己。

俗话说,解铃还须系铃人。生活中有快乐也有苦恼。快乐的时候我们都不需要去究其原因,因为快乐最容易使人忘情、忘我;不快乐的时候,苦恼就会使人长吁短叹,要想解脱这个烦恼,还需要系铃人自己。然而多数时候我们只能看见自己的长处和别人的短处,却没有勇气面对自己的短处,或是怕别人知道自己的短处。于是就避而不谈、视而不见,就养成了我们总忽略自己短处的习惯。这就等于自己把不快乐的种子埋在了心底,一旦遇到困难、坎坷的时候,我们就会陷入苦闷、迷惘之中,于是痛苦就会乘虚而入一并萌发,一时间仿佛这个世界的所有不幸都为你一个人而设。于是看风风冷,看雨雨寒,满目败柳残花,一片萧然。即便阳光灿烂,也会去诅咒阳光的不合时宜。

抛开烦恼,在心上栽种一朵美丽的鲜花,当阳光明媚,春暖夏燥时,这花朵的艳丽和美好就会带给我们短暂的满足和快乐。于是,这鲜花便可以永远绽放,蜂蝶的舞蹈也会占据我们的心灵。

(选自《思维与智慧》2012年1月3日)

6. 紧张型

声音多扬少抑,多重少轻,语速快,气较促,顿挫短暂,语言密度大。重点处的基本语气、基本转换都较急促、紧张。

84名乘客的生死表决

牧徐徐

这是一则惊心动魄且无比真实的故事。

1990年5月26日早上6:10,型号为BAC-1-1的英航5390班机和往常一样,从伯明翰机场准时起飞,它的目的地是西班牙马拉加机场。机长是拥有21年飞行驾驶经验的西蒙,副驾驶员则是刚来5390上班的阿拉史泰尔,除此之外,飞机上还有一名乘务长和3名空姐,以及84名乘客。

飞机起飞13分钟后,到达1.3万米的高空处,机长西蒙将飞机调到自动驾驶状态,然后起身想去弄杯饮料,可就在他刚站起来的那一刹那,只听见"嘭"的一声,西蒙左侧的一块挡风玻璃猛地一下被炸开了!之后,舱内舱外巨大的气压差一点将西蒙吸出了机舱外。万幸的是,在被吸出机舱的过程中,西蒙本能地用一只脚死死地勾住了驾驶室里的一把椅子,然后又被随即赶来的乘务长和两名空姐死死拽住,这才没有被完全甩出去。

挡风玻璃一碎,舱外冰冷刺骨的狂风便以时速390公里朝舱内灌,飞机内的3个警报器都不停地响,并且和空管中心失去了联系。80多名乘客顿时惊慌失措,乱成一团。飞机开始快速朝下降落。

作为大副,还对BAC-1-1不太熟悉的阿拉史泰尔,只好临危受命,靠着直觉和以前的经验将飞机又拉升起来。

但危险却远没有就此结束,由于舱内的气压失去原有的平衡,如果不能即时阻住炸裂开的进风口,舱内供乘客呼吸的氧气至多只能维持30分钟,之后,所有的人都将会因为缺氧而开始陷入昏迷,直到最终窒息而死。

但是,机长西蒙还在机舱外,也就是说,如要阻住进风口,就必须要丢掉西蒙。看着趴在零下20℃机舱外,已经被冻成毫无生息,仿佛是睡着了的机长,乘务长和空姐陷入了极大的痛苦中——他们实在不忍心放手,都希望奇迹能发生。

按照英航的规定,飞机在空中遭遇事故时,机组人员有义务牺牲一切来确保乘客的安全,除非乘客不要他们那样做。因此,丢不丢下机长,只有问问乘客了。在乘务长的授权下,另一名空姐走到客舱内,她稳定了自己的情绪,然后说,我们遭遇到了一点小麻烦,生死不明的机长被吊在寒冷的机舱外,丢不丢下他事关我们的生死,请大家考虑后表决,赞同丢掉机长的人请举手,举手的人超过半数,我们就将丢下机长。

空姐说完后,慌乱的场面一下子安静了下来,几秒后,有人迅速而果断地开始举手,2个,5个,10个,20个……

看到这一状态,空姐努力地控制着自己悲伤的情绪,不让眼泪流下。她强迫自己数清每个举手的人,可就在她快要数到过半数的42个时,突然,有一个一直举着手的人,把手慢慢放了下来,紧接着,又有一个人把手放了下来,接下来是第三个,第四个……

最终的结果是,举手的人竟然为零!看着这突然的转变,空姐再也忍不住了,眼泪哗地一下冲了出来。

接下来,更好的消息传来,通过不懈的努力,大副阿拉史泰尔终于和空管中心取得了联系,依靠他们的指挥和引领,在发生事故后的22分钟,飞机成功降落在6公里之外的英国南安普顿机场!机长西蒙也被随即赶来的救护车接走。

让人不敢相信的是,受到巨大撞击和在极寒中被冰冻了20多分钟的机长西蒙,居然在医院里被救活了过来,而且在3个月后重新回到了工作岗位上。

后来的调查表明,这场事故是由于机械维修师在更换飞机挡风玻璃时,粗心上错了螺母而引发的。更让人后怕的是,多亏当时没有丢下机长,因为一旦机长被丢下,他百分百会被卷入机翼上转动的引擎里,结果只能是机毁人亡,谁也救不了!

84名乘客改变表决结果,既拯救了机长,也在冥冥之中拯救了他们自身。

(选自《哲理》2011年第6期)

(二)运用节奏的方法

(1)欲扬先抑,欲抑先扬;

(2)欲停先连,欲连先停;

(3)欲轻先重,欲重先轻;

(4)欲快先慢,欲慢先快。

行路难（其一）

李　白

金樽清酒斗十千，玉盘珍羞直万钱。
停杯投箸不能食，拔剑四顾心茫然。
欲渡黄河冰塞川，将登太行雪满山。
闲来垂钓碧溪上，忽复乘舟梦日边。
行路难！行路难！多歧路，今安在？
长风破浪会有时，直挂云帆济沧海。

迷失在森林中的七天

佚　名

1

5月下旬的一个星期二下午，美国怀俄明州和罗拉多州边境的山区里，44岁的苏·诺玛把黑色背囊卸下，放在松针如席的地上。"有点不对劲。"她对10岁的女儿丹妮说。

母女俩已经在这山区里走了3天。按照计划，她们这时应已到达怀俄明州恩坎门河健行径的终点，然而地形图显示：沿途所见与地图上的标记并不吻合。

诺玛的视线落到地图下方，看到健行径蜿蜒进入科罗拉多州的泽克尔山的森林保护区。她明白了："丹妮，我们走错路了。"

丹妮坐在木头上，慢慢吃着面条，那是她们仅有的食物。"我们会饿死吗？"她问。

诺玛哈哈大笑，拍了拍大腿说："宝贝，我们体内还有很多储备呢。"她说话的语气，就像一头肚满肠肥准备冬眠的母熊，逗得丹妮也笑起来。

诺玛近年颇不如意。去年丈夫舍她而去，她也先后丢了两份工作：原本任职于一家医疗保健公司，因公司倒闭而失业，其后又被另一家医疗保健公司聘请，来到举目无亲的科罗拉多州丹佛市工作，但上班3星期后便遭辞退。然而诺玛疼爱女儿，从女儿学会走路开始，就常带她到宾夕法尼亚州阿巴拉契亚山脉去健行、钓鱼，母女感情很亲密。此时此境，她更不愿意让女儿看到自己的焦虑。母女二人相信前面总有民居，于是继续上路。诺玛身上的背囊重达30公斤，丹妮的背囊也有十多公斤重，所负装备包括双人用帐篷、支撑杆、睡袋、保暖毯、急救包和钓鱼竿。此外，还有露营炉、煮锅、平底锅等，但这些器皿现在没用了，因为她们所有食物都吃光了。

走了一会儿，山路越来越窄，最后消失不见了。在她们左边，河流奔腾澎湃；右边则黑松密密匝匝。她们朝松林望去，只偶尔可从树与树之间的空隙，看到白雪皑皑的康特嫩特尔山山顶。此时，丹妮在河边松软的泥土上，发现了山狮脚印，母女俩连忙从口袋里拿出哨子拼命吹，吹到脸颊都痛起来。尖锐的哨子声能令野兽却步。

二人继续前行,丹妮一边走一边引吭高歌,歌声越过松林,飘上蓝天。

2

就在当天上午10点钟,怀俄明州卡本县的高尔森警长接到报案电话。一个名叫华希本的女人在电话中说,她上个星期六上午在露营地认识了一对母女,那对母女表示沿恩坎门河北行,然后在星期一早上折返露营地。但是她们至今都没有回来,而她们的车还停在原地。

高尔森立刻安排搜索。他当县警已经24年,经验丰富,脑海里立即浮现了种种可能发生的事:那对母女被熊袭击?失足掉到河里?母亲失足坠山而女儿孤独无助……搜索队找遍怀俄明州境内总长24公里的健行径,到晚上那对母女还是不见踪影。

星期三,国民警卫队的直升机和两架定翼飞机在山区上空盘旋,几十名搜索队队员策马在各条大小山径搜索,依然一无所获。高尔森接管这个森林保护区以来,已有3人因迷路而葬身林中。在这山区迷路5天以上的人,从来没有生还者。

诺玛叫天不应,叫地不灵,心里禁不住泛起恐惧。她和女儿已两天没吃东西,而前面又有峭壁挡住去路。

夜色渐渐降临,诺玛仔细地架起帐篷,把两个睡袋拼在一起,紧紧抱着女儿入睡。

丹妮感到母亲开始害怕了。

3

星期三快天黑时,一头黄毛警犬在泽克尔山森林保护区入口附近找到一个苹果核。猎犬训练员在不远处松软的泥土上,也发现了两组靴子印。一组大,一组小,应是一个大人和一个小孩留下的。这给警方带来了希望,高尔森接到报告之后,下令搜索人员次日转赴科罗拉多州境内彻底搜索。他希望为时未晚。

诺玛用望远镜环视四周,目光停留在正前方一座峻峭山峰上:"我们必须爬到山顶,看看附近有没有牧场或道路。"

星期四中午过后不久,母女俩来到山的北坡,一步步往上爬。途中无数险阻,到处都是倒下来的大树、乱石、积雪。积雪有时厚实,有时却只有薄薄一层——丹妮失足掉进雪坑,直没至腰部,吓得尖叫起来。

她们到达山腰时,忽然传来一阵轰鸣声,诺玛侧耳细听:是直升机的声音。直升机正向她们飞近。她立即大喊:"拿毯子!"

诺玛打开背囊,抽出保暖毯铺开,把银色的一面朝天、母女一人抓住毯子的一边,把毯子高高举起。然而那绿色军用直升机就从她们上方飞过,没有回头。天要黑了,她们在一个背风地点架起帐篷,诺玛利用生火包内的蜡和木条,生起一堆散发浓烟的小火,盼望搜索队看见。寒风阵阵,她浑身发抖,沮丧地看着浓烟随风飘向山下。

星期五下午,母女终于爬到山顶。丹妮蹲在石头上晒太阳取暖,诺玛细心观察四周,入目尽是一座座拔地而起的大山,山上林木森森;山下河谷里流水蜿蜒,在太阳下闪闪发光。

诺玛感到一阵眩晕,她从背包里取出指南针,交给丹妮:"我们往北走回怀俄明州,你负责确保我们不再走错路。"

"我们动身吧。"丹妮说。

4

高尔森警长决定停止在科罗拉多州境内搜索,计划星期六亲自带队回怀俄明州山区去尽最后努力搜索。其中一头猎犬受过专门训练,善于寻找人类遗骸。

但40岁的森林局执法人员华嘉却隐约觉得那对母女尚在人间。星期五晚上,她打电话给好友何莉丝:"明天和我一起去泽克尔森林吧。我的直觉告诉我,在那里应该可以找到她们。"

星期六早上,华嘉和何莉丝驾车前往南面的泽克尔森林。到了中午,她们转为骑马,沿山路前行,大约两小时后,走到一大片泥沼前。何莉丝的马不肯走过泥沼,两人正商议该往回走还是另找一条路时,两匹马忽然竖起了耳朵。

何莉丝顺着马的视线往南面望去:"那里有一团黑影,是骆驼还是熊呢?"

她再细看,见那团黑影一分为二。

诺玛感到头昏眼花,掬起冰冰的河水泼在脸上,希望驱走困倦。

"那边有些白色的东西,似乎是马匹。"丹妮说。她们朝那白色的东西走去,诺玛看到两匹马,也看到了马上有两个人。她立刻拔足涉泥沼跑过去,跑到马前约30米时,她清楚地看到骑在马上的是两个女人。

"你是苏·诺玛吗?"其中一人问。

诺玛终于支持不住,跪在地上哭着说:"是。"

救护车上,医生给诺玛和丹妮检查:经过7天的森林迷途,母女都精疲力竭、脱水、遍体瘀伤,但没有生命危险。诺玛体重减了7公斤,丹妮减了3公斤。

苏·诺玛母女谢过所有为她们奔走的人们,然后开车回丹佛。途中,诺玛把车停在路边,下车眺望远山。现在她心中所有的不如意都已完全消散。丹妮摇下车窗,热切地说:"妈妈,回家吧。"

(选自《一品故事网》2011年1月10日)

第十三讲 综合练习之文学作品朗读专项训练

一、理论基础

这一讲是基于本书第五讲到第十二讲内容,结合了诗歌、散文、寓言童话的文体特征进行讲解的,文学作品的朗读是用饱满的语言表达能力激发受众的情感,把受众带入另一个美妙的艺术意境。这不是纯粹的技巧能够到达的艺术高度,常言"功夫在诗外",这就告诉我们文学作品朗读需要深厚的文学底蕴、广博的知识结构、丰富的人生阅历,以此理解作品,感受作品,形之于声,及于受众。

(一)诗歌

诗歌,从语言上看,凝练,语义丰富;从形式上看,分行排列,有韵律;从写作手法上看,思维跳跃,有意境;从朗诵上来看,强调的是节奏和意境。

1. 古诗

古诗讲究韵律感和音乐感,尤其是押韵的韵脚,体现出古诗的对仗与工整。朗读时根据诗歌内容划分节拍。古诗词最基本的节奏单位一般是由两个字构成的,五个字的诗,可分为两顿,三个节拍;七个字的诗,可分为两顿,也可分为三顿。这些规矩是非常灵活的,按照具体内容确定节拍,使得韵律回环往复,形成节奏。

意境往往通过顿挫、节奏表现。深入理解古诗的背景、内涵,确定节奏,读出味道。不要刻意追求节拍,丧失了意境。

春 晓

孟浩然

春眠/不觉/晓,
处处/闻/啼鸟。
夜来/风雨/声,

花落/知/多少。

【提示】"这是一首惜春诗,诗人抓住春晨生活的一刹那,镌刻了自然的神髓,生活的真趣,抒发了对烂漫醉人春光的喜悦,对生机勃勃春意的酷爱。言浅意浓,景真情真,悠远深沉,韵味无穷。"①

早发白帝城

李　白

朝辞/白帝/彩云间,
千里/江陵/一日还。
两岸/猿声/啼不住,
轻舟/已过/万重山。

【提示】"诗意在描摹自白帝至江陵一段长江,水急流速,舟行若飞的情况。首句写白帝城之高;二句写江陵路遥,舟行迅速;三句以山影猿声烘托行舟飞进;四句写行舟轻如无物,点明水势如泻。全诗锋棱挺拔,一泻直下,快船快意,令人神远。"②

2. 现代诗

现代诗在节奏上虽然比古诗更加自由了,但是还具有诗歌的外在形式,所以不能一味"自由"地追寻意境,脱离了节奏。

假如生活欺骗了你

普希金

假如生活/欺骗了你,
不要悲伤,不要/心急!
忧郁的日子里需要镇静:
相信吧,快乐的日子/将会来临。
心儿永远向往着/未来;
现在/却常是忧郁。
一切都是/瞬息,
一切都将会过去;
而那过去了的,
就会成为亲切的/怀恋。

这是普希金在被流放的日子里写的,那时俄国革命正如火如荼,诗人却被迫与世隔绝。在这样的处境下,诗人却没有丧失希望与斗志,他热爱生活,执著地追求理解,相信

---

① 《中国古典诗词合集》,北极星书库 www.ebook007.com
② 同上。

光明必来,正义必胜。全诗共两节:第一节劝告人们在苦恼时要学会忍耐,朗读时体会黎明前黑暗的意境;第二节告诉人们当越过艰难困苦之后,那过去的一切会变得美好起来,朗读时体会作者自豪、充实、丰富的人生感受。

(二)散文

散文多从作者主观视点来观察世界万物,从中有所感悟,有感而发,抒发自己的感想。而有声语言是朗读者的"二度创作"。散文朗诵形散神不散,关键在于创作者的"神聚"与"情浓"。散文有声语言的表达介乎于诗歌和小说、寓言童话之间,既不大起大落也不绘声绘色,主要是用朴实、真切的声音表达真情实感。

1. 抒情散文

散文有不同的类型。抒情散文以抒情为主,不写人和事。我们在朗读这一类型的散文时,完全可以以作者的感受为线索。

胡杨祭

刘湘晨

人们常说:野生胡杨树,一千年不死,一千年不倒,一千年不朽。

——古维吾尔语

几乎所有见诸于文字的表述中,都将这里称作"死亡之海"。沙漠腹地的克里雅人,却执拗地以此为故乡,他们把这里称作原来居住的地方。

这种古老的故乡情结,最早很可能与这些胡杨树有关。若许多年后,好景不在,失去了故乡的克里雅人,一定是世界上最为悲伤的族群;如同秀色尽去、满目斑痕的胡杨树。

望着大漠荒原,让人遐想万端。树木已被伐尽,荒原正处在退化的某一过程中。我注意到地面的车辙,已远不是农人和牧民擅用的牛车或小毛驴车的轮迹,而是地道的季节轮痕。拖拉机、汽车都在频频进入荒漠,这意味着什么呢?不能不让人觉其无限恐怖!

走一路,寻索一路。每有胡杨树,我必仔细浏览,驻足长久,如急于兑现一个久远的梦。每每在一株或一片胡杨前伫立,不知道我何以会有那么深的怜惜。

仅在二百年前后,发源于塔克拉玛干四周众山间的河流,多还处在发育盛期。水源充足,水势旺,一气呵成,倾泻而去,一直抵达沙漠腹地,最终汇入万宗之宿的罗布泊。如今,罗布泊一片干涸。从前所有最终汇入罗布泊的河流尽数萎缩,就连通贯整个塔克拉玛干的那条母亲河——塔里木河,也缩短了几百公里。

河水汛期来得格外迟,枯季却变得更长,让人盼而无期。死去的胡杨兀立荒原,树皮尽褪,树心被掏空,在碧蓝的天幕之下,一具具躯干愈显得惨白,铭志着已失去的无数沧桑岁月。胡杨树倒后仅剩的一段残根也被掏空了,如一口巨缸的缸洞。

伴随着河流的退化和它们每次的改道,像牧人丢弃揩屁股的土块儿一样,与河水伴生的大片胡杨林终被抛弃了,最终尽数枯死。在塔克拉玛干,常看到成片成片的胡杨林,静若一片坟场,就是这个原因。

河道收缩和胡杨林退化,又是人不断迁徙的原因——从沙漠的深处,逐步向距水源更近、也更利于生存的地方靠近。这段历史有多长呢?没有人知道。我努力想象这里从前确有一座桥,还有一处傍河而居的人家,这是一处隔世的田园。风尘远去了,只有家的宁静与温馨。一位即将从远处来的亲戚,会让一家人长久处在期待与兴奋之中。他们会倾尽所有,来表达自己的心境。这或许是这个家一年的盛事,而更多平常的日子,如同荒原本身一样朴实无华,如同岁月流逝一样不露形色,只守着一份心的宁静与知足。后来呢?谁也不知道那个傍河而居的人家,因什么原因离开了这里……

胡杨树严重退化,只有次生林生机勃勃,生长期多在五十年到百年之间。上一代的胡杨,已是一片与荒原本身实在不再有什么差异的景观。树干裸露,树冠褪去,虬枝枯老,似是终期不远的老人。在更大的视界里,胡杨林与尘土一色,寒风吹过,摆动的树干和那些永远不能再摆动的树干,还有慢慢成灰的一座座胡杨坟,都在诉说一个久远又在眼前的故事。

我尊敬胡杨是荒漠中的英雄树,给人以绝境中生的启示。夏季,披一身油绿犹如沙漠中的绿色火炬;秋季,抖动着金色的双臂装点着原野的苍茫;冬天,像一位长发及肩的女孩子挟着一股寒气向你跑来。

我们还会拥有一个长有胡杨树的梦吗?

人类最后的痛苦就是家园的失去,祖先最初的热土,该不是家园最后的墓志吧?

【提示】"这是一篇感人的胡杨颂歌,篇幅不长,但极具艺术魅力。文章以饱蘸感情的笔触,分析了塔克拉玛干大沙漠里的胡杨树退化死去的原因,找到了环境变化是胡杨树致死的凶手。告诫人们如果不注意保护环境,人类将失去自己的家园。作者没有把胡杨仅看成树,而是赋予它生命。"[1]

以作者对胡杨痛惜——怜惜——爱惜的感受为线索,直抒胸臆,基调沉重深情。

2. 叙事散文

叙事散文中穿插着一些人和事。有时,正是这些人和事给了作者启示,由此而产生了感慨。我们应该把其人其事作为散文的一个组成部分而不是把他们作为一个故事来读,着重刻画人或事的"神",不必拘泥于叙事的细节。

想想十年后自己什么样

周 迅

18岁之前,我是一个不知道自己想要什么的孩子。那时,我每天在浙江艺术学校里

---

[1] 《植物:人类生存的影子》,http://www.wenhew.com/reading/yuwen/xuesheng/200610/3849.htm。

跟同学们一起唱唱歌，跳跳舞。偶尔有导演来找我拍戏，我就会很兴奋地去拍，无论是多小的角色。

如果没有老师跟我的那次谈话，也许直到今天，仍然没有人知道周迅是谁。

那是1993年5月的一天，教我专业课的赵老师突然找我谈话："周迅，你能告诉我你对未来的打算吗？"

我愣住了，不明白老师为什么会突然问我如此严肃的问题，我不知道应该怎么回答。

老师又问我："你对现在的生活满意吗？"我摇摇头。

老师笑了："不满意就证明你还有救。你现在就想想，10年后你会是什么样？"

老师的声音很轻，但是落在我心里却变得很沉重，我的脑海里顿时开始风起云涌。沉默了许久，我看着老师的眼睛，坚定地说："我希望10年后的自己成为最好的女演员，同时发行一张属于自己的音乐专辑。"

老师问我："你确定吗？"

我慢慢地咬紧嘴唇，然后回答："Yes."而且拉了很长的音。

"好，既然你确定了目标，我们就把这个目标倒着算回来。10年以后，你28岁，那时的你是一个红透半边天的大明星，同时出了一张音乐专辑。"老师接着说。

"那么你在27岁的时候，你除了接拍各位著名导演的戏以外，一定还要有一个完整的音乐作品，可以拿给很多的唱片公司听，对不对？"

"25岁的时候，在演艺事业方面，你要不断地进行学习和思考。在音乐方面，你一定要有很棒的作品开始录音了。"

"23岁必须接受各种艺术方面的培训。"

"20岁的时候就要开始作词和作曲，在演戏方面要开始接拍大一点儿的角色了。"

老师这番话说得很轻松，但是我听了却感到一阵恐惧。这样推算下来，我应该马上就开始为实现自己的理想做准备了，可是，我现在什么都不会，什么都没想过。我忽然觉得有一种强大的压力朝自己袭来。

老师平静地笑着说："周迅，你是一棵好苗子，但是你对人生缺少规划，太散漫了。我希望你能在空闲的时候想一想，10年后的你到底要过什么样的生活，到底要实现什么样的目标。如果你确定了目标，希望你从现在就开始做起。"

1年后，我从艺校毕业了，老师那番话一直刻在我的心底：想想10年后自己什么样。当我意识到这是一个重要的问题时，我整个人都觉醒了。

从艺校毕业后，我忙于接拍各种各样的影视剧。我始终记得，我答应过老师，10年后我要成为一个成功的大明星，所以我很认真地筛选角色。后来我拍了《那时花开》，拍了《大明宫词》……我慢慢地被大家接受，也渐渐尝到了成功的快乐。

2003年4月，正好是老师和我谈话后的10周年，我不知道这是偶然还是必然，我居然真的拥有了第一张属于自己的音乐专辑——《夏天》。

如果你能及时地问问自己:"10年后我会怎么样?"你就会发现,你的人生会在不知不觉中发生变化。时刻想着10年之后自己的样子,你就会离自己的梦想越来越近。

(选自乐读网2011年11月5日)

【提示】散文描述了十年前作者的老师跟她的一席谈话,正是这次谈话,让作者有所醒悟,也才有了今天的成就。朗读时,语气应先是吃惊、懵懂,继而渐渐有紧迫感,最终"整个人都觉醒了"。十年后再回首,发自内心感慨"如果你能及时地问问自己:时刻想着10年之后自己的样子,你就会离自己的梦想越来越近。"这篇稿件虽然文字平淡朴实,却蕴含着深刻的哲理:成功的人生需要规划。

(三)寓言童话

寓言童话里有作者的观点及文章的寓意,常使用感性的语言表达理性的思考,想象力丰富,鲜活生动。有声语言表达时语言夸张,特别是用声音进行角色造型时,首先从生理、心理层面考虑角色的定型;其次,理解角色内涵,声音造型为主题服务。

钻石与鹅卵石

"为什么我们非要学习这些没用的东西呢?"

这是老师所听到的学生们的抱怨与质疑中最常出现的一句话。遇到这种情况,我们不妨给学生讲这样一个寓言:

一天晚上,一群游牧部落的牧民正准备安营扎寨休息的时候,忽然被一束耀眼的光芒所笼罩。他们知道神就要出现了,因此,他们满怀殷切的期盼,恭候着来自上苍的旨意。

神出现了,神开始说话了:"你们沿途要多拣拾一些鹅卵石,把他们放在你们的马褡子里。明天晚上,你们会非常快乐,但也会非常后悔。"

说完,神就消失了。牧民们感到非常失望,因为他们原本期盼神给他们带来无尽的财富和健康长寿,但没想到神却吩咐他们去做这件毫无意义的事。但是,不管怎样,那毕竟是神的旨意,他们虽然有些不满,但是,他们还是各自拣拾了一些鹅卵石,放在他们的马褡子里。

就这样,他们又走了一天,当夜幕降临,他们开始安营扎寨时,忽然发现他们昨天放进马褡子里的每一颗鹅卵石,竟然都变成了钻石。他们高兴极了,同时也后悔极了,后悔没有拣拾更多的鹅卵石。

(选自《伊索寓言》)

【提示】这个寓言故事告诉青少年朋友:现在我们觉得没用的知识,就像鹅卵石,将来有可能变为无尽的财富。过来人常常慨叹"书到用时方恨少",而处在求知阶段的学生却时常感到"书读万卷亦如此",文中鹅卵石变钻石的关键是神的点化,而知识技术转变为生产力,关键在人的智慧。朗读时,要注意语气的变化和转换。一开始是学生对于学习知识的质疑,接着老师讲寓言故事时的语气较平稳,继而"牧民们"的不解,以及最后的恍然大悟,这一系列的推进都要有相应的语气与之相配。只有这样才能让人感觉到人物的鲜活、生动和情节的发展、变化。故事的最后一句"他们高兴极了,同时也后悔极了,后悔没有拣拾更多的鹅卵石。"意义深刻,发人深省。"高兴"与"后悔"是鲜明对比,语气上要有所体现,以突出语重心长的意味。

茶 壶

安徒生

从前有一个骄傲的茶壶,它对它的瓷感到骄傲,对它的长嘴感到骄傲,对它的那个大把手也感到骄傲。它的前面和后边都有点什么东西!前面是一个壶嘴,后面是一个把手,它老是谈着这些东西。可是它不谈它的盖子。原来盖子早就打碎了,是后来钉好的,所以它算是有一个缺点,而人们是不喜欢谈自己的缺点的——当然别的人会谈的。杯子、奶油罐和糖钵——这整套吃茶的用具——都把茶壶盖的弱点记得清清楚楚。谈它的时候比谈那个完好的把手和漂亮的壶嘴的时候多。茶壶知道这一点。

"我知道它们!"它自己在心里说,"我也知道我的缺点,而且我也承认。这足以表现我的谦虚,我的朴素。我们大家都有缺点;但是我们也有优点。杯子有一个把手,糖钵有一个盖子。我两样都有,而且还有他们所没有的一件东西。我有一个壶嘴,这使我成为茶桌上的皇后。糖钵和奶油罐受到任命,成为甜味的仆人,而我就是任命者——大家的主宰。我把幸福分散给那些干渴的人群。在我的身体里面,中国的茶叶在那毫无味道的开水中放出香气。"

这番话是茶壶在它大无畏的青年时代说的。它立在铺好台布的茶桌上,一只非常白嫩的手揭开它的盖子。不过这只非常白嫩的手是很笨的,茶壶落下去了,壶嘴跌断了,把手断裂了,那个壶盖也不必再谈,因为关于他的话已经讲得不少了。茶壶躺在地上昏过去了,开水淌得一地。这对它说来是一个严重的打击,而最糟糕的是大家都笑它。大家只是笑它,而不笑那只笨拙的手。

"这次经历我永远忘记不了!"茶壶后来检查自己一生的事业时说。"人们把我叫做一个病人,放在一个角落里;过了一天,人们又把我送给一个讨剩饭吃的女人。我下降为贫民了,里里外外,我一句话都不讲。不过,正在这时候,我的生活开始好转。真是塞翁失马,焉知非福。我身体里装进了土;对于一个茶壶说来,这完全是等于入葬。但是土里却埋进了一个花根。谁放进去的,谁拿来的,我都不知道。不过它既然放进去了,总算是弥补了中国茶叶和开水的这种损失,也算是作为把手和壶嘴打断的一种报酬。花根躺在土里,躺在我的身体里,成了我的一颗心,一颗活着的心——这样的东西我从来还不曾有过。我现在有了生命、力量和精神。脉搏跳起来了,花根发了芽,有了思想和感觉。它开放成为花朵。我看到它,我支持它,我在它的美中忘记了自己。为了别人而忘我——这是一桩幸福的事情!它没有感谢我;它没有想到我;它受到人们的崇拜和称赞。我感到非常高兴;它一定也会是多么高兴啊!有一天我听到一个人说它应该有一个更好的花盆来配它才对。因此人们把我当腰打了一下。那时我真是痛得厉害!不过花儿却迁进一个更好的花盆里去了。

至于我呢?我被扔到院子里去了。我躺在那儿简直像一堆残破的碎片——但是我的记忆还在,我忘记不了它。"

【提示】骄傲的茶壶一系列的遭遇,让人可怜可悲。童话往往通过形象、情节的表现,给人以深刻启示。声音造型主要集中在茶壶的骄傲、自负方面。

二、实践练习

(一)诗歌

登乐游原
李商隐

向晚意不适,驱车登古原。
夕阳无限好,只是近黄昏。

寻隐者不遇
贾 岛

松下问童子,言师采药去。
只在此山中,云深不知处。

望天门山
李 白

天门中断楚江开,碧水东流至此回。
两岸青山相对出,孤帆一片日边来。

泊秦淮
杜 牧

烟笼寒水月笼沙,夜泊秦淮近酒家。
商女不知亡国恨,隔江犹唱后庭花。

凉州词
王 翰

葡萄美酒夜光杯,欲饮琵琶马上催。
醉卧沙场君莫笑,古来征战几人回。

春 望
杜 甫

国破山河在,城春草木深。
感时花溅泪,恨别鸟惊心。
烽火连三月,家书抵万金。
白头搔更短,浑欲不胜簪。

将(qiāng)进酒
李 白

君不见黄河之水天上来,奔流到海不复回。
君不见高堂明镜悲白发,朝如青丝暮成雪。
人生得意须尽欢,莫使金樽空对月。
天生我材必有用,千金散尽还(huán)复来。
烹羊宰牛且为乐,会须一饮三百杯。

岑夫子,丹丘生,将进酒,杯莫停。
与君歌一曲,请君为我倾耳听:
钟鼓馔(zhuàn)玉不足贵,但愿长醉不复醒。
古来圣贤皆寂寞,惟有饮者留其名。
陈王昔时宴平乐,斗酒十千恣(zì)欢谑(xuè)。
主人何为言少钱,径须沽取对君酌。
五花马,千金裘,
呼儿将出换美酒,与尔同销万古愁。

满江红
岳 飞

怒发冲冠,凭栏处、潇潇雨歇。抬望眼,仰天长啸,壮怀激烈。三十功名尘与土,八千里路云和月。莫等闲,白了少年头,空悲切。

靖康耻,犹未雪;臣子恨,何时灭?驾长车,踏破贺兰山缺。壮志饥餐胡虏肉,笑谈渴饮匈奴血。待从头,收拾旧山河,朝天阙!

声声慢
李清照

寻寻觅觅,冷冷清清,凄凄惨惨戚戚。乍暖还寒时候,最难将息。三杯两盏淡酒,怎敌他晚来风急?雁过也,正伤心,却是旧时相识。

满地黄花堆积,憔悴损,如今有谁堪摘?守着窗儿,独自怎生得黑?梧桐更兼细雨,到黄昏,点点滴滴。这次第,怎一个愁字了得?

请　求
佚　名

妈妈,请松开你
春天一样慈爱的手,
让我一个人在坑洼的路上,
一步一滑向前走。

妈妈,请您明白,
我不是一只折翅的鸟,
在一次次失败之后,
我总能体验成功滋味。

落下悬在喉尖的心,
即使我摔得鼻青脸肿,
我也不会后悔做一个生命的强者,
在寒风中瑟瑟发抖。

妈妈,亲爱的妈妈,
请松开您温暖的手,
让我长上丰厚的羽毛,
在蓝天自由飞翔。

桂林山水歌
贺敬之

云中的神啊,雾中的仙,
神姿仙态桂林的山!

情一样深啊,梦一样美,
如情似梦漓江的水!
水几重啊,山几重?
水绕山环桂林城……
是山城啊,是水城?
都在青山绿水中……

啊!此山此水入胸怀,
此时此身何处来?
……黄河的浪涛塞外的风。
此来关山千万重。
马鞍上梦见沙盘上画:
"桂林山水甲天下"……

啊!是梦境啊,是仙境?
此时身在独秀峰!
心是醉啊,还是醒?
水迎山接入画屏!
画中画——漓江照我身千影,
歌中歌——山山应我响回声……

招手相问老人山,
云罩江山几万年?
——伏波山下还珠洞,
宝珠久等叩门声……
鸡笼山一唱屏风开,
绿水白帆红旗来!
大地的愁容春雨洗,
请看穿山明镜里——
啊!桂林的山来漓江的水——
祖国的笑容这样美!
桂林山水入胸襟,
此景此情战士的心——
是诗情啊,是爱情?
都在漓江春水中!

三花酒掺一份漓江水,
祖国啊,对你的爱情百年醉……

江山多娇人多情,
使我白发永不生!
对此江山人自豪,
使我青春永不老!
七星岩去赴神仙会,
招呼刘三姐啊打从天上回……
人间天上大路开,
要唱新歌随我来!
三姐的山歌十万八千箩,
战士呵,指点江山唱祖国……

红旗万梭织锦绣,
海北天南一望收!
塞外的风沙呵黄河的浪,
春光万里到故乡。
红旗下:少年英雄遍地生——
望不尽:千姿万态"独秀峰"!
——意满怀呵,情满胸,
恰似漓江春水浓!
呵! 汗雨挥洒彩笔画:
桂林山水——满天下!……

四月的纪念

刘 擎

男:二十岁,我爬出青春的沼泽,像一把伤痕累累的六弦琴,喑哑在流浪的主题里。你来了,
女:我走向你,
男:用风铃草一样亮晶晶的眼神,
女:你说,你喜欢我的眼睛,
男:擦拭着我裸露的孤独。
女:孤独,为什么你总是孤独?
男:真的,
女:真的吗?

男:第一次,

女:第一次吗?

男:太阳暖融融的手……

女:暖融融的,

男:轻轻的……

女:轻轻的,

男:捧着我了,

女:捧着你了吗?

男:于是,往事再也没有冻结愿望。

女:于是,往事再也没有冻结愿望。

男:我捧起我的歌,

女:捧起你的歌,

男:捧起一串串曾被辜负的音符,

女:捧起一串串曾被辜负的音符,

男:走进一个春日的黄昏,

女:一个黄昏,一个没皱纹的黄昏,

男:和黄昏里不再失约的车站。

女:不再失约,永远不再失约。

男:四月的那个夜晚,没有星星和月亮,

女:没有星星也没有月亮,那个晚上很平常,

男:我用沼泽的经历交换了你过去的故事。

女:谁都无法遗忘,沼泽那么泥泞,故事那么忧伤。

男:这时候,你在我的视网膜里潮湿起来,

女:我翻着膝盖上的一本诗集,一本惠特曼的诗集。

男:我看见你是一只纯白的飞鸟,

女:我在想,你在想什么?

男:我知道,美丽的笼子囚禁了你,也养育了你绵绵的孤寂和优美的沉静。

女:是的,囚禁了我,也养育了我。

男:我知道你没有料到会突然地在一个早晨开始第一次放飞,却正好碰到下雨。

女:是的,第一次放飞就碰到了下雨。

男:我知道,雨水打湿了羽毛,沉重的翅膀也忧伤你的心。

女:是的,雨水忧伤了我的心。

男:没发现吗?

女:你在看着我吗?

男:我湿热的脉搏正在升起一个无法诉说的冲动。
女:真想抬起眼睛看看你,
男:可你却没有抬头。
女:没有抬头,我还在翻着那本惠特曼的诗集。
男:是的,我知道,我不是岩石,也并不是堤坝。
女:不是岩石,不是堤坝。
男:并不是可以依靠的坚实的大树,
女:也不是坚实的大树。
男:可是,如果你愿意,
女:你说,如果我愿意,
男:我会的,我会勇敢地以我并不宽阔的肩膀和一颗高原培植出来忠实的心,为你支撑起一块永远没有委屈的天空。
女:永远没有委屈的天空,你说如果我愿意?
男:是的,如果你愿意,
男:如果(合)你愿意。
女:　　(合)我愿意。

(二)散文

黄河渡

李余良

好多好多年以前,黄河在这儿拐了一个弯儿,便拐出了一片平展展的黄土地,拐出了一间暖烘烘的茅草屋,拐出了一个远近闻名的黄河渡。

小小渡船,是黄河馈赠的一只碗。好多好多年以来,这只碗养活了黄河渡一代又一代飘不断的炊烟。这炊烟曾在黄河上,铺出一片片移动的陆地,让南来的风、北往的雨在黄河之上随意穿行。

有几多失血的岁月和干瘪的日子,都因了这炊烟的赈济而渐次红润;有几多离散的忧愁和隔阂的痛苦,都因了这陆地的缝合而笑逐颜开。

黄河渡的大名被写满雁翅,黄河渡的丰碑竖在黄河岸所有的路口。黄河渡也有不称心的日子,因他的饭碗为黄河所赐,所以,有时总少不了看黄河的脸色行事。当黄河弥天盖地把浪头砸来,他只能不情愿地把自己锁进小屋。小船搁浅在滩头,盛满压抑的泪水。

黄河流经这里拐了个弯儿,便拐出了一个远近闻名的黄河渡。小小渡船是黄河馈赠的一只碗,千百年来,这只碗为黄河渡装满花环,装满殊荣,也装满了黄河渡难咽的委屈和沉重的心事。

秋水伊人

三　毛

　　一位中国大陆的伯母，发现我爱老东西，就说她确有一些小玩意儿，大陆带来的，要得翻一下才知道在哪里收着。

　　没过几天，我得了三个竹刻泛黄的图章盒，上面有山有水有诗词，盒子里，霉出小黑点的软棉纸就包着这四样细银丝卷出来的别针。

　　图上两片叶子倒也罢了，没有太多感应。左上角是一只停在花枝上的雀，身体是一条线丝绕出来的，左下角是只蝉吧。这两样宝贝，常爱细细慢慢地品味它们，尤其在夜间的聚光灯下。看到夜深花睡时，这几个别针就飞入张爱玲笔下那一个世界中某些女人的衣服上去了——是白流苏的吗？

　　太精细的东西我是比较不爱的，可是极爱产生它们这种饰物的那个迷人的时代和背景。这两个别针，当是跟墨绿的丝绒旗袍产生关联的，看着它们，不知为何还会听见纱窗外有歌声，慢慢淡淡地流进来——望穿秋水，不见伊人的倩影——

他是母亲的肝

心有千千结

　　感动，就是把情感变成行动。

　　他生于广州市的一个普通家庭，与妹妹是龙凤胎。父母一直视他们为掌上明珠，为他们创造最好的教育环境。高三时，父母为他争取到了赴美国交流一年的机会。2008年，他如愿地考入美国北科罗拉多大学，修读会计专业。今年大学毕业，他正准备参加美国注册会计师考试。

　　2011年5月，年过五旬的母亲被查出重型肝炎晚期，保命的唯一办法是进行肝移植手术。然而，在医院等了两个月，却因器官供源紧缺，命悬一线。无奈之下，父亲将这不幸的消息告诉了远在美国的儿子，并问他万一需要让他为母亲捐肝，他愿不愿意。他一听，想都没想就一口答应了。父亲提醒他，要考虑清楚。他动情地告诉父亲："根本不用考虑什么，母亲生我养我这么多年，为我付出了那么多。现在她有生命危险，只要能救母亲的生命，无论做什么，我都会挺身而出的。"

　　但父亲将让儿子捐肝的事情告诉给妻子时，却遭到妻子的强烈反对。这天，母亲再次出现肝昏迷，生命垂危。听到这一消息，他立即从美国返回广州。

　　据主治医师介绍，对于提供肝源的供体，从统计上说具有千分之四至千分之七的风险，而这种风险主要是术后的并发症。但从健康供体上割下60%的肝脏，因为肝脏再生能力强，三个月后就可以长回原样。于是，他瞒着母亲，迅速办好了所有肝移植的手续。在签手术通知书之前，医生再次征求他的意见，强调现在反悔还来得及。他没有一丝犹豫,十分迅速地签了字。父亲实在不忍心让儿子冒这么大的风险,毕竟他才22岁啊,人生的路还很长。因此,签字时,父亲的手一直在发抖。

经过12个小时的漫长手术,60%的肝脏最终成功地从儿子体内取出。立即移植到了母亲的体内。幸运的是,母子平安。

手术时,要切除的60%肝脏因为和胆囊连在一起,所以只能一并切除。父母后来知道这一情况,一直痛心不已,肝可以再长,胆却再也长不出来了。他故作轻松地安慰父母:"以后吃饭多注意就是了,不会有什么影响。"

刚做完手术,母亲的情绪一直不太好,提到手术就掉泪。为了让母亲开心,身材高大的他时刻陪在母亲的病床前,总是绽放一脸的笑容,不停地安慰母亲,给她信心。为此,中山大学附属第一医院颁给了他一份特别的"荣誉证书":鉴于你帅气、勇敢、坚强的表现,被授予"最佳形象大使奖"。

如今,他已经出院,每天还会和孪生妹妹一起到医院探望母亲,为母亲梳头,陪母亲说说话,不停地劝慰母亲要静心养病。躺在病床上的母亲虽然还很虚弱,但是一见面总要提醒儿子注意身体。

他叫彭斯,一位"八〇后"留学生,用割肝救母的孝心挽救了母亲的生命,感动了千万人,也为自己的生命画出了最美的轨迹。面对人们的追问,他动情地说:"身体发肤受之父母,生我养我的母亲有危险,我心里唯一的念头就是,一定要为她做点什么,危不危险的我考虑不了那么多。"

世界上最不能等的,就是孝敬父母!的确,彭斯割肝救母的行动,不仅仅是孝心在闪亮,还有我们的传统美德在熠熠发光,让我们明白什么叫母慈子孝,什么叫真善美,什么叫高山仰止。更让我们看到中华民族自古流传的感恩行孝美德依旧绵亘不息。

(选自《做人与处世》2012年1月6日)

最后一个船夫

张柄生

这是深藏在大山里的一个土家小镇。一条亘古的河流在小镇的脚下奔腾流淌。镇子里高高低低的石板街,默默地诉说着岁月的悠远绵长。由于险山恶水的阻隔,当新时代的朝阳将明媚的阳光铺洒在古朴精巧的吊脚楼上的时候,小镇依旧像一个在历史老人怀抱里酣睡的婴儿,沉浸在淳远清宁的长梦里,显得那样的恬静,那样的安详。

在小镇上,老船夫水伯是一个受人尊敬的人物。水伯姓杨,住在镇口的一幢吊脚楼里。水伯曾经是小镇上有口皆碑的英雄好汉。年轻时的水伯,靠雄健的筋骨和豹子的胆量,在激流恶浪中把笨重的木船驾驭得灵巧如燕。那年月,年轻的水伯总是被淹没在一片崇敬的浪涛里,他也情不自禁地陶醉在自豪中……水伯的自豪感,突然被一声响亮的汽笛声打破了。随着第一艘轮船驶进了小镇的码头,水伯的英名,便无可奈何地随着河水漂走了。

　　水伯望着曾经被自己踩在脚下的激流险滩,已经无法将梦境和现实区分开来了。年轻时的那股豪气灼烤着他年迈的身躯,水伯的脑袋里冒出了再显身手的念头,以前河流两岸人山人海朝着他欢呼的场面,仿佛又重新浮现在了自己的眼前。

　　水伯终于等来了机会。一个电视剧摄制组来小镇,导演在与水伯偶然的闲谈中受到了震撼,立即决定加拍一组船夫驾船闯滩的镜头。第二天,当一切准备就绪,被请来客串船夫的那位小伙子向木船走去的时候,大家却突然发现,水伯早已立在了船头,一副只等开拍的架势。导演感到莫明其妙,走上前去请老人家让开。水伯愣住了:怎么,你们就不怕出人命?这里的水乱得很……导演对他解释,这是拍电视,必须要年轻力壮的小伙子,再说,拍摄的时候,会有保护措施……水伯固执地说:还是信不过我,你们去打听打听,当年我杨水伯在船上的时候……导演只好让人找来水伯的大女儿,大女儿连哄带拽,好不容易将水伯劝走。

　　等大女儿拽着三步一回头的水伯离开码头之后,导演急忙指挥开拍……

　　晚上,大伙儿在审看回放时,谁也没有注意到,水伯无声无息地站在后面,静静地盯着屏幕老半天,然后默默地转过身,步履艰难地走了出去。从此,水伯变得沉默了。

　　每日清晨,水伯总是提着他那根长长渔竿,默默地穿过小镇的石板街,来到河边的乱石滩上,将没有钓饵的渔钩抛进水中,然后就静静地坐在石头上,目光默默地落在奔腾的河流上,随着奔流的河水飘得很远很远。

幸福与痛苦的领悟
俞敏洪

　　之所以有的人更痛苦,有的人更幸福,不是人们对待幸福的态度不同,而是人们对待痛苦的态度不同……

　　有一年夏天,我沿着黄河旅行,无数次站在黄河岸边,看滔滔河水像黄龙翻滚,自天际流下,把我的心都流成了无边无际的壮阔。无数次注视着落日像血一样融入河水,好像生命被一次次重新染色,每一次都有奔腾到海的冲动。

　　但让我感受最深的是在黄河边上,用瓶子灌一瓶河水。泥浆翻滚的水,被灌到水瓶里以后,依然十分浑浊,透过瓶子,看到的只是浑浊黄色的世界。在瓶子背后,看不到天,也看不到地。面对这样的水,我感到了痛苦和绝望,感到了黄河河床不断提高带来的灾难,感到了人们在这种灾难中的呼喊。我把水瓶放在边上,痛苦地坐在岸边,看着黄河发呆。

　　一段时间后,我把眼神从远处收回来,猛然发现身边瓶子里的水开始变清。浑浊的泥沙沉淀下来,上面的水变得越来越清澈。我看着这种变化,直到泥沙全部沉淀,只占整个瓶子的五分之一,而其余的五分之四都变成了清清的河水。我慢慢把瓶子举起来,透过瓶子,我看到了天,看到了地,看到了生命中幸福与痛苦的界限。

原来,我们的幸福和痛苦也像黄河水一样。我们在匆忙和浮躁中,拼命地摇晃我们的生活,直到我们的生活变得一片浑浊,使所有的幸福都掺杂了痛苦的成分。假如清水是幸福,泥沙是痛苦,那么,我们一生幸福的总量应该大于痛苦。我们时时感到痛苦,不是因为痛苦多于幸福,而是我们用不恰当的方式,让痛苦像脱缰的野马,随意奔跑在我们生活的每一个角落。因为痛苦的渗透,我们本来应该清澈如水的生活,变得像黄河水一样,有了太多的杂质。

如果我们能够静下心来,让痛苦沉淀在我们的心底,不管痛苦能不能消失,都只让它占有我们心里的一小片空间,那大部分的空间就会被幸福充实。每一个人出生伊始,一辈子所经历的幸福和痛苦的总量都应该是相同的,之所以有的人更痛苦,有的人更幸福,不是人们对待幸福的态度不同,而是人们对待痛苦的态度不同。想到这里,我把水瓶中的水晃动了一下,已经变得非常清澈的水在一瞬间就又变得浑浊不堪。

而生命的难处在于:我们很难让生命静止不动,使我们能够把痛苦和幸福截然分开,并彻底把痛苦沉淀在某个被遗忘的角落不再翻滚。痛苦和幸福在我们的生活中,或多或少都会搅和到一起。如果我们陷入其中不能自拔,生命将失去存在的最本质意义。那痛苦和幸福相混合的生活是不是就失去意义了呢?我再次把目光投向黄河,我发现它是那么的壮阔和美丽。看着滔滔的河水,翻滚着浊浪,从地平线那头流过来,从我脚下流过,又消失在地平线的另一头,使人无法不感受到我们这个星球所蕴涵的勃勃生机。

我突然意识到:如果把人的生命不断放大,放大到像黄河一样壮阔,从远古和天边流来,向未来和大海流去,那我们的生命就无所谓幸福和痛苦的混合,而变成一曲永远唱不完的雄壮的黄河交响曲。

(三)寓言童话

狗、公鸡和狐狸

狗与公鸡结交为朋友,他们一同赶路。到了晚上,公鸡一跃跳到树上,在树枝上栖息,狗就在下面树洞里过夜。黎明到来时,公鸡像往常一样啼叫起来。有只狐狸听见鸡叫,想要吃鸡肉,便跑来站在树下,恭敬地请鸡下来,并说:"多么美的嗓音啊!太悦耳动听了,我真想拥抱你。快下来,让我们一起唱支小夜曲吧。"鸡回答说:"请你去叫醒树洞里的那个看门守夜的,他一开门,我就可以下来。"狐狸立刻去叫门,狗突然跳了起来,把他咬住撕碎了。

这故事说明,聪明的人临危不乱,可以巧妙而轻易地击败敌人。

(选自《伊索寓言》)

北风和太阳

北风和太阳是很要好的朋友,可这天,它们却为一件事你一言我一语地吵了起来。

"我最厉害,人们都怕我。"北风骄傲地说。太阳也不示弱:"大地万物都离不开我温暖的阳光。"

吵来吵去,谁也不服气,那就来较量较量吧。

北风看见路上有一个扛着大包的行人,便提议说:"这样吧,我们也别争了,如果谁能让行人先脱下衣服,谁就更厉害。"太阳愉快地答应了。

北风立刻冲上去,对着行人猛烈地吹了起来,行人却把身上的衣服裹得更紧了。

不服气的北风使出更大的力气"呼呼"地吹着。没想到,行人反而从包里又拿了件厚衣服穿上。

风刮疲倦了,便让位给太阳。太阳最初把温和的阳光洒向行人,行人慢慢脱掉了添加的衣服,太阳接着把强烈阳光射向大地,行人们开始汗流浃背,渐渐地忍受不了了,脱光了衣服,跳到了旁边的河里去洗澡。

最后当然是太阳胜利了。这寓言说明,强迫和镇压往往不是最有效的手段。

(选自《伊索寓言》)

第十四讲　综合练习之新闻消息的播读专项训练

一、理论基础

很多青少年朋友反映不喜欢播读新闻,因为不知道该用什么语气、节奏播读,找不着感觉。还有的朋友认为声音平淡才适合播读新闻,于是就刻意不动声色、冷冰冰地播读,这都说明大家对于新闻的性质没有明确的认识,不能激发对新闻播读的兴趣,当然调动不起来播讲愿望了。

（一）了解新闻的定义,明确播读的要求

我国现在普遍沿用的是陆定一先生提出的"新闻"的定义:"新闻是新近发生的事实的报道"。随着传播技术的高速发展,使得事实报道更加快捷、便利,比如体育赛事的直播,就不是"新近发生的事实的报道",而是"正在发生的事实的报道",受众第一时间就能知道比赛结果。新闻的定义明确简洁地概括了新闻的特点,这也决定了播音员应该用什么声音进行播读。

（1）事实是新闻的本源,新闻必须是以事实为根据的真实信息。同样的要求,对于事实的有声语言表达必须准确清晰,叙事清楚。

据中国之声《新闻晚高峰》报道,今天上午10点,"神舟八号"飞船返回舱开舱仪式在中国空间技术研究院举行,开舱人员总共取出8大类123种搭载物品。

在中国载人航天工程办公室主任王文宝下达"开舱"指令后,开舱工作人员从航科集团副总经理袁军手中接过"开舱钥匙",乘坐一架小型云梯来到"神舟八号返回舱"的上方。身着连体白色防静电服的工作人员从云梯跨步站立在返回舱顶部,从外向内打开了舱门进入舱内。大概三四分钟后,在现场近百名记者和工作人员的注目下,工作人员双手将一件白色包裹高高举起,伸出舱外。

今天取出的搭载物品共有8大类123种,包括农作物种子、微生物试管苗,还有中国

邮政纪念贺卡、书画作品、音像制品以及旗帜等其他物品。每个搭载物都是由白色的"太空邮政"邮袋包裹着,来自公正部门的公正人员现场对这些搭载物进行了公正。

【提示】这条新闻介绍了"神八返回舱今日取出8大类123种搭载物品",不仅介绍了"神舟八号"飞船返回舱开舱仪式的过程、步骤,而且说明了搭载的物品共有8大类123种之多。客观、真实。同时还要明白,搭载物品记载和见证了我国航天事业的发展历程,已经成为载人航天文化的重要组成部分。播报时不能有任何差错,更重要的是要把内容梳理清楚,真正理解明白,播得清楚。

(2)新闻必须有新意。构成新闻的事实,要能够满足人们未知、预知、应知的需要。播音员播读新闻时,虽然比受众提前看到稿件,满足了自己对新闻的需求,但是要想到作为传播者,任务是让更多的人知道新闻,所以播报时有声语言的新鲜感要强。

丰田造世界首辆意志控制变速自行车

(新浪科技讯)北京时间2011年11月23号消息,科学家最近揭开了世界首辆用意志控制速度的自行车的神秘面纱。丰田普瑞斯项目的Parlee PXP自行车拥有由意志控制的变速箱,它会对大脑的指令作出响应。专家认为,通过一些练习,每个人都可熟练掌握控制这种自行车的方法。

人机接口界面专家Deeplocal制作了一种独一无二的头盔,它通过无线技术将脑电波传输给一个微控装置。这种"神经元头盔"利用电极接收车手的神经—电活动(即意念),并把接收到的信号发送给一个安装在车座下的电子齿轮拨叉。Deeplocal的创意工程师帕特里克·米勒说:"该系统是用现成的脑波读取器和软件制成,可以读取大脑发出的信号。"

他说:"车手需要稍作练习,但是目前我们已经处于可以利用意念改变车速的阶段。我们有一些特殊软件可以帮助人们练习操作方法,当你想'加速'时,头盔将会读取到这些信息。不管车手想加速还是减速,头盔都能接收到这些信号,并把它们传输给微控装置。此刻这种概念车还只处于试验阶段,不过一旦你掌握了控制方法,你就能做很多事情,例如在旅行过程中根据速度或远近改变传动装置。"

这款自行车是由丰田汽车、萨奇广告公司和Parlee Cycles公司联合制造,车体的大部分都由碳化纤维制成,这是为了适应空气动力学,并把所有元素完美结合在一起。该车的所有制动导线都安装在车体内部,刹车安装在前叉里,车手的背部佩戴一个小上网本,负责操控脑波读取器。

【提示】没有做不到,只有想不到。科技的发展使我们的生活更便捷,也更人性化。这不,连自行车都能做到以个人意志来控制速度,生活中还有什么不可能?播报时,要积极主动地把"科技以人为本"的信念传达出去,促使更多的人关注我们的生活,继而改善我们的生活。

(3)新闻并非事实本身,而是对事实的报道,是新闻工作者对客观事实的一种反映。播新闻是有情感的,只不过播音员的情感是以态度、倾向性表现出来的,而不是错误地认为新闻播音员不用动感情。播音界的老前辈、中央人民广播电台播音员夏青同志曾说过:"播音员是党的宣传员,必须无条件地宣传党的主张,在政治上与党中央保持一致",播报新闻时,播音员不只是简单的事实传达,必须要有对播报事实的倾向性。

据2011年9月23号出版的《环球时报》报道,菲律宾22号召集东盟10国的海事专家开会,讨论该国解决南海争端问题的一个建议:将南海明确划分为无争议和有争议的区域,无争议的地区由"独有主权国"直接开采,有争议的地区则由几个声索国合作开发。美联社22号称,中国方面已严厉抗议此次会议的召开,菲律宾单方面"划分"南海冒着"惹怒中国的危险"。

菲副总统比奈22号出席该会议发言称,"菲律宾认为,根据国际法将南海有争议和无争议的地区明确划分开来,非常重要。这样才能打破各方合作开发的僵局"。美联社称,根据菲律宾的提议,并非整个南海都是争议地区,只有南沙和西沙群岛存在争议,分别有6个和3个声索方。报道还称,这是菲律宾首次尝试出台统一的地区政策,试图以东盟为整体对抗中国对整个南海的主权要求。

中国军事问题专家刘江平认为,菲主导的类似会议无论达成什么结果都是无效的,菲摆出"要谈出个框架强加给中国"的样子,中国肯定要坚决反对。中国在南海问题上的立场是,主权归属不能谈判,这是底线;南海资源的合作开发可以协商,但是这种协商不能把中国排除在外。

【提示】播报时,播音员的态度是严肃的,是坚决反对并强烈抗议"菲律宾召集专家开会'划分南海'"一事的,并在南海问题上明确表示"主权归属不能谈判,这是底线。"关于这条新闻,我们必须熟悉相关背景:中国对南沙群岛及其附近海域拥有无可争辩的主权,对此我们拥有充分的历史和法理依据。南海问题本质上是中国同南海周边一些国家对于南海岛礁主权和海洋划界的争议。南海主权问题的和平解决是一项长期复杂的工程。中国并不反对在适当的时候可以开始有约束力的准则谈判,但当下最重要的是务实合作。菲律宾这种违背"宣言"、破坏下一步合作的举动应受到严格约束。

(4)新闻必须是公开传播的事实。播音员播报的新闻是通过新闻渠道传播的事实,而非小范围或内部传播,播报时应语言朴实、落落大方。

据中央气象台消息,春运期间,能够造成比较大影响的天气将是雾霾、雨雪和大风。

春运期间往往是一年中最冷的时段,低温雨雪冰冻天气容易引发道路湿滑、能见度低和机场跑道结冰等问题。当气温低于0℃时,雨水、积雪就会在路面上结成冰层,影响交通正常运行。近日雾霾多发,再加上人流量大,令2013年的春运"雪上加霜"。

大雾对交通也影响颇大。交通运输部规划研究院副研究员何吉成曾公开表示,大雾已经成为了高速公路上的第一杀手。特别是局部小地形引起的突发性团雾,造成的车辆追尾事件屡见不鲜。

气象专家同时提醒,春运期间也不应忽视大风所带来的影响。在有强冷空气南下时,5级至6级大风,甚至8级左右的阵风会对江河与海路航行的船只带来不安全因素,容易造成翻船事故。

面对春运期间三大天气的挑战,中国气象局24号发布《春运气象保障服务专报》,即日起至3月6号,中央气象台每天早上的全国天气会商会议上,会将春运天气作为重点进行讨论,主要内容包括全国48小时天气预报、道路交通的气象预报以及北京地区的48小时天气预报等,方便公众查询所有出行道路的天气情况。

(选自中新社2013年1月26日)

【提示】这条新闻是2013年春运刚刚开始时播出的一条新闻。作为播报者,我们要联想到话筒前、镜头前有千千万万关注此新闻的人,尤其是那些要赶回家过年的人,以及相关的交通运输部门,这条新闻能让他们提前做好各项防范准备工作,以实现春运的平安、顺畅运行。因此播报时,用气要沉,用声要实,音量适中,自信自然,落落大方。

(5)新闻的报道要及时,否则就成了旧闻。播报是为了符合及时的特点,要求播音员用简洁明快、平稳顺畅的语言。

2012最为罕见天象"金星凌日"将在6月上演

2012年最值得期待的天象"金星凌日"将在6月6日精彩上演。天文专家提示说,这是直到2117年以前所能看到的最后一次,凌日时间长达6小时,我国大部分地区处于最佳观测地区。

天文教育专家、天津市天文学会理事赵之珩介绍说,金星轨道在地球轨道内侧,某些特殊时刻,地球、金星、太阳会在一条直线上,这时从地球上可以看到金星就像一个小黑点一样在太阳表面缓慢移动,天文学称之为"金星凌日"。

"金星凌日"持续时间通常是几个小时,本身不具有太高观赏性,不过是最为罕见天象,它以两次为一组,两次之间间隔8年,发生凌日,而每组之间的间隔却可长达100多年。上一次的"金星凌日"发生在2004年6月8日,今年6月6日的这次是本组的第二次。而下回再发生这一天象,就要等到2117年12月11日了。

根据预报,本次"金星凌日",我国是全世界范围内的最佳观测点之一,大部分地区都能观测到从"凌始"到"凌终"全过程。若天气晴好,届时公众会看到有颗"小黑痣"在太阳脸上缓慢划过。其中金星第一次与太阳表面外切发生在北京时间6时9分41秒,凌终的外切是在12时49分31秒。

天文专家提醒说,观测"金星凌日"时有一点需要注意,裸眼直视太阳的时间持续达5秒就足以损坏人的视力。因此,观测时要注意减光,最好使用专用的日食观测卡,切记不可用普通的太阳镜直接观测太阳。

【提示】新闻第一时间向受众提供"新鲜出炉"的内容,是信息的一种浓缩,为了符合新闻"短、快、活、多"的特点,播音员播报的节奏明快,音色响亮,不拖腔不甩调,不大起大落,少停多连。

(二)抓住新闻价值的线索,激发播读新闻的兴趣

我们要播读的每一条新闻,都有它的价值,想一想,你近期看过的新闻中,你对哪些内容记忆深刻?往往容易被你记住的,通常是你感兴趣的,也是收听收看新闻的人能够记住的,这其中是有新闻规律的。比如,经常出差或需要乘坐火车的人会比较关注"铁路推出手机购票月底有望正式启用"的新闻;而即将参加2013年全国研究生报考的考生则会对"全国硕士考点明年将全配金属探测仪"这条新闻感兴趣,以便自己提早做好应试准备;对于一直关注钓鱼岛问题的爱国人士一定会关注"战海监船驶近钓鱼岛宣示主权"的新闻,力挺中国收回属于自己的领土。诸如此类还有很多。

正是因为新闻有新闻价值,才吸引了我们。新闻价值是新近事实或相应作品所含新闻构成要素的总和。中国新闻学术界公认的新闻价值五要素是时新性、接近性、显著性、重要性和趣味性。时新性是指新闻是新近发生并及时传播的;接近性是指新闻与受众的接近程度;显著性是指新闻事件参与者及其业绩的知名程度;重要性是指新闻内容的分量及其重要程度;趣味性是指受众对新闻感兴趣的程度。我们可以通过在一条新闻中找到体现新闻价值的要素作为线索,来调动自己的播讲愿望。

(1)时新性,指新闻事实的新近程度和新闻报道的及时程度。发生时间与报道的时差越小,新闻价值越大。

两度摔倒,两度坚持。中国金花李娜输掉了决赛,却没有输掉掌声和信心。

第二次闯入澳网女单决赛的李娜2013年1月26日在首盘获胜的情况下最终以6∶4、4∶6和3∶6不敌卫冕冠军阿扎伦卡,无缘个人第二个大满贯冠军。

在第二盘第五局以30∶15领先时,李娜在移动过程中,扭伤了自己的左脚踝,一屁股坐在了地上。李娜不得不叫了一个医疗暂停,训练师进场为李娜疗伤,并用绷带固定脚踝。在经过6分钟的治疗之后,顽强的李娜选择回到场上,并保住了自己的发球局。

祸不单行。在第三盘第四局,李娜在救球时再次扭到左脚踝,并重重地摔在了地上,发出了一声让人心碎的尖叫。顽强的李娜在三分钟之后再次选择回到场地,但还是在第三盘比赛中3∶6不敌阿扎伦卡,最终输掉了这场耗时两小时40分钟的苦战。

【提示】李娜失冠,虽败犹荣。这是李娜第三次闯入大满贯赛事决赛。在2011年的澳网中,李娜首次闯入大满贯决赛,但输给了比利时名将克里斯特尔斯。但在当年的法网决赛中,李娜再次闯进决赛,并为亚洲选手拿下了史上首个大满贯。李娜,不仅仅是一个网球运动员,她更是一种不屈不挠、勇攀高峰精神的象征。她的每场比赛都牵动着无数观众或听众的心。因此,在播报时,状态要积极,语言要明快,言语中应充满钦佩

敬畏之情。

（2）接近性，指新闻事实及新闻报道与受众的接近程度，包括地理、利益和心理等方面的距离远近。距离越近，新闻价值越大。

回家过年，巧用食物防晕车

春节回家过年是一件让人高兴的事，但如果乘车时发生晕车，就会让人非常难受。其实，只要注意饮食调节，很多晕车就可以减轻或避免。

晕车、晕船、晕机和由于摇摆、颠簸、旋转、加速等不规则运动所引起的不适反应统称为晕动病。由于人体内耳平衡器官"前庭"受到过度运动的刺激，影响神经中枢而导致出现眩晕、出冷汗、恶心、呕吐等一系列症状。容易晕车的人，前庭器官对旋转等不规则运动的适应能力比较差。同时，晕动病还存在其他诱发因素，如高温、高湿、通风不良、噪声、不良气味、情绪紧张、睡眠不足、过度疲劳、饥饿或饱餐、身体虚弱等。晕动症其实是一种非常普遍的症状。有些人是天生就晕车，有些人则是后天在偶尔的某次晕车经历后就一发不可收拾。所以晕车既有功能上的原因，也存在心理上的因素。

要想避免晕车，保持精神放松，拥有一份愉悦的好心情很关键。另外，旅行前不要饿肚子，也不要吃得太饱，以七分饱最适宜。进食应在乘车前1小时完成，尽量吃些开胃的食物，而高脂肪以及油炸食品最好不要吃，避免引起恶心。

吃点榨菜。榨菜色香味俱全，许多人都喜欢用榨菜佐餐，也有人喜欢在旅途中戴上一两包榨菜。一来榨菜爽口开胃，能够解除旅途劳乏；二来榨菜能够缓解乘车时头晕气闷等晕车症状，有人甚至将榨菜称之为"天然晕车宁"。《本草纲目》中记载："榨菜性温，有宣肺化痰之功效，可以利膈顺气。"这也是榨菜能够开胃并缓解晕车症状的原因。晕车主要是人耳朵前庭功能障碍所致，而榨菜能够通利九窍，和谐内耳不平衡的状态，从源头上防止晕车。此外，榨菜含有丰富的维生素 B_1，具有安抚神经的作用。

巧用橘皮。乘车前的一个小时，将新鲜橘皮表面朝外，向内对折，然后对准两鼻孔，用两手指挤压，便会喷射出带有芳香味的油雾，这种油雾能够抑制晕车恶心的症状。可吸入10余次，乘车途中也照此法随时吸闻。

妙用鲜姜。将鲜姜片装在小塑料袋内，乘车的时候随时放在鼻孔下面闻，使其辛辣味吸入鼻中。姜能够预防晕车，因为它能够吸收胃酸，阻止恶心。也可将姜片贴在肚脐上，用伤湿止痛膏固定好。

饮点食醋。在乘车前的5—10分钟，饮一杯加了几滴食醋的温开水，这样在途中也不会晕车。

【提示】接近性调动了播音员的对象感，新闻事实与受众在地理上、思想上或利益上的接近很容易使受众产生兴趣，这样易于播音员设想他们的心理、感受等，确定目标受众，声音显得具体生动，不空泛。

（3）显著性，指新闻事件参与者及其业绩的知名程度。地位和业绩越显赫，新闻价值就越大。

习近平到河北省阜平看望慰问困难群众

12月29日至30日，中共中央总书记、中央军委主席习近平在河北省阜平县看望慰问困难群众。

抵达阜平县后，习近平连夜听取了河北省保定市阜平县经济社会发展特别是扶贫开发工作的汇报。他表示，革命老区和老区人民为中国革命胜利作出了重要贡献，党和人民永远不会忘记。改革开放30多年来，我国人民生活水平总体上发生很大变化。同时，由于我国还处在社会主义初级阶段，还有为数不少的困难群众。全面建成小康社会，最艰巨最繁重的任务在农村、特别是在贫困地区。没有农村的小康，特别是没有贫困地区的小康，就没有全面建成小康社会。中央对扶贫开发工作高度重视。各级党委和政府要增强做好扶贫开发工作的责任感和使命感，做到有计划、有资金、有目标、有措施、有检查，大家一起来努力，让乡亲们都能快点脱贫致富奔小康。

(选自河北新闻网2012年12月31日)

【提示】 新闻的显著性有利于播音员调动播报的积极性和主动性，尤其在备稿时，显著性对于明确播出目的有重要作用。这条新闻表现出"中共中央总书记、中央军委主席"的身份比较显著，如果是一般人，其传播价值就没有这么大了。另外，国家高层领导人心系困难群众的态度和行为也表明了未来中国努力的方向。所以，这条新闻的显著性不言而喻。关于显著性有几个基本公式：

平常人＋平常事＝0

不平常人＋平常事＝新闻

平常人＋不平常事＝新闻

不平常人＋不平常事＝重磅新闻

（4）重要性，指新闻事实和新闻报道的分量及重要程度。内容越重要，新闻价值越大。

网络泄密事件持续发酵　　上亿用户忙改密码

从上周开始，由国内最大的程序员社区CSDN上600万用户资料被公开拉开序幕，中国互联网史上最大的泄密事件不断发酵。网络安全厂商的监测数据显示，有上亿账户密码已被公开暴露。一时间，网民人人自危，修改网名和密码就成了当务之急。

网络安全专家指出，明文密码是这次规模巨大的泄密事件的"罪魁祸首"，除了互联网企业需要重视对用户数据进行加密存储之外，广大网民也应该增强安全意识，及时修改自己的密码，避免受到侵害。

【提示】新闻中"最大的泄密事件"、"密码被暴露"、"及时修改密码"字眼显示出内容的重要,由于新闻内容涉及的范围之广、紧急程度之高,播音员对于稿件的重视程度也随之升高,当然也激发了播讲愿望。

(5)趣味性,指新闻事实和新闻报道使受众感兴趣的程度。其实质是新闻事实和新闻报道对受众精神与情感的善意满足。

俄罗斯科学家复活3万年前种子

新华社电 俄罗斯科研人员公布一项最新成果,他们复活了3万年前的植物种子,种出整株草本植物,还开出白色花朵。

俄罗斯科学院研究小组说,经放射性同位素测定,这些种子的历史可追溯到3.18万年前,表明这是迄今种活的最古老植物。

这项研究结果刊登于21日出版的美国《国家科学院学报》月刊上。研究人员介绍,他们在西伯利亚东北部下科雷马河沿岸发现70多个古松鼠洞,这些洞位于距地表下方20米到40米处,与猛犸、毛犀牛等古哺乳动物骨骸处于相同年代的永冻层。研究人员在松鼠洞内找到多种古植物的种子和果实样本。他们培育出的植物名为Silene Stenophylla,与兰花相似,属于草本植物,叶子为绿色细长条状,一棵植株上开着几朵白色花。

研究人员说,他们原打算直接用找到的种子种植,但遭遇失败,后来使用这种植物果实中称为"胎盘组织"的物质,成功种出植株,而且具有繁殖能力,可以产生种子。

(选自北青网2012年2月22日)

【提示】通俗地说,趣味性就是"好玩儿"、"有意思",引起人们的兴趣。抓住这一特征,播音员播报的状态就有精气神儿,趣味盎然,生动而有兴致。

(三)掌握新鲜感的语言特征

新闻最为主要的特征是"新",包括时间新、内容新、角度新、主题新、形式新等等"新意",有声语言的表达也围绕着"新",调动情、声、气的结合。

(1)情:态度鲜明,有倾向性,而且是不露痕迹地通过新闻事实的播报表明态度。

郑州两会和春节期间封存一半公车

本报郑州1月24日电(记者韩俊杰 实习生刘盾)每年两会和春节期间,大量人流、物流、车流涌入郑州市区,给市民生活带来不便。为缓解交通压力,为市民出行提供便利,郑州市委、市政府决定在河南省两会和春节期间,封存一半公车。同时,郑州市公安局交巡警支队多措并举,确保河南省两会和春节期间道路平安畅通。

近日,记者从郑州市公安局交巡警支队获悉,该支队在河南省两会和春节期间全警上路,深入开展交通秩序整顿工作,对严重交通违法行为采取高压态势。一方面,加大对超员、超速、超载、疲劳驾驶、酒后驾驶、涉牌涉证、闯红灯、违法变道、违法停车等严重交通违法行为的查处力度;另一方面,对交通安全隐患排查整改,确保高速公路、国道、省道和郑州市区道路平安畅通,预防重特大交通事故的发生。

同时,郑州市公安局交巡警支队还将对郑州市火车站、各长途汽车站周边道路,加强指挥和管控,确保人流车流进得去、出得来。

(选自《中国青年报》2013年1月25日)

【提示】播报时做到对内容的客观表达,态度上不能过于"平",也不能过于"热"。感而不入,将客观作为一种技巧,播音员的语气表面上尽量含而不露,在事实表述中去表明我们的倾向和态度,实现宣传目的。

(2)声:声音明亮、轻松,字音饱满有力度;语势长扬,语气明朗有兴致;节奏简捷,明快顺畅。

民间宫廷珍宝展向市民免费开放

曾经是乾隆皇帝、慈禧太后珍爱之物,战乱时期流落民间,如今被民间收藏家珍藏的皇家玉器珍品,即日起免费向本市市民展览一个月。日前,"神玉艺术珍宝展"在北京神玉艺术馆开幕。

据介绍,神玉艺术馆上千件藏品中,目前展出的主要是明清时期的皇家玉器珍品,顶级藏品包括"雪中送炭"翡翠摆件、"神州万象翡翠山子"、"和合二仙"黄玉摆件等。神玉艺术馆有关负责人介绍,此次展出的藏品以乾隆和慈禧赏玩过的为主,其中慈禧把玩过的"玩意儿"不下十件,带有乾隆皇家款识的有几十件。这些宝贝历经沧桑,在慈禧西逃、东陵大盗等多起战乱事件中散落民间。

据了解,神玉艺术珍宝展开展的同时,由神玉艺术馆历时三年打造的北京神玉艺术中心宣布正式对外运营,并计划在未来五年内,在省会及重点城市打造10家各地神玉艺术中心。其中,北京神玉艺术中心包括神玉展馆平台、神玉书院授习平台、神玉会员专属服务平台、神玉典藏旗舰店等多个板块。据悉,神玉艺术馆计划于2013年开展神玉神州行全国巡展,将中华玉文化扩展到全国范围。

(选自北青网2013年1月11日)

(3)气:膈肌活跃,气息带有明显的弹发跳跃感;勤补气,换气无声。

据欧洲统计局最新数据显示,比利时全国的金融资产为7702亿欧元,人均67158欧元(不动产不计),在欧洲排名第一。排名第二的是荷兰,人均61219欧元,卢森堡以人均60366欧元位居第三,之后是英国与丹麦。法国和德国则位列第七和第九。

哈萨克斯坦一架小型客机29日在准备降落在第一大城市阿拉木图机场时在大雾中坠毁,造成机上20人丧生。航空公司提供的消息称,飞机上无人生还。

【提示】播报时气息要畅通、灵活,不要为了追求速度憋着一口气说出很多的内容,这样反而会使气息僵住。气息弹发有力度,用上膈肌的力量。不要等到气息不够用时再进气,而是随时补气,口鼻同时进气,换气无声。

(四) 把握新闻文体,重点处理导语

新闻消息的结构被称为倒金字塔式,依次可分为五个部分:标题;导语;主体;背景;结尾。除了"背景"的位置不很固定外,其余四个部分依次而下。由于倒金字塔式消息每一部分都承着上一部分发展,能够相对独立,所以从下往上截去任何部分,剩下的部分仍然能够独立完整。示例如下:

新闻结构	示 例
新闻标题	李谷一50年演艺生涯唱遍酸甜苦辣
消 息 头	北青报讯(记者 王晓溪)
导语(消息开头的部分)	2012年3月11日,著名歌唱家李谷一将在国家会议中心举办从艺50年演唱会,演唱她从艺50年来,特别是改革开放以来演唱的经典歌曲。
新闻主体	著名歌唱家李谷一是近30年我国歌坛的一面旗帜,从上个世纪60年代的戏曲电影《补锅》中的花鼓戏表演,到后来流传大江南北的歌曲《洁白的羽毛寄深情》、《边疆的泉水清又纯》、《乡恋》、《妹妹找哥泪花流》、《绒花》、《知音》、《难忘今宵》等等,李谷一的歌声至今依然让许多观众难以忘怀。李谷一昨天在接受记者采访时总结了自己演艺生涯的50年,她说:"我的50年演艺生涯可谓是坎坎坷坷酸甜苦辣,风风雨雨的50年是一步一步走过来的,而我们歌唱家的成长离不开祖国的命运,因此我在歌唱事业上的发展是与祖国的发展同步的。在从艺50年的时候,我希望用音乐会的形式与我的朋友和歌迷一同庆祝和欢乐,也是我对自己歌唱事业的一个总结。"
新闻背景	1979年正当我国改革开放的前夕,李谷一以民族唱法结合时尚演唱的元素演唱了电视片《三峡的传说》中的歌曲《乡恋》,引起了很大的反响和争议。而李谷一顶着巨大的压力,通过坚持不懈地探索和实践,形成了自己独特的演唱风格,也成为我国流行歌曲演唱的开拓者,成为一个时代歌坛的一面旗帜。歌曲《乡恋》也成为我国"第一首流行歌曲"。中国音乐家协会常务副主席徐沛东对记者说:"民族声乐发展到今天,李谷一是一个时代的代表性人物。"
新闻结尾	有记者问李谷一怎样看待当前民族声乐演唱同一化的问题,她直率地说:"由于环境的发展,过去的纯民歌演唱发展到现在吸收西洋科学方法,歌坛的人才培养已经形成了批量生产状态。老师领进门,修行在个人。要想自己艺术上有成就,除了学习老师教授的东西外,还要从民歌、戏曲中吸收对自己有用的东西。现在很少有学生潜下心来挖掘自己声乐艺术中有特色的地方。这个问题也是当今我们做教师的正在研究和探索的问题。总之,演唱歌曲一定要有真情实感,这是最重要的。"李谷一说:"希望我的演唱会成为歌迷、朋友的Party,成为歌迷和朋友的欢乐活动。"

在这几部分中,导语是整个新闻的核心环节,一般以简要文字突出最重要最新鲜或最具吸引力的事实,是把握和掌握新闻全篇的关键环节和第一步,导语引导新闻事实的

全面展开,一般包含了"新闻六要素"即:"5个W"——Who(谁)、What(事件)、Where(地点)、When(时间)、Why(原因);"1个H"——How(结果)。

导语就像商店的橱窗展柜,把最漂亮最显眼的物品展示在人们眼前,吸引受众的眼球,它是新闻的生命所在。所以,播好导语至关重要,关键是播得清楚明白,重音突出,停连得当。

二、实践练习

残疾人"一卡通"年内乘公交免费

记者从2013年北京市残疾人工作会议了解到,残疾人服务"一卡通"项目将作为今年工作的重点,本市42万持证残疾人有望在年内实现持卡免费乘坐公交、逛公园和免费上网等多项智能服务。"一卡通"将打消部分残疾人使用残疾证时的顾虑。

市残联相关负责人介绍,"一卡通"就相当于残疾人的一种身份认证,卡中可以收录残疾人的基本信息。今后在享受公交、公园免费服务时只要和普通市民一样一刷即可,而且,该卡还可以收集残疾人集中出行的点位,方便政府有针对性地加大无障碍设施的改造。

据了解,该卡将汇集众多残疾人综合服务和个人数据信息,可实现残疾人居家服务、托养服务、康复服务以及补助补贴领取等智能化管理。"一卡通"系统开通后,残疾人就可持残疾人证及身份证到市残联指定地点免费领取专用"一卡通"。

去年3月,本市残疾人以及在本市生活、工作的外地残疾人,只要持残疾人证就可免费乘坐本市所有的公交车,实现了残疾人免费乘公交的全覆盖。

(选自北青网2013年1月15日)

130万平方公里!大范围灰霾笼罩中国

我国部分城市近日受大范围雾霾天气影响,空气质量明显下降,灰霾面积达130万平方公里。

环保部有关负责人29日说,截至当日上午10时,在过去的24小时内,我国中东部地区受雾霾天气影响逐渐扩大,北京、天津、石家庄、济南等城市空气质量为六级,属严重污染;郑州、武汉、西安、合肥、南京、沈阳、长春等城市空气质量为五级,属重度污染。

1月29日10时,过去24小时北京市PM2.5平均浓度值为354微克/立方米,空气质量为六级,属严重污染级别。与28日同期相比,主要污染物PM2.5浓度明显升高,空气质量下降。

环保部卫星中心遥感监测:29日上午,灰霾主要分布在北京、天津、河北、河南、山东、山西、江苏、合肥、武汉、成都等地区。

根据气象部门预报,30日夜里起,我国中东部地区自西向东将有一次大范围雨雪天气过程,大范围雾霾天气影响将有所减轻。但29日下午至30日白天,我国中东部地区仍将持续大范围雾霾天气。

灰霾是近年来显著影响城市和区域的一种空气污染现象。PM2.5是城市灰霾的"元凶",能穿过鼻腔中的纤毛,直接进入肺部,严重危害人体健康。

(选自新华网2013年1月9日)

新年京剧晚会在京举行

新华社北京12月30日电 2013年新年京剧晚会30日晚在北京国家大剧院举行。党和国家领导人习近平、李克强、张德江、俞正声、刘云山、王岐山、张高丽,与首都近千名群众一起观看演出,喜迎新年的到来。

夜幕下的国家大剧院流光溢彩、梦幻迷人,戏剧场内暖意融融、笑语飞扬,洋溢着节日的喜庆气氛。

19时45分许,习近平等党和国家领导人来到晚会现场,同前来观看演出的老艺术家们一一握手,全场响起热烈的掌声。

在热情奔放的《迎春曲》中,晚会的帷幕徐徐拉开。晚会上,既演唱了《锁麟囊》、《罢宴》、《状元媒》、《太真外传》、《赤桑镇》、《四郎探母》、《穆桂英挂帅》等经典名段,又演唱了新编京剧《建安轶事》、《韩玉娘》、《江姐》、《贞观盛事》选段,还表演了武戏《梁红玉》选段。让观众领略到京剧艺术不同流派的无穷韵味,展示出京剧艺术推陈出新、百花齐放的喜人景象。

(选自《人民日报》2012年12月31日)

习近平元旦前夕拜访河北小山村引发爱心捐助潮

中共中央总书记习近平元旦前夕的突然拜访,使河北省阜平县龙泉关镇顾家台、骆驼湾村,这两个太行深处的小山村备受瞩目。连日来,全国各地的企事业单位、爱心人士纷纷为两个贫困村捐款捐物,一时掀起爱心捐助潮。

2012年12月30日,习近平在河北省委书记张庆黎等人陪同下,到地处深山的骆驼湾村和顾家台村看望困难农户,与村民炕头话家常。他叮嘱当地干部和随行有关部门负责人,要原原本本把党的政策落实好,想方设法尽快让乡亲们过上好日子。

1月6日,阜平县龙泉关镇党委、政府在委托中新网发布的感谢信中称,连日来,全国各地人士、热衷社会事业的企事业单位等,不顾天寒地冻,纷纷到两个贫困村捐款捐物献爱心。其中,北京鑫福海工贸集团、保定市民建、英利集团、泽康农业科技有限公司等企事业单位,吉林省的唐波,北京的王彬生、丁朝真等爱心人士,已累计为当地群众捐款

19.8万元人民币。另有大量的米、面、油、毛毯、羽绒服、棉被等生活用品，以及笔、本、图书等学习用品。

感谢信说，爱心捐赠帮扶行为温暖了当地群众的心，鼓舞了当地干部群众脱贫致富奔小康的士气，"使严寒的冬日变得异样温暖"。

(选自中国新闻网2013年1月6日)

大雾致首都机场取消49架次航班

从29日6时开始的雾霾天，给北京首都国际机场的航班正常运行造成影响，截至17时，首都机场共取消航班49架次。

首都机场股份有限公司有关负责人在此间介绍说，当天6时开始，首都机场受到平流雾的影响，三条跑道能见度一度下降至200米以下，直到11时左右才恢复正常。受低能见度天气影响，首都机场部分航班延误取消。除首都机场外，山东、河南部分机场同样出现了低能见度天气，也对首都机场往来上述地区的航班造成了一定影响。

这位负责人说，为应对低能见度天气，首都机场运行协调管理委员会启动了应急会商机制，联合空管部门、航空公司和地面保障单位进行联席会商，统一安排航班的排序放行工作。到20时50分，随着首都机场的运行恢复正常，延误滞留航班基本消化完毕。

这位负责人表示，预计明天，低能见度天气将继续影响首都机场，可能会对早高峰出港航班造成一定影响。

此外，全国道路水路29日初步统计共运送旅客8100多万人次，以学生流和民工流为主，提前进入客流高峰。

据交通运输部新闻发言人何建中介绍，春运第四天，全国道路水路运送旅客比去年同期增长9.3%。其中，公路运送8023万人次、水路运送86.6万人次。

(选自新华网2013年1月29日)

第十五讲　节目主持训练

一、理论基础

(一)节目主持艺术概说

在我国,上个世纪80年代初期出现节目主持人。节目主持人这个新兴的职业近年来越来越受到青少年朋友们的青睐。有人形容主持人相当于一个长跑接力赛队伍中跑在最后的那个人,跑最后一棒总是能力最强的人,这就意味着当主持人并不是一件容易的事情,不只是外形靓丽、口齿清楚就能胜任,当主持人需要多方面的能力与素质。话筒放大了我们的声音,摄像机放大了我们的言行,所以做一名主持人只有掌握了广博的知识,才具有驾驭节目的信心和能力,也才能在遇到各种情况时应付自如。主持人应该是"杂家",同时又要对自己所主持栏目的专业知识有一定的研究,并不断学习新知识,还要有丰富的阅历,并精于洞察,善于思辨,才能使自己的职业生涯更长久。目前,我们青少年朋友面临的问题集中在人生阅历不够丰富,文化底蕴不够深厚,历练少,缺乏生活的锻炼等方面。别着急,当我们清楚做一名合格主持人应具备的素质之后,就会在日常的学习和生活中自然而然地做个有心人,充实自己、塑造自己、完善自己。朋友们,一起加油啊!

1. 节目主持艺术内涵

节目主持人作为节目与观众的中介,以自身的学识及智慧为根基,通过语言(含体态语)驾驭节目进程,有效地实现传播目的的活动规律和创造性的方式方法,即节目主持艺术内涵之所指。

"驾驭"告诉我们,作为主持人的身份,它不仅与观众"面对面"交流,更是组织者。在主持人节目中,主持人就像是招待宾客的主人。

2. 主持人的素质要求

通过近年来的主持人大奖赛以及《挑战主持人》节目不难发现,当主持人可真不容易。他(她)们伶牙俐齿、博学多识、灵活机智、幽默风趣,尽管如此,似乎还做不到满分。那么主持人应该具备什么素质才算是达到标准呢?中国传媒大学吴郁教授用塔形图说明了这个职业素质的要求构成,各类素质的地位如下图所示:处在最底层、决定主持人能否进入该行业门槛的一般性素质,如身心素质,包括身体素质、语言素质、心理素质等等;处在较高层次、决定主持人优劣的特殊性素质和重要素质,如主持人的职业素质、文化素质等;更有统领全局,决定一个主持人最终能走多远的、能达到何种高度的核心素质,如人格素质。

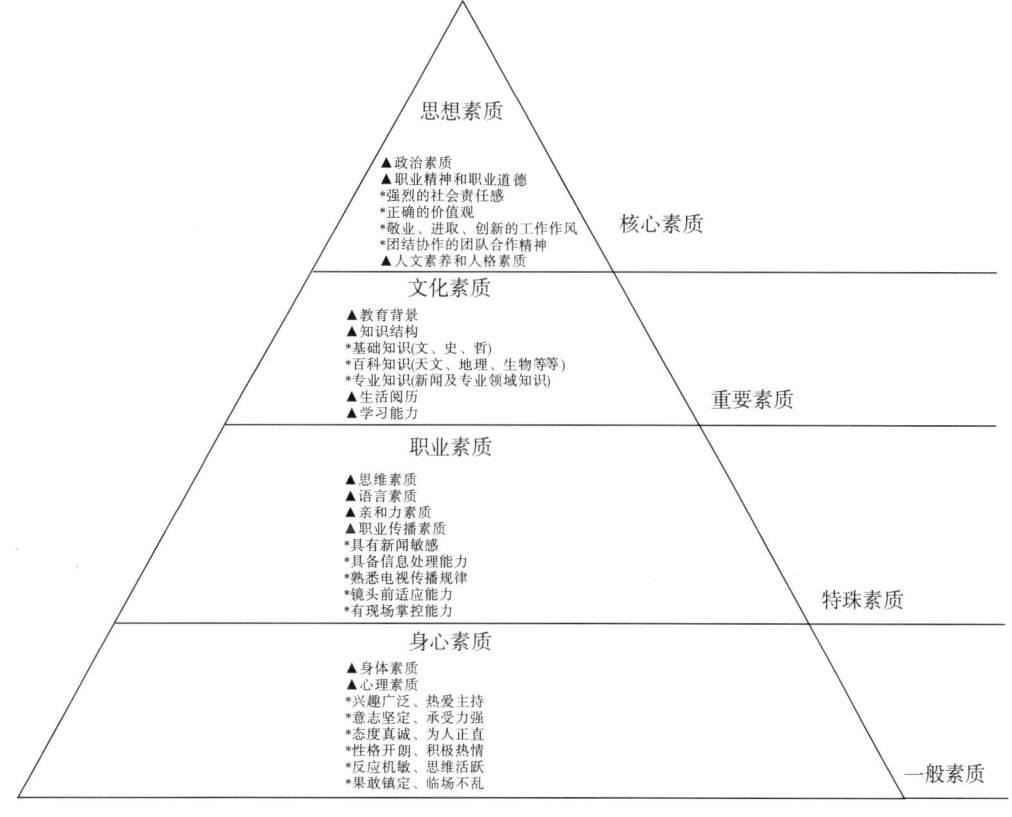

3. 主持人在节目中的作用

主持人在节目中的作用是串联节目,招呼观众和听众,掌握节目进行的具体步骤,烘托节目的气氛,推动节目的节奏。主持人像一次次朋友们聚会中的主人、活动的组织者和召集者。

主持人应该是一个节目的商标式人物,一个节目的灵魂。提起某个节目,就会让人们想到它的主持人;看到或者听到某一主持人,就会让人认定这是哪一个节目。

主持人在节目中对待各种事物的态度、情感,应该能够代表听众和观众的意愿,他面对现实生活时的表现,应该符合听众和观众的心理期待。主持人在多大程度上代表最广大的听众观众心情,就意味着他有可能在多大程度上取得成功。

(二)掌握常见节目类型的主持

1. 新闻评论类节目主持

要求主持人对所评论的新闻有自己的观点和看法,布局合理、层次明晰、逻辑顺畅。表现在语言上:平实;在叙事的基础上点评,形成夹叙夹议的特点;大量采用口语,减少书面化语言。

【示例一】

中央电视台《焦点访谈》之《电视剧告别"夹心"广告》

主持人敬一丹:电视剧很多人都爱看,可是中间插播太多的广告却让人不堪其扰。这个问题,不仅观众有意见,主管部门也注意到了。不久前,广电总局下发《〈广播电视广告播出管理办法〉的补充规定》,决定从2012年1月1日起,全国各电视台播出电视剧时,每集电视剧中间将不得再以任何形式插播广告。

为了监督新政策的执行情况,广电总局将今年1月份定为"电视剧插播广告专项监管月",对全国各级电视台进行全面监管,并向社会公布了投诉电话。

据介绍,为了配合这次专项行动,广电总局监管中心及其下属的15个直属台,共计200余人负责监看任务。从1月1号到31号,共要监看全国600余个频道。监管机房的工作人员告诉记者,近期,他们接听投诉和咨询的一个热点就是电视剧中插播广告的问题,从监看的结果来看,有90%以上的频道严格自觉遵守这项规定,有大约不到10%的频道还存在着违规问题。针对这些违规问题,广电总局已经向四个频道下发了整改通知单。

【示例二】

中央电视台《新闻1+1》之《校车:不仅在于车》

评论员白岩松:我们都知道这次正宁县榆林子镇幼儿园校车的事故之所以这么惨,那是因为严重的超载。不是这样严重超载的话,不会死亡这么多孩子。但是接下来我们会提出一个非常残酷的问题,在现在的需求快速增长,而投入却没有增长或很少的情况下,不超载可能吗?

我的一个同事在云南用照相机拍到了一个敞篷车的校车超载的一个照片。回来了之后犹豫半天没敢发微博,为什么呢?他跟我们说了这样一句话,他说,如果我发了这帮孩子坐这样的校车的可能性都没有了,他们就要走几公里甚至十几里这样的山路。但是甘肃的校车事故发生了之后,他还是鼓足了勇气把这张照片给发了上去,为什么?他说哪怕走这么远,起码这帮孩子不会死。可是接着又问了他一个问题,他一下子又有点困惑了,您觉得每天孩子走这么长路去上学就一定安全吗?这样的事故也不是没少发生,这是一个巨大的逻辑悖论摆放在我们所有人面前,我们显然不能够掩耳盗铃。

中国社科院经济所的副研究员隋福民也说了,"农民的教育支出和医疗支出已经让他们不堪重负,农民没有办法只好选择'超载'。不是农民不知道危险,不是司机不知道危险,是无奈的一种选择。"

今天我们在办公室还会有这样一种感慨,过去穷的时候这样的问题可能还会被压着仿佛不出现。比如说,农民那个时候都给自己的孩子吃苞米糊糊然后养大,后来经济富裕点了,有了新的需求,买不起贵的奶粉于是买便宜的,买三鹿,没想到里头放了三聚氰胺了。过去穷,没想过让孩子坐校车还要交钱,十几里、几十里的山路让孩子们走。现在经济条件稍微好了一点,让孩子们也坐坐车吧,没想到又开始超载。这都是在某阶段的时候不断出现的新的挑战,我们怎么样让我们的生活和社会环境中快速增长的这种需求跟严重滞后的这种物质供给以及法律供给,还有环境供给能真正的配上套呢?接下来我们要继续关注校车,难道仅仅是一辆车的事吗?

2. 服务类节目主持

这一类节目突出体现在"服务"上,比如满足受众求知欲望、满足受众生活便利的需要等等。受众定位明确,主持的内容针对性强。语言上要求:简练流畅;用词准确、朴实;重点要突出,信息量大;具有吸引力。用自己的语言,有感而发。主持人的形象亲切自然。

【示例一】

巧晾棉鞋更省心

这晾晒棉鞋啊,怎样才能做到更省心呢?也就是说,既不滴水,又能干得快。我总结了一点,那就是功夫下在晾晒前。什么意思呢,就是说啊,一定要在晾晒之前,把鞋子先处理一下。鞋洗出来了,先不要着急晾晒,稍微拧拧水,然后我把它扔在洗衣机里。可不是直接扔进去就得了,这里是有窍门的。一定要让鞋面紧贴着圆桶壁,这样竖着放置。鞋头朝上朝下都无所谓。另一只鞋呢,同样的方法对称放置。您看,两只鞋啊背对着背,像是小哥俩闹别扭了。扣上洗衣机盖,调至脱水功能,时间是一分钟左右。这下您明白了吗?就是利用洗衣机把这清洗完的鞋子甩干一分钟。这样一来呀,鞋子就不会水淋淋的了,尤其是棉鞋、棉拖鞋,效果是最明显的。

好,(洗衣机)停了,拿出来看看。跟一分钟之前截然不同吧,几乎是半干的状态了。这样的鞋子,无论怎么晾都相当省心。斜搭在墙角上,也不用怕弄湿地面什么的。就算把它放在室外,也不用担心它会冻住了。那要是着急穿呢,还可以搭在暖气上烘一烘,基本上半天不到就干了。怎么样,我这招儿超级简单吧,但是啊不一定能想得到。也许就是变换一种思路,您也能发现生活中的许多小窍门呢。

【示例二】

"头痛医头,脚痛医脚"

"头痛医头,脚痛医脚"形容的是只顾局部,不顾整体的意思。这真要是看病,您还真不能"头痛医头,脚痛医脚"。今儿我们要说的这两位观众呢,是一个头疼,一个脚疼。结果最后查出来了,既不是头的毛病,也不是脚的毛病,而是同一种病——脊椎病。这种病啊,咱们大家还都得小心着点。

……

经过反复诊断,医生最后得出结论,高女士近十年的头痛和失眠,竟然是颈椎引起的;而马先生十几年的脚疼病也竟源自于腰椎。

其实脊柱疾病重在预防,尤其是久坐的人,或者是从事动作单一工作的人,更是需要加强平常的保健。有专门的脊柱保健操,大家可以来参考学习。另外,在日常生活中,我们必须要注意:纠正长时间低头,脊部长时间前趋这样一些不良习惯。再有就是调整好自己的睡眠习惯。仰卧时,枕高呢是12厘米左右,实际上就是这样一个拳头竖起来的高度。当然是您的枕头压下去之后的高度。另外,侧卧的时候,枕高应该是与肩等高,这样可以使脊部比较放松。

现在天气很寒冷,您更要注意脊椎部位的保暖,以防脊部受凉。

二、实践练习

(一)将下列材料改编为新闻评论类节目

"舌尖上的浪费"极其可怕

我们有"舌尖上的中国",其实更有"舌尖上的浪费"。央视曾报道,中国餐饮业每年要倒掉约两亿人一年口粮。另有报道说,据不完全统计,全国每年浪费食物总量折合粮食约1000亿斤,可养活约3.5亿人。

统计数字或许有出入,但事实是没有出入的:整只的螃蟹甲鱼、动了几筷子的海鲜、整盘的面食……都被当作垃圾扔掉。"舌尖上的浪费"已严重到极其可怕的地步!在这样的浪费下,任何粮食增产丰收的消息都失去了应有价值。更不要忘了,我国还有很多贫困地区群众连饭还吃不饱。

"舌尖上的浪费"有民间的,更有官场的。自中国文化传统立场上看,"上行下效"的作用极大。如果官场公款吃喝风刹住了,民间的自然就会熄火。而如果前者闸门关不上,那么后者也根本治不了。

转作风可自刹住公款吃喝风起。然而光靠呼吁、提倡自律远远不够,必须得有制度建设。《人民日报》曾在一篇文章中介绍,芬兰一名正部级官员在公务接待中多点了一盘20欧元的鹅肝,菜单公示后被批贪腐,最后竟引咎辞职。这很值得我们借鉴与反思。

一饭一粥,当思来之不易;半丝半缕,恒念物力维艰。我们有很多这样的古训。但要让这些古训在今天仍有意义,却必须有现代的制度作为保障。

(选自《今晚报》2013年1月21日)

老人重阳节遭"井喷式献爱心"一天被洗7次脚

据《江淮晨报》报道10月23日,合肥市老年公寓前后有4拨爱心人士来给老人们献爱心,有位老人甚至一天被志愿者洗了7次脚。这样的井喷式献爱心,不少老人都说受不了。

扎堆探访

矛奶奶住在夕阳情老年公寓。23日7点半吃完早饭,公寓便迎来了第一拨爱心人士,他们主要是帮老人们打扫卫生、洗头洗脚、剪指甲甚至是掏耳朵,并发放零食。矛奶奶很开心,带着零食回到房间。不久,第二拨爱心人士来了,依然是同样的工作。午休之后,又有志愿者来了,主要和老人联欢,表演节目。之后,最后一拨爱心人士要和老人们一起包饺子。

这一天,矛奶奶的头被梳了2次,被剪了2次指甲,被洗了2次脚,被掏了2次耳朵……养老院好几位老人都享受了同样的待遇。

下午4点,记者见到矛奶奶时,她已经耷拉着脑袋。工作人员说,最近每天都有爱心人士来献爱心,打破了老人的作息习惯,老人可能有点累了。

矛奶奶的经历还算好的。当天,合肥市老年公寓也迎来了4拨爱心人士。因为人太多了,工作人员忙着组织,一时疏忽,有个老人一天甚至被洗了7次脚。

甜蜜负担

"狂轰滥炸"式的献爱心活动,给老人们带来了"甜蜜的负担"。老乐福和平老年公寓也遇到了同样的事情,公寓负责人杨胜霞坦承,连续几天都是如此,老人就有点招架不住。杨胜霞说,除了重阳节,每年秋季开学前,养老院还会迎来以学生为主的扎堆式爱心活动。这些活动如同一阵旋风,突然出现在老人面前随后突然消失。

记者询问了合肥几家养老院,得到的回答都是平时前来献爱心的较少,重阳节前则会有大量的爱心活动。

爱心均分

夕阳情老年公寓的一位老人告诉记者,爱心活动太集中了,要是能够匀一下,平时也有就好了。

一声叹息,道出了很多养老院老人的失落。"原本就是关爱我们老人的活动,可是我却感到不开心。"合肥市老年公寓的一位老奶奶摇着头说。

矛奶奶的邻居周奶奶告诉记者,每年重阳节她都盼着,过了之后又会很失落,心理落差很大。

(选自中国广播网 2012 年 10 月 25 日)

善举带动旁人　爱心感动网络

和许多几万、数十万,甚至上百万的捐款相比,茹向辉 3 年 2400 元的捐款,几乎可以忽略不计,但这份"小钱大爱"的"草根慈善"却感动了很多网民和身边人,许多人在听闻茹向辉的事迹后纷纷行动起来,将爱心的接力棒传递开来。

田洪斌介绍说,临汾的一位政府机关干部听说了茹向辉的事后,主动找上门来,要求以茹向辉的名义,解决一名大学生 4 年的所有费用;两位银行职员也开始资助贫困学生的求学;一个老板也要求匿名帮助两个大学生……

茹向辉事迹经由网友上网后,许多网民深受感动,纷纷在网络上表达感动和敬意。网友"情人节 VS 七夕节"说:"2000 多元的捐款虽然显得很寒酸,但是分量却更重,因为它让我们看到其实只要有爱心,小人物也能做慈善!"网友"morelove1988"说:"慈心并没有大小,只要去做,这并不是一个缺乏爱和慈善的社会!向送水工学习!"

有的网友则在感动之余开始反思自己的不足。网民"悠悠向明月"说:"真的感到很惭愧,平时一两毛钱掉在地上都懒得捡,觉得反正也起不了什么作用,总觉得做慈善是有钱人的事,原来只要有爱心,我们这些小人物也可以将慈善进行到底。"

作为慈善工作人员,田洪斌见惯了种种爱心善举,但他坦言茹向辉让他特别感动。"和许多年轻人一样,茹向辉也怀揣着创业的梦想,他把送水当作自己事业的起点,但与大多数年轻人不一样的是,他在创业的同时也选择了传递自己的爱心,在生活如此艰难的情况下,能够拿出微薄的收入做慈善,让我们深深觉得慈善不分大小,不论贫富,作为慈善工作者,我们会把慈善工作做得更好。"

(选自《中国青年报》2012 年 2 月 20 日)

谁在支撑我们的"心灵成长"

市场里向你讨要手中空饮料瓶的阿婆,道路上堵在你旁边开面包车的中年男人,公共汽车上叽叽喳喳说个不停的年轻学生……他们如此平凡,即便擦肩而过,你可能也从未留意。

但就是这些最普通的人们,让寻常的人生展示另一个向度,为躁动的时代开辟另一种可能:她可能是在 18 个路人漠然经过后救起受伤女童的陈贤妹,他可能是哥哥遭遇车祸后赶来结清农民工工资的信义兄弟,而他们可能搭起人链,在激流中救回两名落水的儿童。

如果说人心中都有向善的因子,那么,这些普通人正是我们社会的真之始、善之端、美之源。他们给社会注入向上的力量，为转型时代的"心灵成长"，拓展出一片更广阔的天空。

即便在物质潮流的裹挟之下，崇高的价值也从未沉沦。"我的工作比盖两层楼更伟大！"司占杰在一封信中试着这样说服父母。这个河南农村走出来的大学生，放弃了"体面的工作"，选择帮助麻风病康复者重新融入社会。付出与奉献的人生大于"两层楼"，一个80后青年的不等式让人看到，"伟大"、"尊严"、"价值"这些标志着人类精神高度的词汇依然熠熠生光，吸引着高贵的心灵向着这一方向前行。

即便要面对日复一日的庸常，精神的能量也从未衰减。面对乡村文化的衰落，"我们不能做点什么吗"？北京大学硕士毕业生李英强背起行囊，和妻子回到湖北农村老家，自筹资金开办乡村图书馆。从丰盈乡村孩子们的人生，到充实参与志愿者的内心，立人图书馆构筑的，还有一个叫"精神"的港湾，这里有一种更快乐、更纯粹也更美好的生活。

他们绝不是社会的"异类"，而是永恒地存在于人性中向善、向上的力量。山东青岛的"微尘"，是无数不愿留名的捐赠者共同的署名；靠140字发起的"免费午餐"，源于一个又一个3元的"微善行"。即便是当前的春运，32亿人次舟车劳顿，不就是为了物质之外那些名为"团聚"、名为"亲情"、名为"乡愁"的并不那么实用的精神慰藉吗？

否定一个时代是容易的，在一个既有卢安克清澈的眼神也有郭美美空虚的手袋、既有吴萍以双手托举"最美"也有彭宇因撞人引发迷思的时代，能找出太多例子证明精神荒芜、信仰萎谢、价值凋零。然而，纵使面对物质潮流的冲刷，最普通的人们也同样保持着纯真的良知、践行着质朴的信仰，他们才是这个时代的道德底色。你或许在小悦悦事件后扪心自问"我会吗"，你或许从司占杰的故事中反思自己人生的贫瘠，甚至你或许只是在微博上为寻亲者焦急、为流浪儿揪心，期望一次转发能带来奇迹……这些，不也都标注着心灵成长的空间和路径吗？

在这个时代，我们面临的道德困境远比想象中更复杂，"理性经济人"的假设也比想象中更有市场。正因此，我们能理解一些人在衡量种种语境、预设种种想象之后的"现实选择"；也正因此，我们更欣喜于金钱在道德面前的溃败、物质在精神面前的隐匿。当怀疑、焦虑成为习惯性选择，当"负"的力量驱动社会前行，我们同样需要"正"的力量，同样需要对真与善、对精神与心灵的毫无保留的赞美和颂扬。

诗人写道："不是一切星星都仅指示黑暗而不报告曙光/不是一切歌声都只掠过耳旁而不留在心上。"是的，不是一切。而这些报告曙光的星星、这些留在心上的歌声，将支撑着我们的心灵，向着更蓬勃、更饱满、更崇高不断生长。

(选自《人民日报》2012年1月19日)

(二)将下列材料改编为服务类节目

容易感冒的六个时刻

据英国《每日邮报》报道:人的一生将感冒200次,每次平均持续9天,一辈子感冒症状持续时间大约为5年。去年秋冬,那种咳嗽、流鼻涕、头疼、发冷的感觉真不愿回忆;今年,权威专家告诉我们,如果避开以下六个时刻,也许感冒就不会光临。

1. 忽冷忽热的时刻

今天还艳阳高照,明天就寒风凛冽,这是秋冬换季时节最明显的特点。北京中医药大学东方医院呼吸热病科教授何明告诉记者,中医认为,所有感冒都是外邪风寒侵袭所造成的。在暖和的环境里,人的毛孔是张开的,突然接触冷空气,抵抗力好的人毛孔会马上收缩,挡避风寒,而抵抗力差的人一般做不到这一点。起夜着了凉、外出受了寒,这类情况都会让身体在忽冷忽热中受了寒邪或风邪的侵袭造成感冒。

易感人群:老人、孩子、体质弱的人、有慢性疾病的人。

防病高招:第一,锻炼毛孔。经常用冷水洗脸,有条件的人可以练习冬泳,让毛孔学会遇冷马上收缩,抵御风寒。第二,打疫苗,尤其是流感和肺炎疫苗。第三,通过吃药预防感冒。比如中药里的玉屏风散,大人小孩都可以吃。有慢性病或体弱的人最好在十月中旬就开始服用,吃两三个月,预防感冒的效果比较好。

2. 扎堆传染的时刻

天气越冷人们越喜欢扎堆,商场里、电影院里、室内游乐场所里,从每个人的呼吸和分泌物里排出各种各样的细菌,这也是你离感冒最近的时刻。何明教授说,人比较多、通风又不太好的地方,病毒浓度最高。这些病毒通过呼吸道传染,所以只要有一个人感冒了,他通过打喷嚏带出的病毒,就可能传染一大片。

易感人群:老人、孩子、爱逛街的年轻人。

防病高招:尽量去通风好的地方;在家坚持每天早晨开窗换气不少于15分钟,如有家人患感冒,及时醋熏。在去人多的地方前,鼻孔涂抹大蒜汁或口服几瓣大蒜可减少受传染的可能。回来后及时用清水漱口,日本研究发现,这可以减少36%患感冒的几率。

3. 情绪无常的时刻

你能想到吗? 一个人高不高兴,与感冒也有着重要的关系。何明教授指出,情绪对感冒有一定的影响,急躁和抑郁时,人也容易感冒。急躁会让人的身体产生内热,这时稍稍外感风寒,就形成了老百姓常说的"寒包火",也就是内热外寒。抑郁的时候,会让人吃不好、睡不好,对人全身代谢都会造成影响,导致抵抗力下降,也容易感冒。

易感人群:处于更年期的人;工作繁忙、压力较大的年轻人。

防病高招:避免吃辛辣、肥腻的食物,它们会加重你的内热。判断自己有无内热,可看看是否舌苔黄、大便干,如果有的话,最近尤其要避免着凉。

4. 过度劳累的时刻

当你睡觉时,不少免疫力因子会在此时产生,它们犹如一个屏障,保护着你免遭感冒及其他疾病的侵袭。可不少年轻人将自己的睡眠时间"贡献"给了工作,夜店、网络等。上海市中医失眠症医疗协作中心副主任施明表示,过度劳累、熬夜都会导致免疫力下降,以至于人体在感冒面前"缴械投降"。

易感人群:贪玩的年轻人、工作压力大的中年人。

防病高招:尽量保证晚上11点前睡觉。实在不想睡,一定要注意腹部、腰部、颈部和足部的保暖。睡前半小时按摩涌泉、三阴交、内关、神门4大穴位,每个穴位30次左右,左右交替进行,可以拥有良好睡眠。

5. 开车久坐的时刻

生活越来越便捷舒适,我们心甘情愿成为电脑、汽车的"俘虏",以车代步,在电脑前一坐一整天。卫生部健康教育首席专家赵霖教授表示,久坐会给感冒病毒可趁之机。英国《运动医学》杂志的一篇文章也显示,与每周运动5次及以上的人相比,每周运动一次或完全不运动的人感冒次数多出了54%。

易感人群:长期开车的人。

防病高招:美国"网络医学博士"刊文表示,中等强度的锻炼效果最佳,如每天和家人散步20—30分钟;每隔一天健身一次;每周带着孩子骑车几次。如果家里有跑步机,可饭后半小时在跑步机上边运动边看电视。寒冷季节应等到太阳出来之后再外出晨练。出门时气温较低可多穿件外衣,做完准备活动身体渐渐变暖时,再把外衣脱掉。运动后如有出汗要及时擦干,注意保暖。

6. 烟酒无度的时刻

"不少人在喝酒之后发现自己感冒了,这是因为酒的开泄作用容易引起感冒。"养生学专家、中国中医科学院研究员罗卫芳教授表示,在酒精的刺激下,毛细血管充血,全身发热。很多人会通过出汗来散热,此时如果受冷气刺激或贪图凉爽,就容易感冒发烧。美国"儿童健康"网站刊登的一项研究指出,吸烟者患上感冒的可能性比不吸烟者更高,恢复时间更长,症状也更严重。

易感人群:需要应酬的年轻人和中年人、嗜烟嗜酒的人。

防病高招:要想远离感冒,戒烟限酒很关键。《中国居民膳食指南》建议,每天饮酒量不能超过1两(50毫升)38度的低度白酒,或1杯(150毫升)葡萄酒、1瓶(450毫升)啤酒。需要提醒的是,患上感冒后别再吸烟喝酒了,否则会"雪上加霜"。因为吸烟会对呼吸道造成损伤,使病情更严重;而酒属于辛热性质,会加重感冒的发热症状。

(选自《生命时报》2011年11月1日)

熬夜对身体七大害晚睡别忘三件宝

伤害一：耳聋

一些人通宵玩网络游戏、无节制地泡吧蹦迪、打麻将，使得很多人的睡眠严重不足。而睡眠不足易使血管处于紧张状态，造成内耳供血不足，对听力有极强的杀伤力，长期持续熬夜将有可能导致耳聋。

伤害二：肥胖

凡在晚上20时后进食就被称作"夜宵"。人体内有交感神经与副交感神经两种自律神经。交感神经是在身体活跃的白天使胃运作频繁，促进消化吸收；到了夜晚，副交感神经活跃，在身体休息的同时，让摄取的营养素储存在体内。夜晚进食的话，不但会难以入睡，还会使隔日早晨食欲不振，如此造成的营养不均衡，就会引起肥胖。

伤害三：皮肤受损

一般来说，皮肤在晚10时到11时进入晚间保养状态。如果长时间熬夜，人的内分泌和神经系统的正常循环就会失调，神经系统失调会使皮肤出现干燥、弹性差、晦暗无光、缺乏光泽等问题；而内分泌失调会使皮肤上尤其是年轻人的皮肤容易出现暗疮、粉刺、黄褐斑、黑斑等问题。

伤害四：记忆力下降

正常来说，人的交感神经应该是夜间休息，白天兴奋，来支持人一天的工作和生活。而熬夜者的交感神经却是在夜晚兴奋，这样人在白天会出现没精神、头昏脑涨、记忆力减退、注意力不集中、反应迟钝、健忘以及头晕、头痛等问题。时间长了，还会出现神经衰弱、失眠等问题。

伤害五：肠胃危机

熬夜者，很容易感到疲劳，吃"夜宵"可谓熬夜者的一大活力来源，但"夜宵"之后可能对胃有引爆的危机，让人不得不担忧，因为常吃夜宵容易引发胃癌。人的胃黏膜上皮细胞的寿命很短，平均2~3天就要更新再生一次。这个过程，一般是在夜间胃肠道休息时进行的。如果经常在夜间进餐，胃肠道得不到必要的休息，胃黏膜的修复就不可能顺利进行。而且夜间睡眠时，吃的夜宵长时间停滞在胃中，可促使胃液的大量分泌，对胃黏膜造成刺激，久而久之，易导致胃黏膜糜烂、溃疡。

伤害六：免疫力下降

经常处于熬夜、疲劳、精神不振的状况，人体的免疫力会跟着下降，感冒、胃肠感染、过敏等自律神经失调症状也会不期而至地找到你头上。而且经常熬夜带来的直接症候就是第二天上班头昏脑涨、注意力无法集中，甚至会出现偏头痛。

伤害七：心脏病风险

作息时间紊乱的人进行身体调适并不如一般人所想的那么容易，不仅脾气会变坏，得心脏病的几率也较高。因为人体的生物钟不受灯光、时钟的影响。尤其是像心脏之类的器官,也不会因为白天休息了,就做好了熬夜的调整,因此若长期"黑白颠倒",将会使患心脏病的风险增加。

怎样减少熬夜对身体的伤害?

熬通宵的人在第二天就会感觉特别的累,口气也会非常的污浊,甚至会出现浑身的乏力,这些就是上火的表现,在休假或者是工作的时候难免会有时晚睡,我们要学会有技巧地熬夜。

在凌晨1点前睡眠。夜间23点到凌晨2点是身体浅睡及肝脏工作的时间,这个时间段不睡,肝脏就会很受累。凌晨2点—3点我们开始进入深睡期,重症病人最易在此时发病,如果熬夜千万不要超过这个时间。

熬夜补水喝凉茶。我们习惯晚餐吃得丰富,脂肪摄入多,熬夜又增加"火气",所以应该多补水,而凉茶更有滋补身体和去火的功效,例如参菊茶、龟苓膏、酸梅汤。

熬夜后尽快"补觉"。为了尽快消散"火气",熬夜后尽快睡足,或者午间"见缝插针"地睡一会儿,而且第二天晚上要比平时早点上床,把前一天的"损失"夺回来。

先做晚餐准备。打算熬夜时,晚餐不要吃得太油腻,应该清淡一些,只要有足够的优质蛋白质、无机盐和维生素就可以了。夜间饥饿时,可以吃些沙拉、水果。

熬夜别忘三件宝

解困:随时做做深呼吸

今晚肯定要熬夜吗?那就先做好前期准备,晚饭别吃太饱,白开水可以多喝点。而在熬夜工作的过程中,感到疲倦难熬时,不妨先休息半个小时左右,然后,隔半小时做做深呼吸。不仅可以增加大脑需氧量,还能驱走睡意,让头脑保持清醒。

提神:咖啡不如西洋参

香浓的咖啡是多数人在加班时帮助提神的好帮手。但是,在熬夜时最好别喝咖啡。因为咖啡因虽然提神,但也容易引起失眠,还会相对地消耗体内与神经、肌肉能量代谢有关的B族维生素,缺乏B族维生素的人本来就比较容易累,更可能因此形成恶性循环。

西洋参性味平和,可益气滋阴,增强免疫力。熬夜时喝一杯西洋参茶能有效地消除机体疲劳,恢复精力。另外,常熬夜的人难免心肝火旺,喝点西洋参茶还能清热降火。

做法:取西洋参切片,每次3~6克,置保温杯中,以沸水冲泡,焖置15分钟后,代茶频饮即可。

护眼:加个橙色水果餐

晚上加班常会用眼过度,出现眼睛疼痛、干涩、发胀等问题,甚至使人患上干眼症。眼肌的疲劳还会导致暂时性的视力下降。因此,熬夜时注意护眼是个大问题。

熬夜护眼要像小学生上课一样,每工作45分钟左右休息10分钟,做做眼保健操,并适量补充维生素A。因为维生素A可调节视网膜感光物质——视紫红质的合成,能提高熬夜工作者对昏暗光线的适应力,防止视觉疲劳。可以多吃一些富含维生素A的橙黄色的蔬菜水果,如芒果、橙子、杏、胡萝卜等,或者服用一些含维生素A和B族的营养补充剂。

(选自人民网——健康卫生频道2012年2月28日)

消除旅游疲劳有方法

旅游归来,在回味快乐的同时,人们可能会逐渐感觉腰酸背痛、四肢乏力乃至身心疲惫,这让舒畅的心情总有那么一点儿不舒服,给美好的心情打了折……有没有消除疲劳的方法呢?答案是肯定的。如何才能有效解除旅游归来后的疲劳呢?

一、洗澡:洗澡可消除体表代谢的排泄物,使毛细血管扩张,有效消除疲劳。但要注意回到住处或活动后,要稍事休息,待心律恢复到平时正常的状态后再入浴。水的温度以40度左右最好,一般洗15—20分钟即可,不宜过长。

二、睡前热水泡脚:热水泡脚有解乏安眠的作用,水温可略高一点,以自身感觉微烫为宜。泡脚可以使血管扩张,血流加速,增强血液循环。

三、按摩:过量的体力运动造成肌肉群产生乳酸堆积,按摩有助于乳酸尽快被血液吸收。方法是用手捏或用拳头轻轻敲打小腿、大腿及手臂、双肩、背部,使肌肉得到放松。在一天的旅行结束以后,很多人以睡眠或无所事事的坐着作为恢复体力的方式,其实这是一个误区。

专家强调,剧烈活动的第二天不要休息,一定要保持前一天一半的运动强度,给身体一个缓冲期,才能有效解除疲劳,尽快恢复体力。

(选自北京乡村旅游网2011年11月25日)

(三)模拟主持

(1)谈谈你如何看待"留守儿童"上学难的问题。
(2)谈谈你在感冒后的处理方法——自理(自我保健常识)。
(3)吸烟危害健康,正如毒品吞噬生命,你的身边有吸烟的"烟鬼"吗?请依据各方面相关知识报道,谈一谈:香烟——健康的天敌。
(4)结合自己的文学功底、课外见识,对某一科幻异象予以科学的解释。
(5)近年来,早恋这个话题被炒得沸沸扬扬,作为现代学生,请表达你对此的认识。
(6)如何看待年轻的"啃老"一族。
(7)我心中的"春晚"。
(8)"留学热"的冷思考。
(9)结合自身体会,谈谈互联网的利与弊。
(10)谈谈你对"温室的花朵经不起风雨"的看法。

第十六讲　即兴口语表达训练

一、理论基础

即兴口语的表达能力不仅仅局限在口语表达,想想看,如果没有敏捷的思维、细致的观察、独特的感受、密集的信息、迅捷的反应,即使你有临时发声的兴致,可能干着急却说不出来,或只言片语,或语无伦次。之前学习的有声语言表达可以帮助我们打造变化丰富、生动自如的声音。这一讲,我们着重解决从想到说的转化,即想明白"说什么"到解决"怎么说"得好。

(一)说什么

播音员主持人的"说"不同于日常生活中随意的口语,要求有内容、有条理、有逻辑。这涉及到思维状态、话题切入点、充分准备等方面:

1. 保持积极的思维状态

口语表达过程中要保持思维活跃,积极调动知识储备,主动思考,示例一是中央电视台2012年2月11日的《走进科学》节目中的开场白,主持人从戈壁滩上无人居住的"魔鬼城"说起,引起人们的关注。继而又科学地指出,这是大自然赋予西北地区的伟力。可究竟大自然给予了我们怎样的一个"魔鬼城",它又是如何形成的? 引人思索。同时引发了观众强烈的收看兴趣。

【示例一】

放眼望去,广袤的戈壁滩上出现了各种形状的城堡、楼台。瞧这还有这惟妙惟肖的双面人。可是,这么大的地方却没有一个居民居住,周围老乡竟然不敢独自来到这个地方,说这里像个魔鬼城。那么空旷的戈壁滩上怎么会有如此大片的空城呢?

自古以来啊,我们国家的大西北地区,它的自然风光历来被文人们所称赞,尤其是这种雄浑、壮阔的景象,这是江南山水完全没有办法去比拟的一种大自然的伟力。那么今天我们给您介绍的呢,就是在新疆地区一个非常有名的自然景观,人们管这个地方都叫魔鬼城。当然我们知道，魔鬼这个东西它肯定是不会有的，不过，当地人呢，虽然说知道没有魔鬼，但是每次如果说是在刮风天路过这附近的时候，也都觉得心惊胆寒的，那么这个魔鬼城它的具体含义到底又是什么呢？

【提示】思维的活跃体现在思维方式的灵活运用上，语言是思维的外在形式，发散思维或聚敛思维、正向思维或逆向思维等等方式是语言的灵魂。示例二是主持人白岩松就一张照片发挥的即兴口语，他从感动（满足了外国盲人对中国文物的热爱）到担心（他们是否会破坏了文物），从支持到质疑，继而，又从特批外国游客允许手摸兵马俑谈到能否给更多盲人朋友这个权利。主持人从正反两方面入手，由点及面展开话题，步步深入，思路畅达，推理缜密，使得即兴口语表达过程形成积极的思维状态。

【示例二】

有一张照片，这张照片反映的是有七位来自国外的游客，他们都是盲人，但是他们特别喜欢中国的兵马俑，因此特别希望能在现场摸一摸兵马俑，经过特批，他们戴上手套摸到了兵马俑。看完这张照片，很多人开始发出质疑的声音，我看完这张照片的感觉是，一方面感动，另一方面担心。感动的是很有人文关怀的精神，使很多的盲人完成了他们的心愿。而担心的是，和所有人一样，会不会破坏文物。很快这个担心被得到了很明确的解释，当地的有关文物保护的工作者，都纷纷地强调，戴上手套，并且有很好的管理，而且不是彩绘的兵马俑，摸一摸一点儿关系都没有，那我马上就希望这个感动能不能进一步放大呢？不光是特批从国外来的游客，我们身边的很多盲人朋友，当他们有这样的愿望的时候，是否也可以在很好的保护下，戴上手套，并且不用说是特批，他们就有权利摸到他们想摸的兵马俑，这样感动就不被放大了吗？

2. 找准话题切入点

生活经验告诉我们，如果能够寻找到双方熟知的人或事作为谈资，作为话题的切入点，彼此都不会感到陌生，主持人可以快速地进入到即兴口语表达的过程中。"熟悉的问题"实则为双方共享的信息，两者实施传播活动时，强调的就是共享。主持人如果掌握了这一点，尤其在谈话节目中，就能够很快与嘉宾达成默契，"说什么"的问题便迎刃而解。

示例一是《杨澜访谈录》之《将爱·进行到底》（上）的开场白。受访嘉宾是王菲、李亚鹏夫妇。众所周知，王菲在大家眼中是个不善言辞的人，不管是在舞台上还是在媒体面前，她都显得很"冷"。即使是偶尔的只言片语，也够"噎"人。比如曾有记者问王菲"理了短发以后怎么还为洗发水代言？"王菲答"短头发就不洗头了吗？"又有记者问："你觉得人生什么最精彩？"而王菲又语出惊人地回答："我人生还没过完呢，怎么现在问我这种问题？等我临终前再告诉你吧！"所以说，王菲是个让媒体又爱又恨、又拿她没办法的这么一个人，想采访到她，真不是件容易的事。也正因为她的"特立独行"，让有着多年电视访谈经验的杨澜也感到些许紧张。后来她发现王菲在微博上也坦言自己"好紧张好紧张"。

于是,杨澜索性在节目的一开始就"自我表露"紧张的心理状态,继而又引到王菲"为何紧张"这个话题,像朋友间的聊天,拉近了和王菲间的心理距离,而不是一开始就进行提问。主持人真诚、自然、又略具幽默感的即兴口语表达,使得嘉宾也放松下来,之后的访谈自然是在友好、温馨的氛围中进行。

【示例一】

杨　澜:先说说为什么我是觉得今天有点紧张,然后我一看王菲的微博,说她好紧张啊、好紧张啊。你先说说为什么你紧张啊?

王　菲:我紧张,因为我本身就不是做很多采访的。反正一做采访我就挺紧张的。然后又很长时间没做(采访)了。所以昨天晚上做梦都是一直在做访问,真的真的。

杨　澜:她在微博里说,想象我是穿着个白大褂,拿着个听筒(的大夫)。我觉得这还是把我想象得很善良,没有说手里拿着手术刀啊什么的(笑)。亚鹏也有点紧张啊?!

李亚鹏:我也有点紧张。

杨　澜:为什么呢?

李亚鹏:因为我们俩有一个不成文的约定吧,就是我们不一块儿出镜。

杨　澜:是不是有亚鹏在,你会觉得放松一点。

王　菲:好很多,好很多。然后……哎呀!(王菲和李亚鹏相视约两秒钟,二人都忍不住心照不宣地笑了!)

在中央电视台少儿频道2012年2月27日《新闻袋袋裤》节目中,三个主持人在开场白中以"世界上最大和最小的动物是什么"为切入点,引发孩子们的收视兴趣。随后由非常罕见的"喙(huī)鲸"引出话题,介绍鲸这种哺乳动物的进化、习性及种类等知识。由浅入深,循序渐进。

【示例二】

阳光姐姐:我们的地球上啊,有很多的动物。那你们知道世界上最大和最小的动物是什么吗?

艾　琪:这最小的我可说不上来,不过要说体型最大的我知道。

李恺悦:那还用说,肯定是海洋里的鲸(鱼)啊!据说她比恐龙还大呢!

艾　琪:没错。不过说到鲸鱼,咱们平时熟悉的有白鲸、抹香鲸。大家知道吗,还有一种非常罕见的鲸鱼叫做喙鲸。

李恺悦:哟,这个名字我还真是第一次听说。同学们想知道它长什么样吗?稍后我们就一起来看一看。

3. 提前做好充分准备

虽然是即兴的口语表达,但不是完全没有准备的。充分准备体现在:遇到突发情况时,能够根据场景、事件、人物等把事先熟悉的素材、制定的预案灵活掌握与运用。如果是群体主持或发言时,要更加注意相互间的配合。

示例一是2007年春节联欢晚会上的"黑色三分钟"。在倒计时之前,主持人串词接连发生口误,抢词、忘词等现象连续不断出现,所以后来被网友们称之为"春晚黑色三分钟",也成为央视春晚的一大遗憾。

【示例一】

春晚"黑色三分钟"

李　　咏:即将送走丙戌迎来丁亥了,在新的一年里呢,我们6位主持人也要祝现场的还有电视机前的观众朋友们,尤其是今年啊生下宝宝的妈妈们……

朱　　军:亲爱的朋友们,零点的钟声就要敲响了,一个崭新的春天即将到来。
（这个时候李咏还在说着什么,朱军的嗓门比较大,李咏的话语有点被淹没。）

周　　涛:我们分明已经感到春天的脚步在扣响我们每一颗心。
（停了一秒）

董　　卿:让我们带着和美与和顺去迎接生活的希望与收获。

李　　咏:让我们带着和睦与和顺去赢得生活的从容与自信。

张泽群:朋友们,一个新的春天正走向我们,我们正在拥抱又一个崭新的春天!

刘芳菲:随着新春钟声的敲响,让我们把对新春最衷心最美好的祝愿……
（这个时候刘芳菲突然停住不说了,张泽群扭头看周涛。）

周　　涛:……播撒在祖国的大地上,喜迎花开中国年……
（周涛没说完。）

李　　咏:播洒在每一个中国人的心目当中……

周　　涛:新春的钟声马上就要敲响了。

朱　　军:来,亲爱的朋友们。

周　　涛:还有十五秒。

朱　　军:让我们一起,预备,十!

全　　体:九八七六五四三二一!

刘芳菲:过年好!

李　　咏:新年好!

朱　　军:亲爱的观众朋友们,一个崭新的春天已经来临,在这美好的时刻让我们共同祝愿中华民族……

全　　体:和谐兴旺!（有主持人说错词——国泰民安）

对于春晚零点之前的黑色三分钟,总导演金越曾在公开场合对网友有过解释:"在时间控制上出现了一个比较大的调整,我们把一个原本该在零点之前的节目整体调到了零点之后,后来要求主持人临时增加了对联,以致时间长度没把握好有所慌乱而造成的。"

示例二是当年有着上海滩"第一花旦"之称的主持人袁鸣随中央电视台《东西南北中》节目组一行到达海口,主持海南省狮子楼京剧团建团庆典。庆典开始,袁鸣用充满激情的言语介绍来宾:"光临庆典的,有海南师范学院党委书记南新燕小姐!"随着袁鸣的介绍,坐席中慢腾腾地站起来一位花白头发的老先生!此时全场哗然。袁鸣也不自然地笑了,她真诚地致歉:

【示例二】

"对不起,我是望文生义了。不过……"稍一转折,她便施展了自己的口才:"您的名字实在是太有诗意了。我一见这三个字,立即想起了两句古诗:'旧时王谢堂前燕,飞入寻常百姓家。'这是一幅多么美的图画。今天,这里出现了类似的情景,京剧一度是流行在北方的戏剧,而现在,京剧从北到南,跨过琼州海峡,飞到了海南,而且在这里安家落户,这又是一幅多么美丽的图画呀!"

袁鸣由自己的失误引出话题,即兴发挥,灵活应变,将错就"错",侃侃而谈,赢得了全场观众异乎寻常的热烈喝彩。这也得益于她平时广泛积累的知识,不仅为她摆脱了尴尬,更显示出她机敏的反应和非凡的口才。

(二)怎么说

"怎么说"着重强调掌握规律,是在"说什么"的基础上搭建的"外形",使我们的即兴口语表达脉络清楚,并形成鲜明的语言风格。

1. 确定篇章结构

特别是在较长篇幅的即兴口语表达中,结构显得尤为重要。结构可以帮助我们理清思路,梳理脉络。一般是"三段论":提出主题(设置悬念、引发兴趣);解释主题(举例子、打比方);提升主题(发人深省、呼唤倡导)。

以《可爱的中国》为例,这是方志敏的著名散文,1935年写于狱中。作者以亲身经历概括了中国从"五四"运动到第二次国内革命战争以来的悲惨历史,愤怒地控诉了帝国主义肆意欺侮中国人民的种种罪行。

节选的段落分析如下:

示 例	结 构
朋友！中国是生育我们的母亲。你们觉得这位母亲可爱吗？我想你们是和我一样的见解，都觉得这位母亲是蛮可爱蛮可爱的。 　　以言气候，中国处于温带，不十分热，也不十分冷，好像我们母亲的体温，不高不低，最适宜于孩儿们的偎依。以言国土，中国土地广大，纵横万数千里，好像我们的母亲是一个身体魁大、胸宽体阔的妇人，不像日本姑娘那样苗条瘦小。中国许多有名的崇山大岭，长江巨河，以及大小湖泊，岂不象征着我们母亲丰满坚实的肌肤上之健美的肉纹和肉窝？中国土地的生产力是无限的；地底蕴藏着未开发的宝藏也是无限的；废置而未曾利用起来的天然力，更是无限的，这又岂不象征着我们的母亲，保有着无穷的乳汁，无穷的力量，以养育她四万万的孩儿？我想世界上再没有比她养得更多的孩子的母亲吧。至于说到中国天然风景的美丽，我可以说，不但是雄巍的峨嵋，妩媚的西湖，幽雅的雁荡，与夫"秀丽甲天下"的桂林山水，可以傲睨一世，令人称羡；其实中国是无地不美，到处皆景，自城市以至乡村，一山一水，一丘一壑，只要稍加修饰和培植，都可以成流连难舍的胜景；这好像我们的母亲，她是一个天资玉质的美人，她的身体的每一个部分，都有令人爱慕之美。中国海岸线之长而且弯曲，照现代艺术家说来，这象征我们母亲富有曲线美吧。咳！母亲！美丽的母亲，可爱的母亲，只因你受着人家的压榨和剥削，弄成贫穷已极；不但不能买一件新的好看的衣服，把你自己装饰起来；甚至不能买块香皂将你全身洗擦洗擦，以致现出怪难看的一种憔悴褴褛和污秽不洁的形容来！啊！我们的母亲太可怜了，一个天生的丽人，现在却变成叫化的婆子！站在欧洲、美洲各位华贵的太太面前，固然是深愧不如，就是站在那日本小姑娘面前，也自惭形秽得很呢！	用举例子、打比方的方法描述祖国母亲的可爱。通过自问自答引发兴趣，提出"母亲可爱"的主题。
听着！朋友！母亲躲到一边去哭泣了，哭得伤心得很呀！她似乎在骂着："难道我四万万的孩子，都是白生了吗？难道他们真像着了魔的狮子，一天到晚睡不醒吗？难道他们不知道自己伟大的团结力量，去与残害母亲、剥削母亲的敌人斗争吗？难道他们不想将母亲从敌人手里救出来，把母亲也装饰起来，成为世界上一个最出色、最美丽、最令人尊敬的母亲吗？"	提升主题：唤醒民众与敌抗争，为祖国母亲而战。

　　另外，美国公共演讲专家理查德认为，即兴演讲应当记住以下几句话，它是四个层次的提示信号，即"结构精选模式"：

　　(1)喂，请注意！（开头就激起听众的兴趣）

　　(2)为什么要费口舌？（强调指出演讲的重要性）

　　(3)举例子。（用具体事例形象地将一个个论点印入听众的脑海里）

　　(4)怎么办？（具体地讲清大家该做些什么）

　　这个结构也可用于《可爱的中国》的分析，结构的模式服务于内容，不必拘泥于一种模式,只要合理,能够说得明白听得清楚就可以。

在即兴演讲时,有了明晰的结构,不仅能使观众听得明白,还能在演讲者的脑海中形成清楚的结构脉络,像一根线贯穿始终。下面的口诀能够帮助你找到线索。

开头:引发兴趣,设置悬念,点明观点;

中间:运用事例,列出理由,阐释观点;

结尾:强调己见,展望未来,升华观点。

2. 形成语言风格

同样的内容,你说和我说就不尽相同,即兴口语恰恰追求的就是"不同"和"语不惊人死不休"的境界。一个人的语言风格是经过长期积累外化为独特的声音形式,仅仅靠模仿是不够的。青少年朋友应在多听多看的基础上,结合自己的性格特征、兴趣爱好、知识修养,形成属于自己个性化的语言。

示例一和示例二是两位主持人分别对厦门大学教授易中天的采访。众所周知,易中天先生学识渊博、口才极佳,要想成功地和他对话,不是件简单的事。而且易教授接受过不少主持人的采访,对于诸如收入、家庭问题总是避而不谈,甚至心生反感。那么,作为一个主持人,如果想问到这些观众欲知而被采访者又不愿提及的问题,你会怎么处理?

示例一是《面对面》的一个采访段落,体会王志质疑的口吻,以及辛辣犀利、咄咄逼人的语言风格。

【示例一】

王　志:我们走进这个房子里的时候,有人告诉我们,这里是富人住的地方。

易中天:不是,我楼下也住着出租车司机呢。再说这个房子刚开始的时候价位并不高。

王　志:但是现在易老师在人们的心目中间,你已经属于有钱人的行列了。

易中天:什么叫有钱? 多少钱叫有钱? 其实比我有钱的多了去了。一个教书匠凭着自己劳动挣了一点钱,怎么就撑破了新闻界的眼皮儿了。

王　志:但是银行里存折数字的变化,你晚上睡得好吗?

易中天:这有什么睡不好的,我根本不知道它在怎么变。

王　志:怎么说?

易中天:我是不知道,我又不去查帐,又不看,一切都是电脑在自动地处理。

王　志:想到过有这样一种效益吗?

易中天:哪一种效益?

王　志:名、利。

易中天:哎呀我就奇怪了,这个媒体呀,包括平面媒体,也包括你们电视台,还包括阁下,怎么都关注这两个字? 这难道就是当今老百姓最关心的事吗? 不会吧?

王　志:可是(您)跟我们平常心目中的学者形象有很大的一个反差。

易中天：哦，意思就是说，大家公认学者就该穷？是不是这个意思？刚才你提到的那两个字：名和利，它是副产品。搂草打兔子的事，现在没看见我搂草，都看见我逮着兔子了。

示例二是《实话实说》的一个采访段落，体会崔永元幽默、风趣的语言风格。

【示例二】

崔永元：我特别尊重被采访者。所以我第一个问题就是，你有什么问题不可以问，有什么问题不方便说，您现在就告诉我。

易中天：八卦问题别问，个人问题别问，家庭问题别问。这个我已经不堪其苦。

崔永元：这些问题都不能问，是吧？

易中天：对，谢谢。

崔永元：(一脸坏笑)谢谢大家收看今天的节目，再见。……咱们找找咱们俩人的共同点和不共的地方。

易中天：咱们俩的共同点就是不说人话呗。

崔永元：我比您总结得更朴实。首先都是男人。

易中天：废话。

崔永元：你不要看很多人是男的，但他不一定是男人。对吧？

易中天：是。

崔永元：我没好意思说咱俩都是汉子。

易中天：(大笑)就这么说，就这么说！

崔永元：就这么说？

易中天：对，对。

崔永元：都是男人，都很有名。

易中天：你有名，你有名。

……

崔永元：都出过书。您卖得好，我的卖的差。……然后都领到了稿费。

易中天：是。

崔永元：我是三十万，您领了多少？

易中天：是不是想改行啊？想离开中央电视台，到我那儿去当我的财务总监是吗？你要是能够当我的财务总监，这多少钱你知道我也知道。

崔永元：还有一个共同点就是，咱两个人的家里都有财务总监。

易中天：我家没有。你家有。

崔永元：有。咱俩都有妻子。

易中天：咱俩都有女儿。

崔永元：对，都特别爱自己的女儿。

易中天：哎哟，那太相像了。

崔永元：对，特别爱她。都有妻子，我跟我妻子平起平坐，您呢？

易中天：一高一低。

崔永元：谁高谁低，大家都知道吧？！

示例三是《新闻1+1》的一个段落。今天，当我们面对记者节，"谁是记者"却日益成为当下一个让人困惑的问题。互联网已经给我们带来了一个新的时代，网帖、论坛、微博、社区已经成为影响广泛的消息来源，图片、文字，越来越多不具有职业记者身份和专业背景的民众，开始参与到新闻线索和信息的发现、搜集、传播、分析，甚至是评论中来。那么，作为记者的我们，又如何去做一名真正的职业记者？作为评论员型主持人的白岩松说了这样几段极具"白氏"风格的话，再次让我们领略到他那理智、深刻、犀利又不乏幽默的语言风格。

【示例三】

评论员白岩松：如果在"全民皆记者"的时代，记者不能用坚持性长跑的姿态，不能用理性的态度做记者，"全民皆记者"的时代记者还用做记者吗？这当然是值得我们思考的一个问题。

最近一个很热门的话题，经常有人说"你们下基层了"，其实叫"走基层"，的确用"下"这个字不太准确，因为记者不能说是高高在上的、要下到基层去，我觉得走基层是需要的，但更重要的是在所有的记者心里，应该你的心永远在基层。

有的时候会听到一些误读的话语，比如说"我们要替人民说话"，这一个"替"字就露出了——你难道跟人民不是一回事吗？在这一点上，另外一个记者潘采夫说，"经常会看到一些讨论，说记者应该做谁的代言人，个人观点，记者既不是底层和弱势群体的代言人，也不是什么利益集团的代言人，记者只应该是真相的代言人。立场不能左右真相，在真相面前，记者应该有'虽千万人逆之，吾往矣'的职业坚持。"就是捍卫常识，捍卫真理。

在现在的社会当中，也的确能够见到一些人在夸记者，"这个记者不错，说真话。"乍一听像是表扬，再仔细一听不对，因为打你学新闻行当的时候，所有老师都教你不能说假话。现在夸人不能说"这个人真好，从不迟到；这个人真好，从来不偷东西"。我们不能把底线变成了上限，当成了表扬别人的嘉奖令，这个时候需要我们思考，记者更该思考。

的确，现在有的时候"防火防盗防记者"，明天是消防日，正好跟今天的记者节连在一起了，但是我觉得不应该去防。记者是推动社会进步的，是社会前行的一个建设者，我们应该给记者、新闻这个行当搭建更加宽松的环境，因为在十七大报告里明确有十二个字，老百姓有"知情权、表达权、参与权、监督权"。如果政府的信息不能够公开，如果新闻不能够改革，把更多的资讯给老百姓，老百姓的知情权又从哪里来？我们又需要更多的公民，因此需要记者去做很多的工作。

示例四是《新闻调查·长大未成人》的段落,少女堕胎在今天已经不再是新闻,对于这些身体长大却未成年的孩子来说,她们究竟是怎样看待性、情感和自己的身体的,记者柴静和某中学处于青春期的女学生聊着她们在青春期时应该注意的事。这段追问没有逼迫,没有质疑,却步步考察"少女堕胎"现象中,性教育的缺失和青春期孩子性知识的空白。记者抓住了事情的主要矛盾,通过一系列追问:"什么是过分的事情——什么是越轨——怎么样算近距离接触——女孩子怎么才能够避免怀孕,怎么才能够保护自己?"让孩子们自己解答,使问题从现象剖析深入到了问题的本质。语言风格柔中带刚,文学色彩浓厚,但是直指问题要害,耐人寻味。

【示例四】

记者:(串场)一个人进入青春期,就像是打开了这样一个旋钮,你会看到童年的大门就会在你身后永远地关闭,而飞速的变化就会在很短的时间内迅速开始,可是你既不可能停下来,更不能完全控制自己的身体,只能够听由它的牵引,去往未知之处,而令人遗憾的是,我们当中的大多数人,就被困在这样令人眩晕的变化当中,孤独地成长。

记者:在这个时期要注意,跟男孩子接触的时候要注意什么?

女生:不要做过分的事情。

记者:什么是过分的事情?

女生:越轨。

记者:什么是越轨?

女生:近距离接触。

记者:怎么样算近距离接触?

女生:肌肤之亲。

记者:女孩子怎么才能够避免怀孕,怎么才能够保护自己?

女生:离床远一点。

二、实践练习

(一)素材积累

(1)说出关于春、夏、秋、冬的诗词。

(2)说出你知道的风土人情。

(3)说出世界各国的环保举措。

(4)说出你周围朋友的特征。

(5)说出10种以上职业的特征。

(6)说出10种以上美食的味道。

(二) 思维训练

1. 成语接龙游戏

如：应运而生——生生不息——稀里马虎——呼之欲出——初来乍到——倒背如流——流星赶月——跃跃欲试……

2. 巧说反语

(1) 他有一个"缺点"

(2) 挤车的"好处"

(3) 抽烟的"好处"

(4) 他(她)可真"傻"

(5) "走弯路"的智慧

3. 故事接龙

(1) 糟糕，又睡过了……

(2) 等等我，你们怎么能丢下我不管……

(3) 请问，最近的派出所怎么走？

(4) 我一看到你，就觉得似曾相识……

(5) 对不起，请听我说……

(三) 阅读材料后，按照结构模式重新整理并表达

"10年间20万张脸被毁"警醒谁

郭立场

市场的繁荣也让中国的整形机构水平存在参差不齐的现象，整形手术风险高涨。据中国消费者协会统计，美容等领域连续多年是消费者投诉热点，中国整容整形业兴起的近10年中，平均每年因美容整形毁容毁形的投诉近两万起，10年间已有20万张脸被毁掉。

从小我们就被灌输这样一种观念，"只注重外表美的人是肤浅的"；可在这个处处强调视觉效果的社会里，外在的漂亮一直都在影响甚至左右着人们的判断力，以至于人们忽略了对内在美的追求。科技崇拜、对美的苛求和观念误区一定程度上促成了整容风行。

社会学家库利在《社会组织》中提出了"镜中我"概念，他认为，人的行为在很大程度上取决于对自我的认识，而这种认识主要是通过与他人的社会互动形成的，他人对自己的评价、态度等是反映自我的一面镜子，个人透过这面"镜子"认识和把握自己。整容作为一种流行的消费时尚与大众传媒有着密不可分的关系，现代大众传播媒介在一定意义

上是流行的制造工具。渗透到社会每个角落的整容广告,媒体的进一步渲染,一定程度上误导了受众审美意识的形成,造成了一种病态追逐美的行为指向。业内人士相信,时尚杂志、好莱坞电影以及整容真人秀等节目,对激发青少年的美容热情起到了推波助澜的作用。

但爱美之时,更应珍爱生命。我们应该清醒地懂得,科技再发达,手法再先进,整容仍然是一项手术,具有手术的一切风险。同时,我们犹不应忘记,美、丑标准都是相对的,单纯拥有漂亮脸蛋、身材的形体美,并非美丽的唯一涵义。在形象上"造美"的同时,我们尤其不应轻视乃至遗忘塑造心灵美、提高内涵的重要性。换言之,虽然容貌对于个人未来的发展有一定作用,但如果过于重视容貌,则是缺乏自信心的表现;如果将眼前的"糟糕处境"全部归咎于不漂亮的容貌,更是荒唐的。

笔者以为,整容成风是多种社会因素共同作用的结果,反映了人们对时尚和美的追求,更折射出审美取向误入了歧途。10年间已有20万张脸被毁掉,这是一记沉重的警钟,不知能警醒谁?

(选自新华网2012年2月27日)

读懂了雷锋的快乐,才读懂了雷锋
曹 林

在去年3月5日的学雷锋纪念日,我拜访过一位退休的老人,就像我们看到过的很多好人故事一样:生活并不宽裕的他,几十年如一日默默地给贫穷山区的好几个孩子寄钱,没跟别人说过,甚至家人都不知道。一次偶然的机会被媒体知道了,他因此成为争相报道的道德典范。老人跟我说,其实他并不认同一些报道把他写得很沉重很悲情:生活困难、穿着简朴却资助他人,自己身体不好却总想着别人——仿佛做好事是一件虽然崇高,却背负着沉重负担的事。

老人笑着说,媒体可能误读了他,他从来没觉得这么做有什么悲情,而且一直非常快乐。想到那些坐在教室中读书的孩子,觉得非常快乐;想着自己在做一件很有意义的事,想到自己能帮到别人,觉得非常充实和幸福。支撑着他一直这么坚持的,正是这种快乐感和幸福感。他没想过那些孩子会回报自己,没想过外人的赞美,更没想过有一天媒体的关注会让他成为道德楷模——没有什么比看到别人因为自己的帮助而露出笑脸,更能让人快乐了,这份单纯的快乐,足以支撑他的爱心。

老人的快乐有一种强大的气场,深深地感染并震撼着我,他的这种快乐,让人羡慕,让人忌妒,让人尊重,并促人反思。我们面对一个道德楷模的时候,都习惯强调他们的难能可贵、他们的品德高尚,在悲情中渲染崇高,在沉重中衬托高大,在苦与痛的铺垫中凸显高尚,却忽略了他们内心的快乐,忽略了帮助别人其实是一件很快乐的事情。在这个新时代我们弘扬雷锋精神,号召向雷锋学习,我们所追寻的雷锋精神的真谛,正是这种

"助人为乐"的精神。而"助人为乐"的核心,就是"快乐地助人,助人中获得快乐"。

读懂了这位老人的微笑,就读懂了雷锋精神;读懂了雷锋的快乐,才真正读懂了雷锋。

我们习惯于描绘一个高大的雷锋,阐释一个神圣的雷锋,将雷锋捧上高不可攀的圣坛,而忽略了这样的现实:作为一个人,雷锋是快乐的。很少有人去走近雷锋的内心,感受他作为一个有血有肉的人的快乐。有人会说:你不是雷锋,你怎么知道雷锋是快乐的?这种快乐,可以从他的故事中感受到,从他的日记中读出来,从他留给我们的影像中品味到。

很难想象,如果做好事不快乐,如果不是因为快乐,还有什么力量能支撑他做了一辈子的好事。对雷锋最经典的评价是:一个人做一件好事并不难,难的是一辈子做好事。只有发自内心的快乐,才能超越这种"坚持做好事"的艰难。只有做一件让自己感到真正快乐的事,而且这种快乐并非昙花一现而能沉淀在内心,历久弥坚,才会使"坚持"获得坚如磐石的支撑。

很难想象,如果没有内心的快乐,雷锋能写出"把别人的困难当成自己的困难,把同志的愉快看成是自己的幸福"、"对待同志要像春天般的温暖,对待工作要像夏天一样火热"这样的话语。把同志的愉快看成是自己的幸福——这就是雷锋在直接表述自己的快乐和幸福。经济学家亚当·斯密也说过:人,不论如何自私自利,在他们本性中总明显存在某些因素,使他关怀别人的祸福,使别人的幸福成为他本人的必需,即使他在别人的幸福中,除了看到幸福而引起的快乐以外,并无丝毫利得。

雷锋留下许多照片,翻看这些照片可以感受到,作为一个军人,并不是每一张照片都是微笑的,可每一张照片上都能从他的脸上看到阳光。脸上洋溢的阳光,正是发自内心的那种快乐在面孔上的显现。助人是阳光的,这种阳光洒在心中就是快乐,这种快乐不仅属于一个人,而且会感染到身边的人。甚至有一种穿越时空的力量,感染几十年后今天的我们。

那位老人读懂了雷锋精神的真谛,雷锋的很多战友也读懂了。一个名叫吴锡有的普通的雷锋班战士,他当兵当了8年,做好事做了8年,他喜欢称自己为"快乐兵",他的一段名言是:力所能及地帮助别人,自己会得到更大的快乐。谁碰到这些事都会管,何况我是个当兵的。你不必问我是谁,我只是在寻找自己的快乐。你幸福,我快乐。8年来,吴锡有每次资助困难学生,汇款单上都留有这个名字:"快乐兵"——这样的留名,绝非矫情,而是真实地表达了他内心的快乐。

"感动中国人物"已经办了十年,翻阅这些感动中国的好人故事,其实最打动人的并不是这些好人在困境中的坚守,而是他们的快乐;倾听每一个感动中国的故事,其实都是在倾听他们讲述自己在助人中获得快乐的心灵故事。这种快乐,可以从"最美妈妈"吴菊萍充满阳光的脸上看到,从烤羊肉串的阿里木朴实的话语中感受到,从平凡女孩孟佩杰的笑脸中看到,从忠诚卫士刘金国的坚守中解读到。你不得不羡慕并忌妒他们的快乐,因为,这种快乐,是任何金钱买不到的,只有高尚的人才能享受到这种无与伦比的快乐。它不是感官的刺激,而是一种超越了自私和功利而将他人幸福与自己相连所获得的一种精神愉悦感、灵魂净化感和价值实现感。

不同的时代,对快乐和幸福的理解可能不同,但有一种快乐是相通的,它穿越千年而亘古不变且历久弥新,那就是在"赠人玫瑰手留余香"中收获的快乐,没有一种快乐能超越这种高贵的情感。今天这个丰裕的时代,我们有很多可以获得快乐的手段,获得一个奖品会快乐,得到梦寐以求的名包会快乐,吃到一顿大餐会快乐,得到名人的签名会狂欢尖叫——可这些可以用钱购买的快乐,都是浅薄并短暂的,短暂到甚至只能称之为"快感"。物质的丰裕,掩饰不住我们内心的空虚和快乐的贫乏。比尔·盖茨和巴菲特最大的快乐,绝不是坐拥亿万家产而产生的那种富可敌国感,而是捐赠和散财而产生的幸福感。

所以,今天,我们重提雷锋精神,很大程度上不是去救助和拯救别人,而是拯救我们自己,寻找我们丢失的心灵钥匙,找回那种让我们充实、让我们幸福、让我们快乐的高贵情感。我们倡导向雷锋学习,是追寻一种达致快乐的心灵钥匙,追寻那种快乐的情感。

雷锋是快乐的,学雷锋也应该是快乐的。我们学习雷锋,是为了追求内心的快乐——这不是拙劣的绕口令,而是关于快乐的哲学。学雷锋不是一种道德负担,不是由外而内的强制律令,而是我们内心自为的追求;学雷锋并不悲情,而是一门关于快乐的学问;学雷锋并不崇高和神圣,不是悲壮的牺牲,而是一种平凡的生活。就像那个可敬的、行善并快乐着的老人那样,这样的快乐并非不可触及,我们每个人都可以快乐地获得。

(选自《中国青年报》2012年2月23日)

全美反思:夸孩子当心夸出"表扬瘾"

全美反思"好孩子是夸出来的"教育理论

过去30多年的大量研究表明,轻率的表扬对学生无益,反而会干扰他们的学习。我们倾向于认为能将自尊拱手交给孩子,但常常事与愿违。——斯坦福大学心理学家德韦克。

夸奖孩子智力高,例如"你太聪明了",通常也弊大于利。

多年来,"好孩子是夸出来的"观念一直在美国教育界盛行并被各地教师付诸实践——孩子们通常每天都会得到肯定,稍有表现就可得到言语等方面的奖励。不过,任何观念都不能绝对化,全美各地都开始对这一观念作出反思。

教育要关注长期表现

《华盛顿邮报》16日报道说,美国越来越多的教师正摒弃这种"空洞的表扬"的做法。基于心理学以及大脑方面的研究,教育从业者们打算使用一些更精确、科学的"表扬词汇"，以促进孩子们切实从错误中汲取教训并承担更多具有挑战性的任务。教育水平在全美居前的马里兰州蒙哥马利县、弗吉尼亚州费尔法克斯县即在发生类似转变。

斯坦福大学心理学家德韦克在蒙哥马利县等地进行的研究显示，夸奖孩子智力高，例如"你太聪明了"，通常也弊大于利——经常被夸奖聪明的孩子更容易逃避那些可能损害他们"声誉"的困难任务，而被夸奖很努力、敢于冒风险的孩子更乐于接受挑战并实现更大的成功，相信智力并非与生俱来而是可以通过学习新事物不断发展的孩子，其长期表现也更佳。

明确方向强过泛泛表扬

报道援引《用奖赏惩罚》一书的作者阿尔菲·科恩的话说，大部分表扬会鼓励孩子成为"表扬瘾君子"，会导致他们依赖外界反馈而不能培养自身的判断标准以及学习动机。

报道还举例说，布鲁金斯学会布朗教育政策中心2006年的一项研究显示，美国8年级学生在国际数学竞赛中的成绩只能算得上中等，但他们的"自信心"却非常高——与新加坡、韩国等成绩更好的国家的学生相比，美国学生更容易报告说自己"数学学业较好"。

德韦克认为，告诉孩子何为优秀表现以及努力方向而非泛泛表扬，对教育从业者来说至关重要。

(选自《广州日报》2012年1月18日)

爱的天堂里多了一位"报亭爷爷"

新华网长沙1月25日电("中国网事"记者周楠)25日一早，晨雾弥漫的古城长沙，上班高峰期的车水马龙川流不息之际，许多人静穆地站立在寒风凛冽的清水塘路旁。他们有中学生、小学生、有从外地赶回来的大学生，有居住在附近或者从城郊赶来的市民，他们在等待一辆灵车的到来，在等待为一位老人送行。这位老人不是高官、不是明星、不是名家，只是一位被网民称为"报亭爷爷"的普普通通的卖报老人——蔡宗义。

从24日开始，微博、人人网、帖吧里充满了怀念蔡爹(注：长沙话，即爷爷)的内容，发帖留言者还有很多已经毕业、现在国外留学的学生，其中一位长沙市一中的学生写道："而伟大的不只是爱，更是让平凡的土地生长爱，是爱很多人且被很多人爱，是很多人一样爱，都爱。"

更有网民深情留言：生活中，我们痛失一个慈爱的老人；而天堂里，从此多了一位"报亭爷爷"。

无尽的缅怀中，"报亭爷爷"生前的点点滴滴也清晰地展现开来……

蔡宗义老人生前在清水塘路上经营一家报刊亭，报刊亭旁有长沙市一中和清水塘小学。从1998年到日前突发脑溢血去世，他陪伴了一批批孩子的成长，也为附近的居民带来了许多欢乐，大家都亲切地叫他"蔡爹"。

在孩子们的眼里，蔡爹面色红润，精神矍铄，有着一双总是含着笑意的弯弯的眼睛，弯弯的长寿眉,笑起来就咧开大大的嘴,声音浑厚有力。到了冬天,他也穿得不太多,孩子们说蔡爹浑身都像在冒热气一样,有的孩子还会拉着老人暖和的大手,捂热自己冰冷的小手。

那个报刊亭里总是放着几把椅子,这是为孩子们准备的。下午放学了、周末了,寄宿的孩子不回家,就会到蔡爹那里看书看杂志,蔡爹不仅让孩子们免费读报刊,而且还自掏腰包给孩子们买水买午饭。如今已在哈尔滨念大学的小王说:"爷爷对我们就像对自己的孩子一样。"读书超过5分钟,提供凳子;读书1小时,提供饮用水;读书4小时,提供面包,如果孩子们不喜欢面包,老人就给他们买一份炒菜。

据老人身边的人回忆,老人生前曾说,现在的网络、电视都是提供快餐文化,孩子们很难沉浸在传统的阅读中,既然有孩子愿意来看书,那他就要提供各种条件,为孩子们提供一个好的阅读场所,激励他们多读书。老人还常常变着法鼓励孩子们,比如有的孩子喜欢看足球刊物,他会说,"喜欢足球的孩子都聪明";有的孩子来看漫画,他会说,"看漫画需要动脑筋,喜欢漫画的孩子很聪明"。

学生家长祝红卫认为老人不仅培养孩子们养成了阅读的好习惯,"更重要的是,他在孩子们幼小的心灵里种下了一颗爱的种子,让他们知道这个世界有爱,自己在被爱的同时,也要学会爱别人,去帮助别人。"

蔡爹的报刊亭里还放了一个"便利袋",里面装了零钱、风油精、创可贴、起子、纸笔、餐巾纸等,全是免费给孩子们准备的。孩子们搭车没零钱了,忘带钱了,手划破了,都会马上想到来蔡爹这里"求助"。

每逢高考,老人会在亭外放一叠板子,板子上有高考温馨小知识、高考行车路线等等。他对孩子们的关怀无微不至,生前他也说孩子们就像自己的亲孙子孙女。

15年来,"报亭爷爷"看着一批又一批孩子长大、像鸟儿一样振翅飞向四方。孩子们对他也非常留恋,毕业或者重大节日时,会给老人送礼物,假期回到长沙还会特意来看他。

周围的市民、还有学生家长早已把他当成生活中的一部分。李李说:"我觉得蔡爷爷是那种很纯良的人,他对生活的热爱,对身边所有的人是毫无保留的。"祝红卫说老人是"真善美的回归,他对孩子们、对我们成年人的内心影响深远,我以后会经常想起他、提起他,直到我去世为止"。学校的老师也常常找蔡爹聊天,一位老师说:"从他身上能真正体会到,教育的关键在于言传身教,在于对孩子们的尊重。"

老人曾说希望能一直和孩子们相处下去,"我会一直在这开报刊亭,开到我开不动的那天为止。"

就在几天前,老人的身影没有在报刊亭里出现,大家就开始打听。24日报刊亭大门紧锁,贴出了老人去世的讣告。此后不到一天时间,报刊亭的门被鲜花簇拥着,大束的康乃馨、单支的白玫瑰、绽放着笑脸的向日葵……有的花中间还夹着明信片和字条,诉说着孩子们对爷爷的怀念。岗亭上还贴着数百张纸,写着对老人的悼念和颂扬。

(选自新华网2013年1月26日)

向善的网络力量点亮人性的光芒

刘文宁

敲击键盘,滚动鼠标,基于同类的恻隐之心,出于被他人需要的感觉,将令心头一热的图片视频上传或转帖、跟帖;为素不相识者捐款、捐物、捐时间、捐精力、捐信息,捐出一颗爱心——向善的力量从一个个网友心中溢出,涓涓细流,汇聚江河,满载公民责任与人间大爱。

网络放大了现实中的灰暗,无聊的起哄、欺诈的伎俩、恶意的谩骂,诸如此类。但灰色并非网络世界的全部色彩。为什么有人会拍下为乞丐"撑伞女孩"、跪地救人"最美护士"的动人瞬间并上传,还引来大量转帖跟帖?为什么高空徒手接女童的"最美妈妈"、3年为农民工送了两万桶水的"送水哥"会赢得网友热捧?为什么"微博打拐"会一呼百应?为什么有人不惜时间精力财力经营公益慈善网站,为捐助者与受助者建起信息沟通平台?我们相信,有一种向善的力量珍藏在很多人的内心,如同炽热的岩浆一旦找到缺口即喷涌而出,将网络世界润染出一片绚丽的色彩,点亮人性的光芒。

在"微博打拐"中转发疑似被拐儿童照片,为"贫困山区小学生免费午餐计划"捐出十块钱,为"最美妈妈"、"最美护士"跟帖赞一下,为"7.23"动车事故谣言加条澄清的信息,按"捐旧衣服吧"地址为贫困家庭孩子寄去闲置衣被……举手之劳,力所能及,不求惊天动地,不求名誉表彰,只因被他人需要而心满意足。这里,没有地位高低、身份显赫之分;这里,草根即是主角,人人都是领舞。这里有最本色的、纯真的慈善色彩。

网络公益凝聚的是草根的力量,更是公民的责任。在职场、亲友圈落之外,我们在网络世界找到不同圈落、不同取向的志同道合者。大大小小的BBS、QQ群、微博群,构成一个个意见联盟、力量联盟,我们在此寻找共识、默契以及共同行动的目标。为心中的感动附上一个竖大拇指的表情或一颗跃动的红心,为需要帮助的人群送出力所能及的温暖,这样的力量汇聚起来,使更多人体验到同胞的关爱与支撑,分担政府顾及不到的边边角角的缺漏,为社会注入更蓬勃的生命力——公民自治从这里点滴起步。

我们朝向共同的目标,即使家园里每一角落的荒凉,都令我们不忍或心痛。家园里飘出的每一缕芳香,都有我们曾经铲下那锹土的辛劳。我们共同见证这座花园一天天枝繁叶茂,欣欣向荣。

网络中的向善之举,源于现实世界的缺漏,并最终推动现实的改变。一张照片、一个建议,可能在网上掀起大浪。"微博打拐"从最初学者的呼吁,到众多网友的跟进,到多家慈善基金会的加盟,以及警方的支持,汇成强大打拐声势。向善的旗帜下,没有虚拟与现实之分。

网络公益行动在悄然形成一种力量,消减着人们心中的浮华、自私与阴暗。尽管不可能人人都修炼成特蕾莎修女——"把一切都献给了穷人、病人、孤儿、孤独者、无家可归者和垂死临终者"、与马丁·路德·金和爱因斯坦并列为"三大最受人尊重的诺贝尔和平奖得主"——但在网络公益行动中,人人都有机会体验登临精神高地的意境,它超越小我,超越衣食住行的享受,从利他中收获精神的满足,让人生更有质感。

夜空下,点燃手中的那盏烛光,烛光点点,连成一片光的海洋,映照天地——网络天地,那烛光是无数人心中的良善之光。

(选自人民网 2012 年 1 月 27 日)

(四) 运用模式即兴说话

模式为:开头——引发兴趣,设置悬念,点明观点;中间——运用事例,列出理由,阐释观点;结尾——强调己见,展望未来,升华观点。

(1) 学习普通话的体会。

(2) 如果有机会你是否参加选秀活动?

(3) 假如某一天取消高考。

(4) 高三了,你愿意当学生会干部吗?

(5) 我看"追星"现象。

(6) 如何看待中国传统节日的传承,请举例说明。

(7) 我的未来不是梦。

友情提示

一、如何科学合理地练声

学习播音主持很重要的一点在于持之以恒地练声。青少年朋友们刚接触到专业学习时，积极性强，学习热情高涨，希望能通过长时间大量练声快速进步，这样的结果往往事倍功半，练声是讲究科学的，需要遵循以下几点规律。

(一)练声的时间和地点

一般都认为早晨练声比较好，实际上练声时间的选择和练声效果之间没有必然的联系。只要能把它作为正常作息安排的一部分，天天去练，不间断就可以了。如果早晨刚睡醒，先别急于练声，更不要做完剧烈运动后练声，这两种情况对于声带有损害。对于初学者来说，练声时间尽量短一些，比如说每次15到20分钟就可以了；次数可以多几次，每天练上2到3次为好，逐渐地随着嗓子承受能力的提高，可以逐步加强时间和减少次数。

地点选择在较为安静的地方，初学者可以找个有墙面的地方，面对墙面练习。天气不好气温比较低的时候，应该选择在适当的室内场地练声。

(二)练声状态和情绪

练声状态是积极主动的，但不是急于求成的。每个人根据自己的具体情况来确定每次练声要解决的问题。但是每一个时期，最好是有意识地解决一个、两个存在的主要问题，千万不要贪多。情绪上，暗示自己的声音很动听，练声是为了愉悦自己，是为了感染受众，保持兴奋、轻松的心情。练声时带面小镜子，一来随时观察发声器官的位置，二来作为电视播音员或者是节目主持人，还需要进行面部表情的练习。

(三)练声顺序与内容

(1)热身运动:气泡音和口部操。

(2)掌握正确的呼吸方法:胸腹联合式呼吸法。可以选择发单元音的延长音和数数练习气息。发声时从中声区,也就是自己习惯的发声区域开始,作为基本练声阶段,慢慢地向高向低进行扩展,速度不宜过快,力度不宜过强,气息要求饱满稳实有依托,共鸣点要求要适中,共鸣要集中。整个练声过程以及每一次练声,都应该由中到高,由中到低,由弱渐强,特别要注意声音高强以及低弱的时候气息的控制。

(3)练习字词和绕口令。内容要针对每一个人自己的情况,去解决声母发音部位或者是发音方法上存在的毛病。解决韵母发音的时候,舌位的高低前后、唇形的圆展以及字调调值上存在的问题,需要经过长期反复的练习以改变发音器官的反应习惯,逐渐培养正确的习惯。

(4)练习带有一定感情色彩的片段或短文。结合不同感情色彩的内容,以情带声、声情并茂地播读,体会情、声、气的结合。

(四)学会保护嗓音

保护嗓音和科学练声同等重要,不仅说话时要保护嗓子,生活中还要养成良好习惯。

(1)保证充足的睡眠时间。尤其是刚睡醒的时候,不要发过强、过高的声音。要经过一段时间的练习之后,嗓子才能进入工作状态。

(2)不吸烟,不饮酒,少吃生冷油腻的食物。尽量少吃刺激性食物,如:蒜、辣椒等等。

(3)每天用淡盐水漱口,有消炎作用。

(4)坚持锻炼身体,预防感冒。

(5)一旦嗓子不舒服,及早就医。如果是我们的发声器官有了疾病还坚持发声,不但没有效果,还会造成发声器官的损伤。

(6)变声期及女生在经前及经期,不宜练声。

二、体态语练习

谈笑风生、瞠目结舌、喃喃自语等成语让我们感受到了说话人的状态,传达出了一种情绪或情感,显然这种感受不是有声语言带来的,这就是体态语。体态语是指通过人的表情、姿态、动作等配合有声语言传递信息的一种形式。这二者之间的关系是什么呢?"美国口语传播学者雷蒙德·罗斯(R. Rose, 1986)认为,在人际传播活动中,人们所得到的信息总量中,只有35%是语言符号传播的,而其余的65%的信息是非语言符号传达的,其中仅仅面部表情就可传递65%中的55%的信息。"[1]可见,体态语的重要性了。

(一)表情

面对镜子,做出喜悦、深思、严肃、痛恨等表情,观察自己的表情。

(二)眼神

作为播音员主持人,面部表情不同于演员的丰富,更多的是用眼神传情达意。尤其是电视节目的播音员主持人,面对摄像机镜头时,眼神既要集中在其镜头中心偏下的位置,又不能死死盯着镜头。这需要我们练习"眼中有物",继而"眼中有情"、"眼中有神"。不同的场合、情境中,我们的眼神是有所区别的:

(1)眼神有远近之分,"远"俯视全场观众,"近"聚焦某片区域或某个人;
(2)眼神有虚实之分,"虚"指景象并不十分清晰地看到,"实"指切实看到景象并有所交流;
(3)正视表示集中精力传达重要的内容;
(4)环视表示要感染全场的观众;
(5)扫视表示动作的敏捷或情绪变化;
(6)仰视表示尊敬、渴望等。

眼神的运用要灵活掌握,根据理解和感受,用眼神营造真切的交流感。我们就一个片段示例来锻炼眼神的配合。

盼望着,盼望着,东风来了,春天的脚步近了。

一切都像刚睡醒的样子,欣欣然张开了眼。山朗润起来了,水涨起来了,太阳的脸红起来了。

小草偷偷地从土里钻出来,嫩嫩的,绿绿的。园子里,田野里,瞧去,一大片一大片满是的。坐着,躺着,打两个滚,踢几脚球,赛几趟跑,捉几回迷藏。风轻悄悄的,草软绵绵的。

第1自然段是渴望的眼神,从虚视(盼望着,表示期待,还没真实地看见)到环视(表示寻找)再到定睛一看,看到了春天,眼神由虚到实,由远及近。

第2自然段是欣喜的眼神,从看山的远视到看水的俯视,再到看太阳的仰视,眼神跟着内容变化。

第3自然段是欣赏的眼神,凝视近处的小草,表示关注、期盼,放眼望去变为扫视,由近看到远,满眼都是嫩绿。

---

[1] http://student.zjzk.cn/course_ware/diffuse/web/05/05-4.htm。

(三)手势

不要有过碎过小的动作,做就做到位。手势分为上、中、下三区的运用,上区手势号召力强、情感饱满;中区手势指向性明确;下区手势表示力量。掌心向上表示尊敬、礼貌;掌心向下表示指示命令。每个手势应该停留足够长的时间,否则显得生硬、紧张。建议大家储备几个自己常用的手势。

(四)动作

播音员主持人在话筒前、镜头前的动作不宜过大,上身保持微微前倾姿势。整体上以端庄、自如为好。

补充练习材料

一、诗词

梦游天姥吟留别

李 白

海客谈瀛洲,烟涛微茫信难求;
越人语天姥(mǔ),云霞明灭或可睹。
天姥连天向天横,势拔五岳掩赤城。
天台四万八千丈,对此欲倒东南倾。

我欲因之梦吴越,一夜飞度镜湖月。
湖月照我影,送我至剡(shàn)溪。
谢公宿处今尚在,渌水荡漾清猿啼。
脚著谢公屐,身登青云梯。
半壁见海日,空中闻天鸡。
千岩万转路不定,迷花倚石忽已暝。
熊咆龙吟殷岩泉,栗深林兮惊层巅。
云青青兮欲雨,水澹澹兮生烟。
列缺霹雳,丘峦崩摧。
洞天石扉,訇(hōng)然中开。
青冥浩荡不见底,日月照耀金银台。
霓为衣兮风为马,云之君兮纷纷而来下。
虎鼓瑟兮鸾回车,仙之人兮列如麻。
忽魂悸以魄动,恍惊起而长嗟。

惟觉时之枕席,失向来之烟霞。

世间行乐亦如此,古来万事东流水。
别君去兮何时还?
且放白鹿青崖间,须行即骑访名山。
安能摧眉折腰事权贵,使我不得开心颜?

念奴娇·赤壁怀古
苏　轼

大江东去,浪淘尽,千古风流人物。
故垒西边,人道是,三国周郎赤壁。
乱石穿空,惊涛拍岸,卷起千堆雪。
江山如画,一时多少豪杰。
遥想公瑾当年,小乔初嫁了,雄姿英发。
羽扇纶巾,谈笑间,樯橹灰飞烟灭。
故国神游,多情应笑我,早生华发。
人生如梦,一尊还酹江月。

煤的对话
艾　青

你住在哪里?
我住在万年的深山里,
我住在万年的岩石里。
你的年纪——
我的年纪比山的更大,
比岩石的更大。
你从什么时候沉默的?
从恐龙统治了森林的年代,
从地壳第一次震动的年代。
你已死在过深的怨愤里了么?
死? 不,不,我还活着——
请给我以火,给我以火!

这也是一切
——答一位青年朋友的《一切》
舒 婷

不是一切大树
都被风暴折断;
不是一切种子
都找不到生根的土壤;
不是一切真情
都流失在人心的沙漠里;
不是一切梦想
都甘愿被折掉翅膀。

不,不是一切
都像你说的那样!

不是一切火焰
都只燃烧自己
而不把别人照亮;
不是一切星星
都仅指示黑暗
而不报告曙光;
不是一切歌声
都只掠过耳旁
而不留在心上。

不,不是一切
都像你说的那样!

不是一切呼吁都没有回响;
不是一切失却都无法补偿;
不是一切深渊都是灭亡;
不是一切灭亡都覆盖在弱者头上;
不是一切心灵
都可以踩在脚下,烂在泥里;

不是一切后果
都是眼泪血印,
而不展现欢容。

一切的现在都孕育着未来,
未来的一切都生长于它的昨天。
希望,而且为它斗争,
请把这一切放在你的肩上。

妈妈,我等了你20年(节选)

佚 名

妈妈!
那一定是你,
我听到了,
那手工的绣花布鞋,
踏在地上的声音。
从襁褓时开始就听着,
一直听到穿上了绿色的军装。

当我在军营的梦乡中醒来,
仿佛有你轻轻的脚步来到我床前,
准备给我盖上裸露的手臂,
当我在猫耳洞里感到饥渴,
我就闭上眼睛,
仿佛又听到你轻轻的脚步来到我跟前,
准备端给我一碗甜甜的汤圆。

妈妈,20年前,
当我被敌人罪恶的子弹击倒在前沿,
我多么想你亲手为我合上双眼,
用你温柔的手,
再摸我的脸颊一遍,
让我在冥冥中,

再次接触你手上粗硬的老茧。

妈妈,我多想对你说,
我倒下的时候,
我的枪刺,
指向敌人阵地的那边;
妈妈,我多想向你证明,
我,作为一个军人,
没有给你丢脸。

妈妈,20年来,
我和我忠实的弟兄们,
默默地站在这昔日的前线,
我昔日的兄弟姐妹们来过,
他们给我们带来了欢笑,
他们向我们倾诉衷肠,
他们把泪水洒在这墓前。

鲜花、美酒、醇烟,
还有他们的后代那红红的嫩脸。
可是,
没有妈妈那替代不了的抚摸,
我心中的寂寞,
永远无法排遣。

妈妈,20年,
你走了好远,好远,
妈妈,20年,
我知道你好难,好难。
妈妈,你空手来的,
没有任何祭品,
我不怪你,
因为你没有足够的钱。

妈妈,我明白,

你还没有吃饭,
可惜我不能为你尽孝,
只能望着你无言。

妈妈,
你的哭声是那样辛酸,
我明白你嫌自己来得太晚,
妈妈,
你在我头上的拍打是那样的无奈,
我明白你在追问为什么要20年。
妈妈,
为了千万个另外的妈妈,
我和你都作出了无悔的奉献。

妈妈,
我不求再有什么额外的照料,
一声"烈士"已经足够,
我只求下个清明,
我的妈妈,
能够再来抚摸我的墓碑,
因为我的妈妈,
没有剩下多少20年。

(选自中国军歌网)

二、文章

天使的名字叫妈妈

佚 名

有一个婴儿即将出生。一天,这个小孩问上帝,"他们告诉我,明天你将要把我送到地球,不过为什么我在那儿那么弱小和无助,谁会保护我呢?"

上帝回答道:"在你身边有很多天使,我会给你找一个。她会等着你降临,保护你。"

"还有",小孩又问了,"如果我不懂他们说的语言,当人们对我说话的时候,我怎样才会理解呢?"

"这很简单",上帝说,"你的天使将教会你语言中最美丽和最甜蜜的词语,带着最大的耐心和关怀,你的天使将教会你怎样说话。"

小孩说,"我听说地球上有坏人,谁将会保护我呢?"

上帝把手放在小孩身上,说,"你的天使将会保护你,甚至会冒生命的危险!"

小孩有点急促,问"上帝啊,如果我现在将要离开,请告诉我,我的天使的名字!"

上帝回答说,"你的天使的名字并不那么重要,你可以简单地叫她'妈妈'"。

盐和痛苦

佚　名

有一个师傅对于徒弟不停地抱怨这抱怨那感到非常厌烦。于是,有一天早上,师傅派这个徒弟去取些盐回来。

当徒弟很不情愿地把盐取回来后,师傅让徒弟把盐倒进水杯里喝下去,然后问他味道如何。

徒弟吐了出来,说:"很咸。"

师傅笑着让徒弟带着一些盐和自己一起去湖边。

他们一路上没有说话。

来到湖边后,师傅让徒弟把盐撒进湖水里,然后对徒弟说:"现在你喝点湖水。"

徒弟喝了口湖水。师傅问:"有什么味道?"

徒弟回答:"很清凉。"

师傅问:"尝到咸味了吗?"

徒弟说:"没有。"

然后师傅坐在这个总爱怨天尤人的徒弟身边,握着他的手说:"人生的痛苦如同这些盐,有一定的数量,既不会多也不会少。我们承受痛苦的容积的大小,决定痛苦的程度。所以,当你感到痛苦的时候,就把你的承受的容积放大些,不是一杯水,而是一个湖。"

抽烟的三大好处

从前,美国有个倒卖香烟的商人到法国来做生意。

一天,他在巴黎的一个集市上大谈抽烟的好处,突然,从听众中走出了一位老人,连招呼也不打,就走到台前。那位商人吃了一惊。

老人在台上站定后,便大声地说道:"女士们,先生们。对于抽烟的好处,除了这位先生讲的以外,还有三大好处哩!我不妨讲给大家听听!"

美国商人一听这话,转忧为喜,连连向老人道谢:"谢谢您了,先生。我看您相貌不凡,肯定是位学识渊博的老人,请您把抽烟的三大好处当众讲讲吧!"

老人微微一笑,立刻讲了起来:"第一,狗一见抽烟的人就害怕逃走。"台下一片轰动,商人暗暗高兴。

"第二，小偷不敢到抽烟人的家里去偷东西。"台下人连连称奇，商人更加欢喜。

"第三，抽烟者永远年轻。"台下观众情绪振奋，商人更加喜形于色。

老人把手一摆，说："女士们，先生们，请安静。我还没说清为啥有这三大好处呢？"

商人格外高兴地说："老先生，请您快讲。"

"一，抽烟人驼背的多，狗一见到他以为是正要拾石头打它哩，它能不害怕吗？"台下人笑出了声，商人吓了一跳。

"二，抽烟人夜里爱咳嗽，小偷以为他没有睡着，所以不敢去偷。"台下一阵大笑，商人大汗直冒。

"三，抽烟人很少长寿，所以永远年轻。"

台下一片哗然，此时，大家再一看，商人不知什么时候已经溜了。

倒立的马云

孙道荣

马云有一个绝活：单手倒立。他能够一只手撑地，倒立数分钟而面不改色。

在阿里巴巴，有一个不成文但被严格执行的规定：无论胖瘦、高矮，新进人员都必须在三个月内学会靠墙倒立，而且必须坚持30秒以上，否则，只能卷铺盖走人。这个"规矩"的制定者，正是阿里巴巴的领袖马云。

马云对倒立情有独钟，还有一段故事。

在《排球女将》最流行的那几年，大江南北都可以见到孩子们挂在树上，练习"流星火箭"和"晴空霹雳"；或者在墙角排成一排，练倒立。身材矮小的马云，没有练成"流星火箭"，也不会"晴空霹雳"，但是，倒立却练得炉火纯青，甚至学会了单手倒立的绝技。2003年，马云儿时的偶像——小鹿纯子（电视剧《排球女将》的主角，荒木由美子饰演）应邀来阿里巴巴做客。以什么样的方式迎接偶像呢？马云苦思冥想，最终想到了倒立。

于是，为了迎接马云的偶像，阿里巴巴的员工们开始练倒立，而且立出了花样——十几个人叠着倒立。今天，在淘宝刚刚搬迁的钱江南岸新大楼的墙上，人们还能看到当时十几个人叠着倒立的照片，场面蔚为壮观。如此别出心裁的欢迎仪式令当年的排球女将非常感动，也非常惊讶，因为当年连她们这些排球女将也未能做到十几个人叠在一起倒立。

自此，倒立成为阿里巴巴文化的一个重要元素。

"为什么要倒立？就是因为太多人跟我说'不可能'。"马云说，"淘宝的每个店小二（淘宝的员工都是店小二）都会倒立，我能单手倒立，我们还能倒立着叠罗汉。"

"不要跟我说不可能！"这才是马云倒立文化的精髓。倒立着的马云和阿里巴巴人，用一个完全不同的视野，走向了成功。

（选自《青年文摘》2011年第1期）

长大的一刻

瞿沙蔓

六年前一个冬日的午间,天空中还陆续飘着零星小雪。寒气袭人,路面很湿很滑,行人很少。

走到楼下的小巷,她发现外面依旧很冷,赶紧加快了脚步,匆忙之中,她看到在不远的垃圾堆前站着两个穿得极其单薄破烂的人,一个四十多岁光景的男人和一个六七岁光景的小男孩,像是父子二人。父亲弯下腰,蹲下身子,一只手拿着一只缺口的碗,一只手在垃圾堆里急急地翻找。儿子呆呆地站着,眼睛一眨不眨地盯着父亲那只翻找东西的手。那只手冻得发紫,裂口的地方正淌着血水。什么也没有找到!父亲回过头无奈地看着儿子,儿子还是呆呆地站着,盼着!父亲重新转过头继续不厌其烦地翻那一堆堆腥臭的垃圾。

她继续朝前走,走过了那个垃圾堆,走远了!但她的心很痛。

那两双无奈的眼睛不时跳跃在她脑子里,她的心情愈走愈沉重,她的脸上不知何时已滴落晶莹的泪珠。不再犹豫了,她猛然回转身,跑了回去。

庆幸的是父子俩还没走,正呆呆地坐在雪地上。她打开书包,拿出所有的小积蓄——七块三角五分钱放到小男孩的手上,并把自己的围巾给小男孩围上。父子俩的无奈表情一下变得愕然,不知所措地看着眼前这个背书包的小姑娘。

她赶紧低下头,轻轻地说:"快去买点吃的吧。"然后,头也不回地跑了。当她赶到学校时已经迟到了。因此被记过一次。她没有找老师解释。但连她自己也弄不清,从那天下午开始,她变了,长大了。

今夜,坐在灯下,我的脑海里浮现的就是六年前的这一幕。

(选自《北京青年报》)

学会转弯也是人生的智慧

当年,克里斯托夫·李维,是以主演美国大片《超人》而蜚声国际影坛的。然而,1995年5月,正当他在好莱坞红极一时、风光无限之时,一场飞来的横祸改变了他的人生。原来,在一场激烈的马术比赛中,他意外坠落马下,顿时眼前一片黑暗,几乎是转眼之间,这位世人心目中的"超人"和"硬汉"形象化身的他,就从此成了一个永远只能固定在轮椅上的高位截瘫者。当他从昏迷中苏醒过来,对家人说出的第一句话就是:让我早日解脱吧。出院后,为了让他散散心,平息他肉体和精神的伤痛,家人推着轮椅上的他外出旅行。

有一次,小车正穿行在落基山脉蜿蜒曲折的盘山公路上。克里斯托夫·李维静静地望着窗外,发现每当车子即将行驶到无路的关头,路边都会出现一块交通指示牌:"前方转弯!"或"注意!急转弯"的警示文字赫然在目。而拐过每一道弯之后,前方照例又是一片柳暗花明、豁然开朗。山路弯弯,峰回路转,"前方转弯"几个大字一次次地冲击着他的眼球,也渐渐叩醒了他的心扉:原来,不是路已到了尽头,而是该转弯了。他恍然大悟,冲着妻子大喊一声:"我要回去,我还有路要走。"

从此,他以轮椅代步,当起了导演。他首席执导的影片就荣获了全球奖;他还用牙关紧咬着笔,开始了艰难的写作,他的第一部书《依然是我》一问世,就进入了畅销书的排行榜,与此同时,他创立了一所瘫痪病人教育资源中心,并当选为全身瘫痪协会理事长。他还四处奔走,举办演讲会,为残障人的福利事业筹募善款,成了一个著名的社会活动家。

前不久,美国《时代周刊》以《十年来,他依然是超人》为题报道了克里斯托夫·李维的事迹。在这篇文章中,他回顾自己的心路历程时说:以前,我一直以为自己只能做一位演员,没想到今生我还能做导演、当作家,并成了一名慈善大使。原来,不幸降临的时候,并不是路已到了尽头,而是在提醒你:你该转弯了。"超人"克里斯托夫虽然已离开了我们,但他良好的心态,绝不向命运屈服的坚毅和顽强,使人们会永远地记住他的名字。

路在脚下,更在心中,心随路转,心路常宽。学会转弯也是人生的智慧,因为挫折往往是转折,危机同时是转机。

(选自《时代教育》2011年第3期)

幸福的底线

陈鲁民

俄国作家契诃夫说过:"如果你手上扎了一根刺,那你应当高兴才对,幸亏不是扎在眼睛里。"原以为这只是一种幽默的调侃戏谑,后来才发现,其实这也是一种达观的生活态度和人生智慧,且为许多贤达俊杰所膺服。

一次,曾任美国第32届总统的富兰克林·罗斯福家中失窃,损失惨重。朋友写信安慰他,罗斯福回信说:"亲爱的朋友,谢谢你的安慰,我现在一切都好,也依然幸福。感谢上帝。因为:第一,贼偷去的是我的东西,而没有伤害我的生命;第二,贼只偷去我部分东西,而不是全部;第三,最值得庆幸的是,做贼的是他,而不是我。"

作家史铁生曾写道:"生病的经验是一步步懂得满足。发烧了,才知道不发烧的日子多么清爽。咳嗽了,才体会不咳嗽的嗓子多么安详。刚坐上轮椅时,我老想,不能直立行走岂不把人的特点搞丢了?便觉天昏地暗,等又生出褥疮,一连数日只能歪七扭八地躺着,才看见端坐的日子其实多么晴朗。后来又患尿毒症,经常昏昏然不能思想,就更加怀恋起往日时光。终于醒悟:其实每时每刻我们都是幸运的,任何灾难前面都可能再加上一个'更'字。"

他们实际上都是在为幸福画底线,每个人的具体情况不同,底线也就各有不同。幸福其实就是一种感觉。一个总是觉得很痛苦的人,往往就是把幸福的底线画得太高的人,期望值过高,欲望太大,结果与现实产生较大差距,于是痛苦就降临了。譬如说,一个把幸福底线画在得诺贝尔奖上的作家，志向固然远大可敬，但他这一辈子都很难有幸福感，因为这种机会太渺茫了；而一个经常发表小豆腐块文章的业余作家，却常常志得意满，感觉良好，因为他的底线是：文章能发表就是幸福，不拘长短。一个把幸福底线画在富可敌国上的大款，很难心想事成，自然也就无法快乐，哪怕他已经富甲一方；反倒不如那些出大力挣小钱的民工心情愉快，了无挂碍。所以，腰缠万贯的富翁未必就比家境小康的农夫幸福，身居高位的显贵不见得就比街头的小摊贩幸福，学富五车的大学教授不一定就比幼儿园阿姨幸福。归根结底，就是因为他们幸福底线不同，一个画得太高，很难实现，一个画得较低，很容易达到。

电视剧《贫嘴张大民的幸福生活》里张老太太说得好："啥叫幸福？医院里没咱的病人，监狱里没咱的犯人，门口没有讨债的，这就是幸福！"退一步说，即便你遇到灾难和不幸，这时候，适度地降低一下幸福的底线，也有助于调整心情，渡过难关，坦然面对生活。总之，倘若我们能学会把幸福底线画得低一点，实在一点，离自己近一点，稍许努力便可实现，这样，你便每天都能感到幸福，幸福就在身旁。

请　客

梁实秋

常听人说："若要一天不得安，请客；若要一年不得安，盖房。"请客只是一天不得安，为害不算太大，所以人人都觉得不妨偶一为之。

所谓请客，是指自己家里邀集朋友便餐小酌。至于在酒楼饭店，呼朋引类，飞觞醉月，最后一哄而散的那种宴会，不提也罢。

请客首先要考虑的是请什么人。主客当然早已内定，陪客的甄选却大费酌量。眼睛生在眉毛上边的官场中人，吃不饱饿不死的教书匠，小头锐面的浮华少年……若是聚在一个桌上吃饭，便有些像是鸡兔同笼，非常勉强。把素未谋面的人拘在一起，要他们有说有笑，同时食物都能顺利地从咽门下去，也未免强人所难。主人从中调处，殷勤了这一位，怠慢了那一位，想找一些大家都有兴趣的话题亦非易事。所以客人需要分类，不能鱼龙混杂。

客人的数目视设备而定，若是能把所请的客人一网打尽，自然是经济算盘，但是算盘亦不可打得太精。再大的圆桌面也不过能坐十三四个体态中型的人。有人请客宽发笺贴，心想总有几位心领谢谢，万没料到人人惠然肯来，而且还有一位特别要好的带来一个七八岁的小宝宝！主人慌忙添座，客人谦让："孩子坐我腿上！"大家挤挤攘攘，把圆桌围得密不通风，上菜需飞越人头，斟酒要从耳边注下，前排客满，主人在二排敬陪。

宴客吉日近了，家里有厨师厨娘的，自然一声吩咐，不再劳心，否则主妇势必亲自下厨操刀动俎。主妇忙着上菜市，挑挑拣拣，装满两个篮子，半途休息好几次才能气喘地回到家。泡的，洗的，剥的，切的，忙活了一两天，然后丑媳妇怕见公婆也不行。到了吉日，客人早已折简相邀,难道还会不肯枉驾?不,守时不是我们的传统。准时到达岂不像是"头如穹庐咽细如针"的饿鬼?要让主人干着急,等他一催请再催请,然后徐徐命驾,姗姗来迟,这才像是大家风范。当然朋友也有特别性急而提早莅临的,那也使得主人措手不及,慌成一团。等到客人到齐,无不饥肠辘辘。

落座之前还少不了你推我让的一幕。主人指定座位,时常无效,除非事前摆好名牌,而且写上官衔,分层排列,秩序井然。敬酒按说是主人的责任。但是也是常有热心人士代为执壶,而且见杯即斟,每斟必满。不知是什么时候什么人兴出来的陋习,几乎每个客人都会双手举杯齐眉,对着在座的每位客人敬酒,一霎间敬完一圈,但见杯起杯落,如"兔儿爷捣碓"。不喝酒的,也要把汽水杯子高高举起以虚应。

菜是一道一道上的,上一道客人喊一次"太丰富,太丰富",然后埋头大嚼,不敢后人。主人照例谦称:"不成敬意,家常便饭。"将近尾声的时候,大概总有一位要先走一步,因为还有好几处应酬。这时候主妇踱了进来,红头胀脸,额角上还有几颗没揩干净的汗珠,客人举杯向她表示慰劳之意,她坐下胡乱吃一些残羹剩炙。

席终,香茗水果侍候,客人靠在椅子上剔牙,这时候应该是客去主人安了。但是不,大家雅兴不浅,谈锋尚健,谁也不愿首先告辞,致败人意。最后大概是主人打了一个哈欠而忘掩口,这才有人提议散会。

不要以为席终人散,立即功德圆满。地上有无数的瓜子皮,纸烟灰,桌上杯碟狼藉,厨房里有堆成山的盘碗锅勺,等着你办理善后。

谢谢你借给我一冬的温暖

佚 名

那张50元的纸币已经在掌心里捏出了汗,走过第一个摊位,第二个,第三个……他已经在这条小巷子里走了一个来回,嘴唇抿着又松开,松开又抿住。肚子发出"咕咕"的声音。10月末的夜晚,北方已经到了零度以下的温度,饥饿带来加倍的寒冷。寒风中,他把身上并不太厚的衣服裹了裹,下定决心一般,在那个玻璃窗外停下了脚步。

灯光下,他年轻的倦容清晰起来,很老实本分的一张脸,只是此刻的眼神是游移的。敞开的橱窗中,一个50多岁的老妇人正在利落地擀着面,旁边的锅里热腾腾的蒸汽蔓延开,迅速潮湿了他的目光。

他又下了一次决心,转身走进旁边敞开的门,甚至没有察觉到钱在自己的手里已经握成了一团。

新的一把面抻开来放到锅里,老妇人转身热情地招呼他,小伙子,吃面吧。嗯,要一碗面。他说,又小声重复,一大碗。然后他找了灯光微微暗淡的角落坐下。

马上好马上好。老妇人飞快地盛了碗面汤端到他面前:看你冻的,脸都紫了,晚上寒气重,也不多穿点,快先喝碗汤暖暖。带着责备却温暖的笑容,让他想起远在家乡的母亲。母亲说话,也是这种口气……他低了一下头,握着钱的手飞快藏到了桌下,那一刻,他几乎想要站起来逃跑了,可面汤的味道却飘过来,袭击了他。他太饿了,又冷。

老妇人不再看他,转身去照看那锅已经散发出浓浓香气的面,他再也等不下去,迫不及待用力喝了一大口面汤。一股暖意顺着喉咙流遍了全身,这引发了他更加强烈的饥饿感。他决定不再多想了,对自己说,这也是没有办法。

面很快端了上来,满满的一大碗,老妇人又送上来一盘拌好的油辣子,说:这是专为我闺女准备的,她吃面离不开辣椒,吃了驱寒开胃,要是不怕辣,你也放一点。

他应着,拿了小勺添辣子了,手却莫名地抖了一下,才想起,手中还握着那50块钱。他匆忙地将钱塞进裤兜里,依旧没有抬头,挑起面来让散发的热气遮挡着自己的目光。

面汤是免费的,可以再续。老妇人拍拍手,不再同他说什么,转头招呼其他顾客去了。

面很筋、细,不粘连,很像出自母亲的手。他大口地吞咽着,再来不及细细品尝,只想快点吃完离开。

终于把最后一口汤喝下,他擦了一下嘴站起来,说,多少钱?

3块。老妇人笑眯眯地看着他,吃好了?嗯。他又低低地应了一声,把裤兜里已经揉成团的50块钱拿出来看也不看地递过去,给。

老妇人把钱接过来,展开,并没有怀疑什么,依旧微笑着说,这么大的钱啊,小伙子,换张零的吧,不好找呢。说着,把钱递还给他。

没……没有零钱。他不敢抬头也不去接钱,声音更加慌张起来,感觉到脸也发烫了。

真的没有零钱吗?老妇人又温和地问了一声。他几乎没有勇气回答,只是不住地点头。

那,我找给你吧。老妇人却没有再继续说什么,转身去给他找钱了。他的目光飞快地跟着扫过去,忽然瞥见桌上的一台验钞机,心一下提到了嗓子眼。但老妇人似乎忘记了那台机器,没有检验那张50块钱的真伪就拉开抽屉放了进去,然后,一张张朝外拿零钱。

他感觉到时间仿佛凝固了。终于,老妇人拿着一把零钱朝他走过来,说,小伙子,给,数一下,47元,看对不对。

不用数了。他几乎是一把把钱抓过来,转身冲出了老妇人的小面馆。

跑出去好远,他才停下脚步,冷风穿过夜晚的街道吹过来,他发觉自己竟然出了一身冷汗。慢慢摊开掌心里的钱,10元的、5元的、2元的钱,新崭崭的那样有质感,不像他给她的那张,软塌塌的,图像模糊,可当时,她竟然没有看出来那是假的。

那是他帮人做了三天搬运工的报酬,是他仅有的一点钱。他来城里快一个月了,没有找到合适的工作,带的很少的钱也花光了,最后碰上搬东西的活,就三天,干完活领了钱拿去买吃的,钱却被店主扔出来,他还被人骂了一顿,说他拿假钱骗人。而他想回去找人都不知道应该找谁。就那样晃荡了一天,他快饿得撑不住了,才选了那个地方,可是,她竟然真的被他蒙蔽了。

47块钱被折叠好装进裤兜,这让他的心踏实了一点,至少,这几天他不会为吃饭发愁了。住处倒好说,随便找个地方都能凑合一晚……这样想着,他朝前走去,走了几步却又停下了,说不出为什么,他想再回去看看刚才吃饭的那家店。

真的就转身走了回去。那是条热闹的小吃街,很多人穿行其中,没有谁注意到他,他一家一家地走过去,很快又到了那个橱窗口,站在对面的暗影里,他看到身形微胖的老妇人依旧在忙碌着、擀面、抻面、下锅、盛面……忙碌中腾出手来把一缕散乱的头发塞到耳后。头发已经半白了。

他仰起头,看到小面馆黑色招牌的烫金字:"张妈妈手擀面"。怔了一小会儿,他的眼泪就直直地落了下来。他的母亲也姓张,在村里,也有人称呼她张妈妈。母亲也擀得一手好面,也是这般年纪,头发花白……50块钱,他简单计算了一下,老妇人要卖17碗面才能卖出来,17碗,要费多少力气呢?想着,心渐渐缩成一团,懊恼极了,他觉得他骗的不是一个陌生的老妇人,而是自己的母亲。只是,他却没有勇气回头去说明一切,他怕看到她失望的眼神。

再一次,他转身奔跑着离开。

第二天,他用那47块钱批发了一些水果去了一个偏僻的小区出售,认真地称秤,小心地收钱找钱……一天下来,竟然赚到了10块钱。第二天,除去吃饭花的,他又拿着53块钱去了水果批发市场……三个月后,他在市场有了自己一个小水果摊,每天赚不了多少钱,算是安定下来。

那天下午,他再次来到"张妈妈手擀面"的门前,面馆的外面和里面都很安静,还不是吃饭的时候。

他走进去,店里桌几干净整齐,却没有人。在他喊了两声后,有个女孩应声从里间走出来,看着他说,对不起,现在还没有面呢。女孩二十五六岁的样子,眉眼有些像那个老妇人,笑容也像。

他不好意思地笑笑:我不是来吃饭的,我是来找,找那个大妈的。

你找我妈?女孩歪歪脑袋,我妈早走了,现在我是老板,我妈跟我爸回乡下享福去了,说在城里待腻了。找她有什么事吗?

他的心一松,一路上都在为见到老妇人而感到难堪,没想到,她已经离开了。但随即又有了一丝遗憾,竟然,他连当面跟老妇人道歉的机会都失去了。

女孩依旧疑惑地看着他。他定定神,说:是这样的,我曾经,曾经借过您母亲50块钱,大概3个月前了,真是非常抱歉,因为忙一直没有过来,现在我来还给她。说完,他拿出一张准备好的崭新的50块钱,连同一兜新鲜的水果一块递过去。说,是自己摊子上的水果,挑了点好的想送给大妈的,没想到她走了。

女孩先是愣了一下，忽然地，眼神里就露出了一丝惊喜，欢快地说：我知道你，我妈说过，你一定会回来，我妈说她相信你是遇到了难处才那样做的……

忽然意识到自己说漏了嘴，女孩住了口，招呼他坐。他礼貌地拒绝了，然后借口忙，跟女孩说了再见便走出门去。

腊月了，还有十几天就过年了，天着实冷得很，天空却湛蓝。深深呼吸一口清冷的空气，他的心在这一刻彻底释然，他知道女孩要说的是什么。是的，那天晚上老妇人是知道的，每天收那么多次钱，她怎能分辨不出他的钱是真是假，可是，她没有揭穿他，只是因为她看到了他的窘迫，看到了他的无奈。她几十年的阅历使她相信，他不是那种恶意使诈的人，也许他只是需要帮助，所以她把那50块钱"借"给他，因为善良的她相信总有一天，他会回来改正自己的过错。

他做到了，他没有辜负她的信任，没有辜负一个母亲的希望。而因为她的"借"，他的"还"，在他们心里，这必定是个温暖的冬天。

(选自乐读网)

吻

冯骥才

世上最伟大和震撼人心的吻是天空亲吻大地。你一定会说，天空怎么能亲吻大地？

那次考察丝绸之路，车子穿行贺兰山时，我看到了一个惊人的景象。天空正低下身子，俯着脸，用它的嘴唇——厚厚的柔软的云朝一座大山亲吻下来。这一瞬，我发现天空那布满云彩的脸温柔之极，脸上松垂的肉散布着一种倾慕之情。大地被感动了。它朝着天空撅起嘴唇——高高翘起的峰顶。我感到大地的嘴唇在发抖。霎时，如烟一般的乌云把山顶弥漫，激情地翻滚，天之唇和地之唇深深地亲吻起来。而天地之吻竟是如此壮观、如此真切、如此辽阔，在这发狂而无声的纠缠中可以看见乌云被嶙峋的山石拉扯成一条一条，可以看见山巅的小树在疾风中猛烈地摇曳，所有树干都弯成一张张弓。这才是真正的惊天动地的吻。

随即，天空抬起脸来。云彩急速地飞升上去，向前奔驰。奇怪的是，黑黑的乌云一点也没有了，全都变得雪白，薄的如白纱，厚的闪着银绸般的光亮。再看，真令我惊讶，眼前这片被天空亲吻过的山野也发生了神奇的变化。所有景物的颜色都变得分外的鲜艳，非常美丽。尤其是一束阳光穿过云层射下来，刚刚被雨云深深浸濡过的地方，湿漉漉发着光亮。山石带着红晕，草木碧绿如洗，各色的野花如同千千万万细碎的宝石，璀璨夺目，生气盈盈；它所有的生命力都被焕发出来了。

这天地之吻竟有如此的力量。吻，能够创造如此的奇观吗？如果是，那么就要珍惜每一个吻，因为一个真正的心灵之吻，会改变自己和别人的一切。

石缝间的生命

林 希

石缝间倔强的生命,常使我感动得潸然泪下。

是那不定的风把那无人采撷的种子撒落到海角天涯。当它们不能再找到泥土,它们便把最后一线生的希望寄托在这一线石缝里。尽管它们也能从阳光中分享到温暖,从雨水里得到湿润,而唯有那一切生命赖以生存的土壤却要自己去寻找。它们面对着的现实该是多么严峻。

于是,大自然出现了惊人的奇迹,不毛的石缝间丛生出倔强的生命。

或者就是一簇一簇无名的野草,春绿秋黄,岁岁枯荣。它们没有条件生长宽阔的叶子,因为他们寻找不到足以使草叶变得肥厚的营养,它们有的只是三两片长长的细瘦的薄叶,那细微的叶脉告知你生存该是多么艰难;更有的,它们就在一簇一簇瘦叶下又自己生长出根须,只为了少向母体吮吸一点乳汁,便自去寻找那不易被觉察到的石缝。这就是生命。如果这是一种本能,那么它正说明生命的本能是多么尊贵,生命有权自认为辉煌壮丽,生机竟是这样地不可扼制。

或者就是一团一团小小的山花,大多又都是那苦苦的蒲公英。它们的茎叶里涌动着苦味的乳白色的浆汁,它们的根须在春天被人们挖去做野菜。而石缝间的蒲公英,却远不似田野上的同宗生长得那样茁壮。它们因山风的凶狂而不能长成高高的躯干,它们因山石的贫瘠而不能拥有众多的叶片,它们的茎显得坚韧而苍老,它们的叶因枯萎而失却光泽;只有它们的根竟似那柔韧而又强固的筋条,似那柔中有刚的藤蔓,深埋在石缝间狭隘的间隙里;它们已经不能再去为人们做佐餐的鲜嫩的野菜,却默默地为攀登山路的人准备了一个可靠的抓手。

生命就是这样地被环境规定着,又被环境改变着,适者生存的规律尽管无情,但一切的适者都是战胜环境的强者,生命现象告诉你,生命就是拼搏。

如果石缝间只有这些小花小草,也许还只能引起人们的哀怜;而最为令人赞叹的,就在那石岩的缝隙间,还生长着参天的松柏,雄伟苍劲,巍峨挺拔。它们使高山有了灵气,使一切的生命在它们的面前显得苍白逊色。它们的躯干就是这样顽强地从石缝间生长出来,扭曲地、旋转地,每一寸树衣上都结痂着伤疤。向上,向上,向上是多么的艰难。每生长一寸都要经过几度寒暑,几度春秋。然而它们终于长成了高树,伸展开了繁茂的枝干,团簇着永不凋落的针叶。它们耸立在悬崖断壁上,耸立在高山峻岭的峰巅,只有那盘结在石崖上的树根在无声地向你述说,它们的生长是一次多么艰苦的拼搏。那粗如巨蟒,细如草蛇的树根,盘根错节,从一个石缝间扎进去,又从另一个石缝间钻出来,于是沿着无情的青石,它们延伸过去,像犀利的鹰爪抓住了它栖身的岩石。有时,一株松柏,它的根须竟要爬满半壁山崖,似把累累的山石用一根粗粗的缆绳紧紧地缚住,由此,它们才能迎击狂风暴雨的侵袭,它们才终于在不属于自己的生存空间为自己占有了一片天地。

如果一切的生命都不屑于去石缝间寻求立足的天地,那么,世界上就会有一大片一大片的地方成为永远的死寂,飞鸟无处栖身,一切借花草树木赖以生存的生命就要绝迹,那里便会沦为永无开化之日的永远的黑暗。如果一切的生命都只贪恋于黑黝黝的沃土,它们又如何完备自己驾驭环境的能力,又如何使自己在一代一代的繁衍中变得愈加坚强呢? 世界就是如此奇妙。试想,那石缝间的野草,一旦将它们的草子撒落到肥沃的大地上,它们一定会比未经过风雨考验的娇嫩的种子具有更为旺盛的生机,长得更显繁茂;试想,那石缝间的蒲公英,一旦它们的种子,撑着团团的絮伞,随风飘向湿润的乡野,它们一定会比其他的花卉生长得茁壮,更能经暑耐寒;至于那顽强的松柏,它本来就是生命的崇高体现,是毅力和意志最完美的象征,它给一切的生命以鼓舞,以榜样。

愿一切生命不致因飘落在石缝间而凄凄切切。愿一切生命都敢于去寻求最艰苦的环境。生命正是要在最困厄的境遇中发现自己,认识自己,从而才能锤炼自己,成长自己,直到最后完成自己,升华自己。

石缝间顽强的生命,它既是生物学的,又是哲学的,是生物学和哲学的统一。它又是美学的,作为一种美学现象,它展现给你的不仅是装点荒山秃岭的层层葱绿,它更向你揭示出美的、壮丽的心灵世界。

石缝间顽强的生命,它是具有如此震撼人们心灵的情感力量,它使我们赖以生存的这个星球变得神奇辉煌。

冷漠的387秒

孔 璞

2011年10月13日下午,佛山阴云密布。17时20分许,广佛五金城已近打烊时间,路灯尚未开启,大棚下面光线暗淡。广佛五金城内有千余家商铺,小悦悦的父亲王持昌在靠西的巷子内经营一家轴承设备店。

当天下午16时许,小悦悦的母亲曲女士将小悦悦和她哥哥接回家。

17时20分前后

曲女士去收衣服,小哥哥出去玩了,没了伙伴的小悦悦也出门玩耍,埋头整理业务的王持昌并没有注意女儿出去。收完衣服,曲女士发现悦悦不见了,赶紧去找。她沿门前巷子往北走,到了路口又往西,没看到悦悦,她选择了一条错误的路线。

新华劳保店门口的摄像头显示,此时两岁的悦悦正从路口一个人自西往东走,边走还边不时左顾右看。而从东向西方向,一辆白色的面包车缓缓驶来。摄像头显示的路段位于两个路口之间,约20米长,两侧4家商铺相对而立。这条路有8米宽,但由于两边店铺将货物堆在路边,在新华劳保店旁边,只有4.5米宽,悦悦走在路正中间。面包车宽度约1.5米,除非刹车,否则小悦悦定会被撞到。

17 时 25 分 14 秒

面包车撞倒悦悦,前轮轧过身体,稍停,后轮继续轧过,小悦悦倒在地上大声哭叫。事发地点就在新华劳保店门口处,距离店主陈先生的电脑桌仅有 2 米远。陈先生说,当时他听到了小孩的哭声,以为是小孩子在闹情绪,没当回事,继续看电视。

随后十几秒内,两名行人和一名骑摩托车的人驶过,其中一名行人没有向小悦悦方向张望,另外两人都望着小悦悦方向离开。

17 时 25 分 54 秒

一辆货车再次轧过悦悦身体。接下来的三分半钟,三名骑三轮车的男子和三名骑摩托车的男子从小悦悦身边经过。后经当地店铺老板指认,其中一名三轮车夫姓张,湖北人。当地媒体找到这名张姓车夫,他说,那天傍晚,他只听见小孩的哭声,并没看到地上的小孩。

17 时 29 分 24 秒

一黑衣男子骑摩托车经过,一直盯着看,中间一度熄火停车。

17 时 29 分 30 秒

上述黑衣男子右拐,似乎将车祸告诉附近的店老板,店老板远远看了一眼,随即离去。

17 时 29 分 42 秒

一女子牵着小孩,看着悦悦走过。由于过于害怕,不敢去拉满身血的小女孩,就去找旁边新华劳保店的一名广东籍店员,问受伤的小孩是不是他们家的?但那名店员双手直摆,说不是他们的。女子带着孩子离开。劳保店的这名打工者说,什么都没看见。

接下来 10 秒内

两名男子骑摩托车经过,其中一名中途双脚点地,望着悦悦方向,慢速离开,另一名似乎没看到悦悦。

17 时 30 分 05 秒

路口一搬运货物男子走到悦悦身边,看了一眼离去。

17 时 30 分 34 秒

一戴红头盔的摩托男子从悦悦身边慢速离去。

17 时 30 分 48 秒

对面街道店里一绿衣服男子走出来,看了小悦悦方向一眼,又转身回店。这名绿衣男子是对面店铺的老板,也姓陈。后来的某一天,他赶往医院去看望小悦悦。

21 日中午,他在采访时坚称没看到小悦悦。他说当时他正在寻找自己的女儿,出来扫了一眼没看到,就又回到店里。"我没有什么错,是去看望小悦悦,而不是去道歉的。"陈老板说。

绿衣老板出门站立的地方,距离小悦悦躺的地方不到一米。

17 时 31 分 26 秒

一男子骑电动车快速从悦悦身边经过,没有任何停留意思,甚至没回头看一眼。

17 时 31 分 41 秒

拾荒阿婆陈贤妹放下手中蛇皮袋,走到悦悦身边,向周围看了看,最终将其救起,此时,距小悦悦被撞倒已过去 387 秒。其时,前述搬货物男子正在边上打电话,没有任何反应,一辆面包车和一骑车男子慢速经过,没有停留。

新华劳保店隔壁的老板谭先生说,当时他戴着耳机在打游戏,没发现外面异常。后来陈阿婆去他店里问是不是他的孩子,谭先生未起身就回答说不是。当他出门时,孩子妈妈过来了。

接受采访时谭先生仍在不停地打游戏。陈先生对面店铺的女店主听到小女孩哭声,走出店铺。她说,看一个阿婆(陈阿婆)拉小女孩,以为是陈阿婆的孙子,就没管,再次回到店铺上网。

数分钟后,悦悦母亲曲女士转身往东寻找,此时拾荒阿姨正把女儿拖到路边。曲女士抱着女儿匆匆离开,随后王持昌开车将女儿送往黄岐医院。悦悦后被转到广州军区广州总医院,10 月 21 日,广州军区广州总医院宣布小悦悦死亡。

"佛山,是个曾让我感觉温暖的城市,我觉得这里会有新生活。"小悦悦的父亲王持昌说。

(选自《渤海早报》2011 年 12 月 12 日)

马背上的小红军

陈 靖

在延安时期,有的同志向陈赓同志提出这样一个问题:"老陈,听说你一生有两怕,在国民党怕廖仲恺,在共产党怕彭德怀,是真的吗?"陈赓平静地点头默认着。站在一旁的贺炳炎同志说:"老陈还有第三怕呢……"陈赓给贺炳炎一拳,人们都静下来了。陈赓同志心情特别激动,眼圈发红,大家也就不便往下问了。

这位在黄埔时代就被称为"黄埔三杰"之一的人物,人们只知他是天不怕、地不怕、鬼不怕的英雄,怕的却是一个廖先生,第二次国内战争中,又有人传他怕彭总。但谁也不知他还有第三怕。直到全国解放后,贺炳炎同志逝世的那个晚上,陈赓同志道出了他的第三"怕"。

"快出草地了。但许多事情都是越到最后越难,俗话说,行百里者半九十嘛!"陈赓同志深情地回顾着往事,他说一生中,只是这时承认过"难"字。

那是个霜雪纷飞的深秋,太阳早偏西了。他感到十分疲惫,掉下队来,同他那也十分疲惫的瘦马,慢慢地朝前走着。忽然来到一个掉队小红军的身旁。这个小家伙,看来不过 12 岁,一口四川腔,圆溜溜的脸,一双大眼睛,两片薄嘴唇,鼻子有点翘。穿着一双破草鞋的脚板子,冻得又青又红。陈赓靠近他身边说:"小鬼,你过来骑一会儿。"

小鬼拿出一副满不在乎的样子,盯着陈赓那满脸胡子的瘦脸,微微一笑说:"老同志,我的体力可比你强多了,你快骑上走吧。"

陈赓用命令口吻说:"上去,骑一段再说!"小鬼用倔犟的语气说:"你要我同你的马比赛啊,那就比一比吧。"小鬼把腰一挺,做出一个准备跑的姿势。"那,我们就一块走吧。""你先走,我还要慢慢走,等我的同伴呢。"

陈赓无奈,从身上取出一小包青稞面,递给小鬼说:"你把它吃了。"

小鬼把身上的干粮口袋一拉,轻轻拍了拍,说:"你看,鼓鼓的嘛,比你还要多呢。"

陈赓终于被这个小鬼说服了,他只好爬上马背,一个人朝前走去。

不知为什么,陈赓此时心情总是静不下来。他脑子里,出现一连串孩子的影子。从上海滩上、广州沿街直到香港码头,他所打过交道的那些娃娃们,都向他的眼里直涌上来。陈赓突然喊了一声:"不对,我受骗了!"他调转马头,狠踢着马肚,向来路奔跑起来。

当陈赓寻找到这个小鬼时,已经晚了。

陈赓把小鬼抱上马背时,有一件硬物触到他的左手。他顺着摸出来一看,原来正是小鬼那个鼓鼓的干粮袋,里面只有一块烧得发黑的牛膝骨,上面还留有几个牙齿印。

陈赓全明白了。正在这时,小鬼停止了呼吸。

陈赓一手紧搂着小鬼的尸体;一手狠狠地给自己一个嘴巴:"陈赓啊,你这个大笨蛋,怎么对得起阶级小兄弟!"这就是陈赓同志为什么怕同小孩子开玩笑,怕听小孩子生病,怕听小孩子哭⋯⋯

月光曲

两百多年前,德国有一个音乐家叫贝多芬,他谱写了许多著名的曲子。其中有一首钢琴曲叫《月光曲》,传说是这样谱成的。

有一年秋天,贝多芬去各地旅行演出,来到莱茵河边的一个小镇上。一天夜晚,他在幽静的小路上散步,听到断断续续的钢琴声从一所茅屋里传出来,弹的正是他的曲子。

贝多芬走近茅屋,琴声突然停了,屋子里有人在谈话。一个姑娘说:"这首曲子多难弹啊!我只听别人弹过几遍,总是记不住该怎样弹,要是能听一听贝多芬自己是怎样弹的,那有多好啊!"一个男的说:"是啊,可是音乐会的入场券太贵了,咱们又太穷。"姑娘说:"哥哥,你别难过,我不过随便说说罢了。"

贝多芬听到这里,就推开门,轻轻地走了进去。茅屋里点着一支蜡烛。在微弱的烛光下,男的正在做皮鞋。窗前有架旧钢琴,前面坐着个十六七岁的姑娘,脸很清秀,可是眼睛失明了。

皮鞋匠看见进来个陌生人,站起来问:"先生,您找谁?走错门了吧?"贝多芬说:"不,我是来弹一首曲子给这位姑娘听的。"

姑娘连忙站起来让座。贝多芬坐在钢琴前面,弹起盲姑娘刚才弹的那首曲子来。盲姑娘听得入了神,一曲完了,她激动地说:"弹得多纯熟啊!感情多深哪!您,您就是贝多芬先生吧?"

贝多芬没有回答,他问盲姑娘:"您爱听吗?我再给您弹一首吧。"

一阵风把蜡烛吹灭了。月光照进窗子来,茅屋里的一切好像披上了银纱,显得格外清幽。贝多芬望了望站在他身旁的穷兄妹俩,借着清幽的月光,按起琴键来。

皮鞋匠静静地听着。他好像面对着大海,月亮正从水天相接的地方升起来。微波粼粼的海面上,霎时间洒满了银光。月亮越升越高,穿过一缕一缕轻纱似的微云。忽然,海面上刮起了大风,卷起了巨浪。被月光照得雪亮的浪花,一个连一个朝着岸边涌过来……皮鞋匠看看妹妹,月光正照在她那恬静的脸上,照着她睁得大大的眼睛,她仿佛也看到了,看到了她从来没有看到过的景象,在月光照耀下的波涛汹涌的大海。

兄妹俩被美妙的琴声陶醉了。等他们苏醒过来,贝多芬早已离开了茅屋。他飞奔回客店,花了一夜工夫,把刚才弹的曲子——《月光曲》记录了下来。

熊、狐狸和牛

桂剑雄

狮子大王高薪招聘一名军师,以挽回走兽在同飞禽大战中连连失利的局面。熊、牛和狐狸闻讯后,立刻赶来应聘。

为了证明当军师确实能拿高薪,狮王按照事先策划好的计谋,拿出一打金币对熊、牛和狐狸说:"这12块金币,是专门赏给你们三位的。你们怎么分配我不管,但分配方案必须做到少数服从多数,而且不许使用武力或以武力相威胁。"

熊、牛和狐狸很高兴。素以憨厚著称的牛首先提议说:"既然狮王赏给我们的金币是12块,我看最公平的办法是平分,各拿4块。"

贪心的熊很想多拿一点,就对牛说:"不如我俩分算了,我得7块,你得5块,这样你就可以比三个一起分要多拿1块。"

听罢熊的话,狐狸不动声色地对牛说:"如果你愿意同我一道分配,那么你将得9块金币;我宁肯少分一点拿3块金币算了。"

狐狸的分配方案一出台,熊即刻慌了神,赶忙对狐狸说:"那么,还是我俩来分配吧!你得5块,不仅将比你和牛在一起时要分得多,而且也比三个一起分的平均数要分得多。我也不想再多拿了,继续维持原来的7块不变。"

"你听见熊的建议了吗?"狐狸对牛说,"如果我同意熊的分配方案,那么你将1块金币都得不到。这样吧,假若你想得到金币并报复一下熊的话,就和我合作,我保证你拿到两块金币。"

狐狸的这一提议,立刻得到了牛的响应。于是,凭着机智狡黠,狐狸不仅得到了绝大多数金币,还因此赢得狮王的赏识,做了一名高薪者——军师。

骆驼跳舞

阿诺德·洛贝尔

骆驼决心成为一名芭蕾舞演员。

她说:"要使每个动作高雅完美,这是我唯一的愿望。"

她一次又一次练习足尖旋转,反复用足尖支立身体,单腿站立,伸前臂,抬后脚,每天上百次地重复这五个基本姿势。在沙漠炎热的骄阳下,她一直练了好几个月,脚起了泡,浑身酸疼不已,但是她从未想过停下不练。

终于,骆驼说:"现在我是一名舞蹈演员了。"她举行了一个表演会,在邀请来的朋友和评论家面前翩翩起舞。跳完后,她深深地鞠了一躬向大家致谢。

观众没有一个鼓掌。

其中有一位发言说:"作为一名评论家和这群伙伴的代言人,我必须坦率地对您说,你的动作笨拙难看,你的背部弯弓,圆滚滚的凹凸不平。你跟我们一样,生来是骆驼,成不了芭蕾舞演员,将来也成不了!"

观众中有的悄悄地讪笑着,有的大声嘲讽着。就这样,他们穿过沙漠离去了。

"他们这样认为可就错了。我刻苦地进行训练,毫无疑问,我已经成为一名出色的芭蕾舞演员了。我跳舞只图自己快活,所以我要坚持不懈地跳下去。"

她真的这样做了,这使她愉快了好些年。

——知足者常乐。

捧着空花盆的孩子

〔朝鲜〕

很久很久以前,在一个国家里,有一个贤明而受人爱戴的国王。但是,他的年纪已很大了,而且年迈的国王没有一个孩子。这件心事,使他很伤脑筋。有一天,国王想出了一个办法,说:"我要亲自在全国挑选一个诚实的孩子,收为我的义子。"他吩咐发给每一个孩子一些花种子,并宣布:

"如果谁能用这些种子培育出最美的花朵,那么,那个孩子便是我的继承人。"

所有的孩子都种下了那些花种子,他们从早到晚,浇水、施肥、松土,护理得非常精心。

有个名叫雄日的男孩,他也整天用心培育花种。但是,十天过去了,半月过去了,一个月过去了……花盆里的种子依然如故,不见发芽。

"真奇怪!"雄日有些纳闷。最后,他去问他的母亲:

"妈妈,为什么我种的花不出芽呢?"

母亲同样为此事操心,她说:

"你把花盆里的土换一换,看行不行。"

雄日依照妈妈的意见,在新的土壤里播下了那些种子,但是它们仍然不发芽。

国王决定观花的日子到了。无数个穿着漂亮服装的孩子涌上街头,他们各自捧着盛开着鲜花的花盆,每个人都想成为继承王位的太子。但是,不知为什么,当国王环视花朵,从每一个孩子面前走过时,他的脸上没有一丝高兴的影子。

忽然,在一个店铺旁,国王看见了正在流泪的雄日。这个孩子端着空花盆站在那里。国王把他叫到自己的跟前,问道:

"你为什么端着空花盆呢?"

雄日抽噎着,他把他如何种花,但花种子又长期不萌芽的经过告诉给国王,并说,这可能是报应,因为他在别人的果园里偷偷摘过一个苹果。

国王听了雄日的回答,高兴地拉着他的双手,大声地说:

"你就是我的忠实的儿子!"

"为什么您选择一个端着空花盆的孩子做接班人呢?"孩子们问国王。

于是,国王说:

"子民们,我发给你们的花种子都是煮熟了的种子。"

听了国王这句话,那些捧着最美丽的花朵的孩子们,个个面红耳赤,因为他们播种下的是另外的花种子。

最后一只藏羚羊

夕阳西下,晚霞轻柔地洒在可可西里的土地上,宁静而贫瘠的土地仿佛又多了几分生气。我呆呆伫立在寒风中,影子拉的很远,很远。我的脚下就是我刚刚死去的丈夫和女儿,他们已经被踩踏的面目全非。四周,满是我部族的尸体,他们的皮全部被扒光。空气中弥漫着血腥气,地上血流成河,在夕阳的照耀下愈加显得惨烈……

我——这场大屠杀中唯一的幸存者,便成了可可西里最后的一只藏羚羊。

就在几年前,我们藏羚羊还是一个有着二十万之多的种族,那时候,我们几个部族一齐在荒无人烟的高原上驰骋,烟尘蔽日,黄土满天,情景极为壮观;每逢产子季节,身为妻子的我们便要和丈夫告别,成群结队地去到北方,当几千只小藏羚同时出世时,整个大地都泛起了血光。我们带着孩子重返南方,我们的部族便又增添了生机与希望。

我曾经无比自豪于自己是只藏羚羊,我们生活在遥远的可可西里,那里气候恶劣,土地贫瘠,可我们却有着惊人的耐力。什么水草丰茂的地方对我们没有任何吸引力。我们常常悠然地卧在雪中,或是在猛烈的冰雹下嬉戏。那时的可可西里至于我们,无疑于世外桃源——那梦一般的世界曾经是多么美丽!然而,一声枪响穿透了可可西里的黎明,我的梦被击得粉碎。当一辆辆吉普在高原上飞驰时,我的无数同伴也好奇地紧随其后,要跟它比个高低。"追逐"嘛——这是我们常玩的游戏,然而这一次,我们却只猜对了开头,却猜不着这结局。一只只黑洞洞的枪口正悄悄举起……

从那一刻起,我的种族的大屠杀戮便开始了,静谧的可可西里被枪声毁掉了……我清楚地记得,就在那个夏天,在我们产子的北方,人类早已准备好了一杆杆猎枪,一时间产子的圣地变成了血腥的屠宰场。我同伴的尸体几百只几百只地堆在地上,她们的皮被完全剥去,有的甚至是被活生生的剥光。

我开始后悔自己是一只藏羚羊了。我们其实长得并不美丽,我们只不过是有着一身价值连城的皮毛而已,可就仅为这身皮,几年来,不知多少兄弟姐妹惨遭杀戮,而且,所有尸体都被剥了皮啊。粉红色的肉体鲜血淋漓。现在的可可西里,不再是"美丽的少女",而成为恐怖的墓地。十几万只藏羚羊长眠在这里。

为活命,这个夏末,我们这个在几次大屠杀中唯一的一个幸存的部族,开始迁徙,几千只藏羚羊浩浩荡荡地向北方前进。途中,我由于身体不适掉了队落在后面休息,可就在这个时候,我听到远处响起了密集的枪声,我绝望地闭上了双眼……

我俯下身子,舔着我的丈夫,他的眼睛还是那么大,那么明亮,只是充满了恐惧;我又去亲吻我的小女儿,她的眼中也只有惊诧与好奇——女儿啊!你还太小,妈妈知道你是至死也不明白发生了什么事情。其实,其实妈妈也不明白,为什么?为什么人类在自己的亲人死去时悲痛欲绝,却能够坦然地杀掉上千别人的亲人。难道他们开枪时没有一丝犹豫吗?他们动手剥皮时没有一丝怜悯吗?当他们的亲人惨遭杀害他们自己却无能为力反击时,他们又会怎样?

这时,一丝声响在我的背后响起,我慢慢转过身,眼前是乌黑的枪口,在惨烈的夕阳下,在同伴的尸体中,我竟露出了一丝惨淡的笑容,心底,却涌起了一阵浓黑的悲凉。无知的人类,你们究竟还要愚昧到几时啊!你们毁灭了我们,其实正是在毁灭了自己。你们今天践踏在我们的尸体上,可总有一天,你们的尸体将会被自己践踏。尽管开枪吧,开枪啊,你们唯一的"贡献"便是在已灭绝动物的名单上又添了一笔,便是把你们自己灭绝的日期又提前了一天而已。

枪响了,我大睁着双眼倒在地上,嘴角仍挂着微笑,而眼角却留下一滴混浊的泪。今晚的夕阳真美啊,望着它,我仿佛又看到了我的丈夫和女儿,还有那梦中的可可西里:几万只藏羚羊在高原上奔跑,尘土飞扬,阳光洒在他们的皮毛上,泛着金光……

云雀明白了

凡 夫

云雀见麻雀整天在树枝上跳来跳去,就问:"麻雀太太,你为什么不飞得高一点呢?"

麻雀斜着眼睛瞟了它一眼,说:"难道我还飞得不高吗?你瞧瞧公鸡!"

"公鸡伯伯,你为什么不飞得高一点呢?"

公鸡骄傲地在房顶上迈着八字步，反问："难道我还飞得不高吗？你瞧瞧鹌鹑！"

"你为什么不能飞得高一点呢？鹌鹑姐姐。"

鹌鹑奋力从草尖上飞过去，得意地对云雀说："难道我还飞得不高吗？你瞧瞧癞蛤蟆！"

后来，云雀遇见雄鹰，便向雄鹰请教："雄鹰叔叔，你为什么飞得那么高呢？"

"不不。"雄鹰谦虚地说，"离蓝天，我还差得远呢！"

"啊，我明白了！"云雀眨巴眨巴眼睛想，"谁如果想展翅高飞，就不能把目标定得太低；如果眼睛只盯在树冠以下，那就永远不可能在蓝天白云间翱翔。"

花儿选美

佚　名

花儿们要举行盛大的选美比赛，每一朵花都躲在自己的小房子里精心打扮。

牡丹花的裙子多极了，她在她的小房子里穿了一层又一层，穿了一层又一层……

玫瑰花躲在小房子里卷着每一条裙子的边儿，然后又往裙子上拼命洒香水……

仙客来躲在小房子里精心裁剪时装，她可不像一般花儿那样穿裙子，她要让自己的时装别具一格……

水仙花躲在小房子里反复研究自己金色王冠配白裙子的效果，追求典雅是她向来的风格……

好了，一切都已准备就绪，打扮得漂漂亮亮的花儿们走出了自己的小房子，她们个个信心十足……

可是，有一朵小小花儿躲在自己的小房子里迟迟不肯出来，原来，她没有漂亮的衣服，她的全部家当就是一条既不鲜又不美的短裙，那么窄，那么小，算不上真正的裙子，围在身上一点儿也不好看。

小小花儿听见外面的喧笑声，她从门缝里偷偷往外看，啊呀，罂粟花正摇曳着她那艳红镶白边儿的绸裙子跳西班牙舞，那华丽宽大的裙子翻飞着把小小花儿的眼睛都晃花了！

小小花儿这下更不敢出去了。她关紧门，躲在房子里焦急地说："怎么办？怎么办？"

像是一片回声，周围都传来"怎么办？怎么办"的叹息。原来，小小花儿的姐妹们都同她一样胆怯地躲在房子里。

"小姐姐，你带个头先出去怎么样？"隔壁传来花儿妹妹的声音。

"是呀，是呀，你带个头先出去。"四周传来众妹妹的央求。

这时，选美比赛马上就要开始了，蝴蝶评委、蜜蜂主席和特邀主持人金铃子小姐都已到来。所有花儿们都着急地催促躲在房子里的小小花儿们快出来。

"怎么样？我们不出去会影响整个选美比赛，唔，这样吧，我喊一、二、三，我们同时出去。"小小花儿鼓足勇气说。妹妹们都赞成。

小小花儿深深地吸了一口气,大喊了一声:"一、二、三!"

刹那间,千千万万朵小小花儿铺天盖地缀满枝头。

"哇,好美、好美的花儿呀!"蝴蝶、蜜蜂、金铃子和所有的花儿都惊呆了。

小小花儿每一朵细看都不美,然而她们成千上万朵簇拥在一起形成的磅礴气势却是那么壮观。那种惊心动魄的美压倒了所有争奇斗艳的花儿。

小小花儿奇迹般地获得了选美比赛的冠军。

一切都不是小小花儿们躲在小房子里所能预料到的,她们庆幸自己勇敢地走出了小房子——不管自己是多么的平凡,只有走出了小房子,才能够去创造奇迹。

三、新闻

节前集中打击食品犯罪

据新华社电 记者从公安部获悉,自1月25日公安部部署开展"打击食品犯罪、保卫餐桌安全"专项行动以来,截至目前,各地已侦破食品安全犯罪案件120余起,抓获违法犯罪嫌疑人350余名,捣毁制售有毒有害食品的"黑作坊"、"黑工厂"、"黑窝点"220余个,清除了一大批有毒有害的"黑心食品"。

据了解,"打击食品犯罪、保卫餐桌安全"专项行动为期一年,分春节期间打击食品犯罪行动、春夏季巩固前期成果深化打击行动和夏秋季打源头建机制行动三个阶段。当前主要针对节日期间食品市场供需两旺的特点,围绕食用油、肉类、酒类、调味品、保健品、民俗特产等节日市场热销食品进行严打。

公安部有关负责人表示,针对当前食品安全犯罪仍然高发的态势,公安机关将继续保持严打高压态势,不仅集中力量破大案,对工作中发现和群众举报的小案件,也会发现一起查处一起,全力维护群众餐桌安全。

(选自《京华时报》2013年2月4日)

2013年军民迎新春文艺晚会在京举行

新华社北京2月1日电(记者曹智 李宣良)2013年军民迎新春文艺晚会1日晚在人民大会堂举行。党和国家领导人胡锦涛、习近平、吴邦国、温家宝、贾庆林、李克强、张德江、俞正声、刘云山、王岐山、张高丽等与首都军民欢聚一堂,共贺新春。

人民大会堂大礼堂华灯绽放,欢声笑语,洋溢着浓浓的节日气氛。晚7时40分许,胡锦涛、习近平等党和国家领导人步入晚会现场,全场响起热烈的掌声。胡锦涛、习近平等向现场观众亲切致意,表达新春的祝福。

晚会在热烈、欢快的乐曲声中拉开帷幕,歌舞《祖国春光好》,抒发了亿万军民欢庆盛会、喜迎新春的美好心声。联唱《科学发展铸辉煌》、舞蹈《神州欢歌》,全景式、形象化地再现了党的十六大以来,祖国各条战线科学发展取得的辉煌成就。女声独唱《美丽中国》、《最美是你》,唱出了各族儿女对建设幸福美好家园的深情期待。乐曲《鱼水情深》、诗朗诵《当人民需要的时候》、男声独唱《双拥花开》,真情讴歌了军队与人民生死相依的血脉亲情。合唱《伟大的中国伟大的党》、《小白杨》,表现了我军官兵爱国奉献的豪迈情怀。杂技《虎跃龙腾》、男声四重唱《誓言》、小品《光荣花》,展示了三军将士能打仗、打胜仗的坚强意志。歌舞《旗帜飞扬》,以激昂的旋律将晚会推向高潮。整台晚会抒发了全国军民深入学习贯彻党的十八大精神,沿着中国特色社会主义道路奋勇前进的坚定信念。

中共中央、全国人大、国务院、全国政协、中央军委有关负责同志观看演出。观看演出的还有中央和国家机关有关部门、全国双拥工作领导小组成员单位、北京市和解放军四总部、驻京部队各大单位、武警部队和军委办公厅的领导同志,全国双拥模范城(县)、双拥模范单位和个人代表,以及驻京部队官兵和首都各界群众代表。

这台题为《高举旗帜向未来》的晚会由全国双拥工作领导小组、民政部、广播电影电视总局和解放军总政治部联合举办。

(选自《中国青年报》2013年2月2日)

习近平为定西民众送年货

昨天是腊月二十三,农历小年,中共中央总书记习近平来到甘肃,看望了这里的民众。

据新华社"新华视点"官方微博、央广《中国之声》报道,习近平当天上午来到自古就有"瘠苦甲天下"之称的甘肃省定西市,考察甘肃百姓期盼了半个多世纪的圆梦工程——引洮供水工程工地,并走进马铃薯原种智能温室,深入偏远山村困难家庭,看望慰问乡亲们,给乡亲们送上蛇年的新春祝福。

昨天上午,习近平来到海拔2440米的渭源县田家河乡元古堆村看望老党员马岗,同村民共商脱贫之计。习近平表示:"40多年前我在陕北,生活也很苦,老乡说'肥正月,瘦二月,半死不活三四月'。现在那儿条件改善了。党和政府会关心和帮助大家,咱们一块儿努力,把日子越过越红火。"

习近平总书记还为元古堆村的村民们送去年货:每户2袋面、2桶油、20斤猪肉、1床棉被、4副春联、3斤水果糖、3斤大板瓜子,给学生发放书包、文具盒、词典各一个。收到年货的447户群众说,这将是他们最幸福的一个春节。

甘肃省东乡族自治县是我国唯一东乡族聚居区。习近平昨天下午沿着陡峭山路,来到山大沟深的高山乡布楞沟村,在马麦志家看水窖、问生活、察医保。习近平要求当地政府抓紧解决好村民饮水困难。他向聚集在村头的乡亲们表示,党和政府会进一步帮助大家,让大家生活越来越好。

当天下午,习近平还察看了东乡族自治县县城滑坡灾后重建现场,叮嘱当地干部要保质保量进行施工,为各族群众建设美丽适宜的新家园。总书记对正在施工的农民工表示,全社会都要关心关爱农民工,要坚决杜绝拖欠、克扣农民工工资现象,切实保障农民工合法权益。

(选自北青网2013年2月4日)

英移民考试增难度 题目突出"英国特色"

不管你是内科医生或是卖菜小贩,今后如果想移民英国,你可都要了解诺贝尔奖得主吉卜林的小说,也不能说不知道那位著名的英国工程师布鲁内尔。

英国内政部28日宣布,将改革原有面向移民的英国生活知识考试,减少关于英国日常生活的内容,增加历史文化知识。新推出的180页移民指导手册涵盖了包括体育、音乐、历史、文化等方面,从中世纪土地所有权、特拉法加海战指挥官到音乐大师韦伯等均包括在内,很有"英国特色"。

英国移民部长马克·哈珀表示,这本于28日开售的指导手册"突出了作为英国人的核心价值观以及行为准则"。他说,手册"更鼓励外来人员参与到英国式的生活中"。

然而,新手册也遭到反对者的批评,认为这让考试更像一场"精英学校的入学试",让人们更难移民英国。社会团体"移民者权利网络"的负责人唐·弗林指出,这是一大倒退,"它让我们在帮助外来移民融入英国时绕了远路"。

新考试将从今年三月开始,时长45分钟,申请者需答对全部试题的75%以上才能获得移民英国的权利。

根据英国广播公司报道,去年有超过15万人次参加了英国生活知识考试,其中约7.7万人次在伦敦参加。

本届英国政府自2010年5月上台以来,将控制移民数量作为重要工作目标之一,并计划在2015年本届议会期满前,将进入英国的净移民数量从每年超过20万人减至数万人。

(选自新华网2013年1月29日)

19岁女孩"献皮救父"被赞"最美女儿"

近日,一个19岁的女孩为了给烧伤的父亲植皮,不惜将自己的头皮献出的故事在网络上引起轰动,不少网民把这名"献皮救父"的孝顺女孩称为"最美女儿"。

4个多月前,本该已走入大学校门读书的山西蒲县女孩王慧,却躺在了医院的手术床上。一切都因一场意外而改变。

2012年5月27日,王慧的父亲王润平和妻子在家干活时,不慎引燃汽油导致爆炸,两人同时被烧伤。经诊断,王润平身体80%特重度烧伤,住进了临汾当地一家医院的重症监护室,妻子烧伤30%。

王慧知道家里出事是在两天后。在学校寄宿的她一进家门就懵了:"玻璃、门……所有物件被炸得七零八碎,到处被烧得漆黑。"跑到医院,看到几乎被烧焦的父母,她又害怕又心疼。"根本就认不出来是爸爸,浑身都肿了,整个人就和吹起来一样。"

这时距高考已不到10天,王慧此前已经拿到了艺术类播音主持合格证,连上哪所大学都规划好了。然而,父母的手术恰巧安排在高考当天,没有丝毫犹豫,王慧决定放弃高考。"从看到爸妈的第一眼起,我就知道,这个家的担子必须由我挑起来!"

比她小2岁的弟弟也提出要辍学来照顾父母,被王慧加以阻止:"如果你能考上大学,让爸妈高兴,那也是在帮他们。"

大学梦远去了,王慧必须面对的是紧张、压抑、焦虑和无助。每天,她既要帮着给父母换药,又得将伤口渗出的分泌物送检,还得按时给父母买饭。一个人忙不过来,不吃饭是经常的事。不到一个月,本就瘦弱的王慧又瘦了3公斤。

2012年9月,父亲的病情急转直下,王慧带着他来到了太原解放军264医院烧伤科。

"患者15%的伤口无法愈合,长好的创面也开始恶化,同时还有并发症造成的下肢水肿,必须进行再次植皮。"主刀医生、264医院烧伤整形科主任冯晋斌说。

王润平自己的皮肤已无法进行移植,而商业人工用皮价格又十分昂贵,于是医院建议近亲献皮。王慧连疼不疼都没问一句,就对医生说:"用我的皮。"

2012年9月15日,手术开始了。尽管取皮过程剧痛无比,王慧没哼一声,只说了句:"医生,请您尽量多取我的皮,少取一点爸爸的!"在场者无不动容。

"头皮的神经末梢非常丰富,我们取的是王慧的断层皮,神经末梢完全暴露,非常疼。最后共取了相当于全身3%的皮肤。"冯晋斌说。

然而,比植皮更痛苦的是换药。"头皮上的新肉和纱布紧贴在一起,每换一次纱布就像是撕下一层皮。"现在想起来,王慧还心有余悸。

术后很久,王润平才知道是女儿给他献的皮,这个农村汉子躺在病床上一言不发,泪流不止。

在264医院,全院人员都知道王慧这个名字。大家说,父母为孩子献皮的很多,但孩子为父母献皮,医院还是第一次遇到。

记者见到王慧时,她头上特意戴着一顶帽子将复生头皮上刚刚生出的绒发遮住,言谈举止看上去比同龄人懂事、稳重许多。

父亲出事以来的8个月,除了自己手术期间,她要照顾父母的衣食住行,晚上帮父亲翻身,没睡过一个囫囵觉,还要尽力让父母开心。累了,她就想想以前:春节,全家人围在一起吃饭,院里有篝火,一起放炮仗,那时多么快乐……

现在王慧的父母已经回到了家中。由于家庭困窘,本应该在医院继续养伤的两口子决定回家养伤、复健,待情况稳定后再择机做整形手术。

"无论怎样难,好在今年春节我们全家可以过一个团圆年了。"王慧说,"我现在最大的希望就是父母能完全康复,如果有机会我还想继续实现自己的大学梦。"

在网络上,王慧的故事引发了网友的赞誉和思考。网友"就是姚舜馨"说:"一个可爱的女孩,无私救父感天动地!""守望你的记忆"说:"她让我们懂得,爱是责任和承担。""藤藤菜大叔"说:"我必须把这个故事讲给我的孩子听,这个女孩不仅值得孩子们学习,更值得全社会赞美。"

还有网民认为应该伸手救助,网友"一杯摩卡不加糖"说:"19岁的女孩勇敢挑起家庭重担,没有流下一滴泪。希望爱心人士帮帮她,救救这个困难的家庭!"

(选自新华网 2013 年 2 月 4 日)

晚会烧钱背后是文化创新缺失

这边,央视和各卫视春晚正要如火如荼地展开,那边,广电总局兜头就来了一盆凉水。1 月 31 日,广电总局下发了《关于节俭安全办节目的通知》,要求各级电台电视"节俭安全办好节日广播电视节目",要求办春晚"不讲排场、比阔气、拼明星,削减不必要项目,压缩不必要开支,把节约的资金用于提高节目水平、资助公益事业"。

节日期间,电视台烧钱最多的节目是晚会。晚会烧钱烧到何种程度?去年,上海电视台的主持人叶惠贤曾经拉出一个清单:"一台晚会最低成本 1000 万元,明星多一点的,要用 6000 万元。一个春节,光'上星'的晚会就有 40 多台,成本就要 5 个亿!"

但客观地说,广电总局的通知发得有点晚。各地筹备已久的晚会比拼即将拉开大幕。此时,明星早已请了,节目已经录了,总不能临时更换节目,放弃之前的策划与成果吧?这岂不是更大的浪费?所以,即使广电总局发了通知,但可以预见的是,在之后的一段时间内,各电视台晚会仍会烧钱不断,大牌迭出。

对于广电总局的通知,各电视台也有难言的苦衷。在激烈的晚会市场竞争中,比阔气、拼明星已经成为一种最有效的取胜法宝。当一家电视台热衷此道时,其他的电视台必须跟进。虽然,烧钱是浪费,但不烧钱意味着失败。与失败相比,烧钱更容易接受,反正又不是烧自己的钱。

各电视台的苦衷看似有理,但其实反映了电视台整体文化创新能力的有限。作为文化的生产者必须满足、引导公众的文化消费。其实,观众好看明星这口也是电视人引导的,如果有更好的节目,观众当然会更喜欢看。如果没有文化的创新能力,电视人依然会把明星当成救命稻草。总有一天,人们会厌倦这样的节目。这一天不会太远,这些烧钱的电视人很快就会看到。

(选自北青网 2013 年 2 月 4 日)

参考文献

柴璠著:《播音语言表达技巧》,中国广播电视出版社2004年版。
陈京生著:《电视播音与主持》,北京广播学院出版社2000年版。
陈竹编著:《节目主持人实用口语训练教程》,浙江大学出版社2006年版。
付程主编:《实用播音教程》(第2册),北京广播学院出版社2002年版。
付程主编:《主持教学法十二讲》,中国传媒大学出版社2005年版。
高蕴英著:《教你播新闻》,中国广播电视出版社2005年版。
鲁景超著:《广播电视即兴口语表达》,中国传媒大学出版社2006年版。
罗莉著:《文艺作品演播技巧》,中国广播电视出版社2003年版。
王均熙编著:《汉语新词词典》,汉语大词典出版社2006年版。
王蓓主编:《广播电视播音主持业务》,中国国际广播出版社2005年版。
吴弘毅主编:《实用播音教程》(第1册),北京广播学院出版社2002年版。
吴洁茹、王璐著:《播音员主持人语音发声教程》,中国传媒大学出版社2006年版。
吴郁著:《当代广播电视播音主持》,复旦大学出版社2005年版。
吴郁著:《电视节目主持人的综合素质研究》,中国广播电视出版社2007年版。
吴郁主编:《播音学简明教程》(修订版),中国传媒大学出版社2006年版。
张颂主编:《中国播音学》(修订版),北京广播学院出版社2003年版。
中华经典文学网 http://www.ccview.net/
好123"山稳水灵"语文网站 http://xc.2000y.net/115699/index.asp?
中文幽默王 http://www.haha365.com/rkl/
天涯在线书库 http://www.tianyabook.com
电子书吧 http://www.dianzishu8.com/
中国作家网 http://www.chinawriter.com.cn/
央视国际
新华网

人民网

凤凰网

中国广播网

乐读网

《新京报》

《北京青年报》

《中国青年报》

《北京日报》

《光明日报》

《环球时报》

音频目录

扫码畅听音频

(注：文中标注🎧文字为音频内容)

第一讲 让我们说标准的普通话

曲目1-1 平翘舌音不分	(1)词　语—z—zh辨音对比训练/10	示范朗读：陈　静
	c—ch辨音对比训练/10	
	s—sh辨音对比训练/10	
	(2)绕口令—三山四水/10	
	买柿子/10	
	天上有个日头/10	
	朱叔锄竹笋/11	
	弟子和师父/11	
	(3)诗　词—赠汪伦/11	
	莲的心事/11	
	(4)文　章—天使的吻痕/12	
曲目1-2 鼻音与边音不分	(1)词　语—n—l/13	示范朗读：阚成伟
	l—n/13	
	n—l辨音对比训练/13	
	(2)绕口令—小丽小齐学捏梨/13	示范朗读：阚成伟
	老奶牛/13	
	妞妞牛牛/14	
	(3)诗　词—陋室铭/14	示范朗读：阚成伟
	柳/14	
	(4)文　章—珍珠鸟/14	示范朗读：陈　静
曲目1-3 唇齿音与舌根音不分	(1)词　语—f—h/15	示范朗读：阚成伟
	h—f/15	
	(2)绕口令—方幌子，黄幌子/16	示范朗读：阚成伟
	画凤凰/16	
	化肥会挥发/16	
	(3)诗　词—花非花/16	示范朗读：阚成伟
	一代人/16	
	(4)文　章—壶口的黄河/16	示范朗读：陈　静
曲目1-4 前后鼻韵不分	(1)词　语—an—ang辨音对比训练/17	示范朗读：陈　静
	en—eng辨音对比训练/18	
	in—ing辨音对比训练/18	
	(2)绕口令—严眼圆与严圆眼/18	
	陈和程/18	

		小金和小京 /18	
	(3)诗　词—送友人 /18		
		出　塞 /19	
		乡　愁 /19	
	(4)文　章—孝心无价 /19		
曲目1—5 声调练习	(1)词　语—阴　平 /20		示范朗读:陈　静
		阳　平 /20	
		上　声 /20	
		去　声 /21	
	(2)绕口令—妈妈妞妞 /21		
		扁担长,板凳宽 /21	
		黄毛猫偷吃灌汤包 /21	
	(3)诗　词—鹿　柴 /21		
		雨　巷 /21	
	(4)文　章—匆　匆 /23		

第二讲　让我们说好听的普通话

曲目2—1 活动你的口腔—新 闻1/27			示范朗读:陈　静
	新 闻2/28		
	新 闻3/28		
曲目2—2 吐字归音练习			
1.咬住字头	(1)双唇音 b p m—b、p、m/29		示范朗读:陈　静
		盆和棚 /29	
		说眼皮 /29	
		长扁担,短扁担 /30	
		两只猫 /30	
		送　别 /30	
		回　答 /30	
	(2)唇齿音 f—f/31		示范朗读:陈　静
		一条裤子八条缝 /31	
		费和会 /32	
		奋发商店卖混纺 /32	
		大风歌 /32	
		戈壁的风 /32	
	(3)舌尖前音 z c s—z、c、s/34		示范朗读:陈　静
		桑树和枣树 /34	
		子词丝 /34	
		四数字 /34	
		祖母啊,我亲爱的祖国 /35	
	(4)舌尖中音 d t n l—d、t、n、l/36		示范朗读:王　昇
		搭房子 /36	
		楼头吊刀 /36	
		白石塔 /37	
		无　题 /37	
		教我如何不想她 /37	

　　　　　　　　　　(5)舌尖后音 zh ch sh r—zh、ch、sh、r /38　　　　　示范朗读:王　昇
　　　　　　　　　　　　　　　说　日 /38
　　　　　　　　　　　　　　　学时事 /38
　　　　　　　　　　　　　　　上山下山 /38
　　　　　　　　　　　　　　　山居秋暝 /39
　　　　　　　　　　　　　　　冬天的池沼 /39
　　　　　　　　　　(6)舌面音 j q x—j、q、x /39　　　　　　　　示范朗读:陈　静
　　　　　　　　　　　　　　　七加一和七减一 /39
　　　　　　　　　　　　　　　漆匠和锡匠 /40
　　　　　　　　　　　　　　　天上七颗星 /40
　　　　　　　　　　　　　　　鹊桥仙 /40
　　　　　　　　　　　　　　　青　春 /40
　　　　　　　　　　(7)舌根音 g k h—g、k、h /41　　　　　　　示范朗读:陈　静
　　　　　　　　　　　　　　　哥挎瓜筐过宽沟 /41
　　　　　　　　　　　　　　　华华和红红 /41
　　　　　　　　　　　　　　　古老街上胡古老 /41
　　　　　　　　　　　　　　　咏　鹅 /42
　　　　　　　　　　　　　　　我为少男少女歌唱 /42
　　　　2.拉开字腹　　　(1)开口呼—毛毛和涛涛 /43　　　　　　　示范朗读:傅　洁
　　　　　　　　　　　　　　　沁园春·雪 /43
　　　　　　　　　　(2)齐齿呼—防近视 /44
　　　　　　　　　　　　　　　乌衣巷 /44
　　　　　　　　　　　　　　　桥 /44
　　　　　　　　　　(3)合口呼—小花鼓 /45
　　　　　　　　　　　　　　　帆　船 /45
　　　　　　　　　　(4)撮口呼—养鱼 /45
　　　　3.归音到位　　　(1)n /ng—踢毽子 /45　　　　　　　　　示范朗读:傅　洁
　　　　　　　　　　　　　　　船和床 /46
　　　　　　　　　　　　　　　关山月 /46
　　　　　　　　　　　　　　　守　岁 /46
　　　　　　　　　　(2)u—西湖与泥壶 /46
　　　　　　　　　　　　　　　早春呈水部张十八员外 /47
　　　　　　　　　　(3)o—张果老 /47
　　　　　　　　　　　　　　　卜算子·咏梅 /47
　　　　　　　　　　(4)i—小　鸡 /47
　　　　　　　　　　　　　　　游子吟 /47
　　　　　　　　　　(5)秃尾音节 a、e—花青蛙 /48
　　　　　　　　　　　　　　　登幽州台歌 /48
第三讲　让我们控制声音的动力
　　曲目3-1 锻炼呼吸肌肉群 /51　　　　　　　　　　　　　　　示范朗读:陈　静
　　曲目3-2 训练气息下沉 /51　　　　　　　　　　　　　　　　示范朗读:陈　静
　　曲目3-3 呼气控制能力训练—气息绕口令—打　枣 /52　　　　示范朗读:陈　静
　　　　　　　　　　　　　　一个葫芦两块瓢 /52
　　　　　　　　　　　　　　数红旗 /52
　　　　　　　　　　　　　　七样果 /52

曲目3-4 气息的通畅持久训练 (1)夸张四声练习 /53　　　　　　　　　示范朗读:陈　静
　　　　　　　　　　　　(2)用中等速度说绕口令——春雨贵如油 /53
　　　　　　　　　　　　　　　　　　　望月空,满天星 /54
　　　　　　　　　　　　　　　　　　　颠倒歌 /54
曲目3-5 换气训练　　　　(1)古诗词训练——渔歌子 /54　　　　　　示范朗读:陈　静
　　　　　　　　　　　　　　　　　　　虞美人 /54
　　　　　　　　　　　　　　　　　　　望岳 /55
　　　　　　　　　　　　(2)句段练习 /55　　　　　　　　　　　　示范朗读:阚成伟
　　　　　　　　　　　　(3)贯口练习 /56　　　　　　　　　　　　示范朗读:陈　静
曲目3-6 气息综合训练　　(1)北京曲剧送戏进校园 /57　　　　　　　示范朗读:阚成伟
　　　　　　　　　　　　(2)英国大雪影响百姓生活 /57　　　　　　示范朗读:阚成伟
　　　　　　　　　　　　(3)一个人的双人舞 /58　　　　　　　　　示范朗读:陈　静
　　　　　　　　　　　　(4)我很在乎未来 /58　　　　　　　　　　示范朗读:陈　静

第四讲　让我们的声音富于变化　　　　　　　　　　　　　　　　　示范朗读:陈　静
　　曲目4-1 音域拓展训练　　(1)单元音练习 /61
　　　　　　　　　　　　　　(2)短句练习 /61
　　　　　　　　　　　　　　(3)诗词练习——炉中煤 /62
　　　　　　　　　　　　　　　　　　　　断　章 /63
　　曲目4-2 共鸣训练　　　　(1)口腔共鸣——打点练习 /63
　　　　　　　　　　　　　　　　　　　　弹发练习 /64
　　　　　　　　　　　　　　　　　　　　字词练习 /64
　　　　　　　　　　　　　　(2)胸腔共鸣①诗词——我爱这土地 /64
　　　　　　　　　　　　　　　　　　　　　　　一剪梅 /65
　　　　　　　　　　　　　　　　　　　②散文——最苦与最乐 /65
　　曲目4-3 声音变化练习　　(1)情境练习 /66
　　　　　　　　　　　　　　(2)诗词练习——短歌行 /67
　　　　　　　　　　　　　　　　　　　　橄榄树 /68
　　　　　　　　　　　　　　(3)段落练习 /68
　　　　　　　　　　　　　　(4)小说片段——两枚硬币的分配 /70

第五讲　如何准备稿件　　　　　　　　　　　　　　　　　　　　　示范朗读:陈　静
　　曲目5-1《听课嘉宾》/74　　　　　　　　　　　　　　　　　　示范朗读:陈　静、王　昇
　　曲目5-2 政府领导升迁先考"环保"没完成任务追究责任 /76　　示范朗读:王　昇
第六讲　调动思想感情的方法之情景再现　　　　　　　　　　　　　示范朗读:傅　洁
　　曲目6-1 母爱 /85
第七讲　调动思想感情的方法之内在语　　　　　　　　　　　　　　示范朗读:王　昇
　　曲目7-1 中计 /96
　　曲目7-2 只想和你接近 /98
第八讲　调动思想感情的方法之对象感　　　　　　　　　　　　　　示范朗读:傅　洁
　　曲目8-1《小喇叭》广播故事:达尔文小时候的故事 /112
　　曲目8-2 春节特别节目:《过年,你回家吗?》/114
第九讲　表达思想感情的方法之停连　　　　　　　　　　　　　　　示范朗读:傅　洁
　　曲目9-1 如何确定停连的位置 (1)准确理解词句意思 /120
　　　　　　　　　　　　　　　　(2)正确分析语句结构 /120
　　　　　　　　　　　　　　　　(3)恰当体会情景神态 /120
　　　　　　　　　　　　　　　　(4)合理处置标点符号 /120

曲目9-2 停连的方式	(1)落　停/120	
	(2)扬　停/121	
	(3)直　连/121	
	(4)曲　连/121	
	(5)综合练习示例/122	

第十讲 表达思想感情的方法之重音　　　　　　　　　　　　　　　示范朗读：傅　洁
　　曲目10-1 重音的确定方法　　(1)重音应该是突出语句目的的中心词/130
　　　　　　　　　　　　　　　(2)重音应该是体现逻辑关系的对应词/131
　　　　　　　　　　　　　　　(3)重音应该是点染感情色彩的关键词/132
　　曲目10-2 强调重音的方法　　(1)强弱法/132
　　　　　　　　　　　　　　　(2)快慢法/133
　　　　　　　　　　　　　　　(3)虚实法/133

第十一讲 表达思想感情的方法之语气　　　　　　　　　　　　　　示范朗读：付丽媛
　　曲目11-1 人生不设限/144

第十二讲 表达思想感情的方法之节奏
　　曲目12-1 节奏的类型　　(1)轻快型—春回大地人间美/160　　示范朗读：付丽媛
　　　　　　　　　　　　　(2)凝重型—动物的眼泪/161　　　　示范朗读：陈　静
　　　　　　　　　　　　　(3)低沉型—母难月/164　　　　　　示范朗读：付丽媛
　　　　　　　　　　　　　(4)高亢型—海燕/165　　　　　　　示范朗读：陈　静
　　　　　　　　　　　　　(5)舒缓型—自己的苦恼/166　　　　示范朗读：付丽媛
　　　　　　　　　　　　　(6)紧张型—84名乘客的生死表决/167　示范朗读：傅　洁
　　曲目12-2 运用节奏的方法—行路难/169　　　　　　　　　　　　示范朗读：傅　洁

第十三讲 综合练习之文学作品朗读专项训练
　　曲目13-1 诗歌　　(1)古　诗—春晓/172　　　　　　　　　示范朗读：傅　洁
　　　　　　　　　　　　　　　　　早发白帝城/173
　　　　　　　　　　(2)现代诗—假如生活欺骗了你/173
　　曲目13-2 散文　　(1)抒情散文—胡杨祭/174　　　　　　　示范朗读：陈　静
　　　　　　　　　　(2)叙事散文—想想十年后自己什么样/175
　　曲目13-3 寓言童话　(1)钻石与鹅卵石/177　　　　　　　　示范朗读：傅　洁
　　　　　　　　　　　(2)茶　壶/178

第十四讲 综合练习之新闻消息的播读专项训练　　　　　　　　　示范朗读：阚成伟
　　曲目14-1 了解新闻的定义,明确播读的要求/191
　　曲目14-2 抓住新闻价值的线索,激发播读新闻的兴趣/195
　　曲目14-3 掌握新鲜感的语言特征/198
　　曲目14-4 把握新闻文体,重点处理导语/200

图书在版编目(CIP)数据

青少年播音主持训练教程/张洁,陈静编著．—2版．--北京：中国传媒大学出版社,2013.9(2022.3重印)

　ISBN 978-7-5657-0750-6

　Ⅰ.①青… Ⅱ.①张… ②陈… Ⅲ.①播音－语言艺术－教材 ②主持人－语言艺术－教材 Ⅳ.①G222.2

中国版本图书馆 CIP 数据核字(2013)第 158145 号

青少年播音主持训练教程(第 2 版)
QINGSHAONIAN BOYIN ZHUCHI XUNLIAN JIAOCHENG(DI-ER BAN)

编　著	张　洁　陈　静
责任编辑	赵　欣　师　景
责任印制	李志鹏
封面设计	风得信书籍装帧・阿东

出版发行　中国传媒大学出版社

社　　址	北京市朝阳区定福庄东街 1 号	邮　编	100024
电　　话	86－10－65450532　65450528	传　真	65779405
网　　址	http://cucp.cuc.edu.cn		
经　　销	全国新华书店		
印　　刷	北京中科印刷有限公司		
开　　本	787mm×1092mm　1/16		
印　　张	17.75		
字　　数	377 千字		
版　　次	2013 年 9 月第 2 版		
印　　次	2022 年 3 月第 8 次印刷		
书　　号	ISBN 978-7-5657-0750-6/G・0750	定　价	42.00 元(附音频)

版权所有　　翻印必究　　印装错误　　负责调换